GUIA DO EMPREENDEDOR ESTRANGEIRO NA CHINA

Casos de Sucesso

Juan Antonio Fernandez / Shengjun Liu

GUIA DO EMPREENDEDOR ESTRANGEIRO NA CHINA

Casos de Sucesso

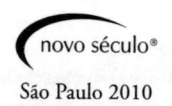

novo século®

São Paulo 2010

China Ceo: A Case Guide for Business Leaders in China
Copyright © 2007 John Wiley & Sons (Asia) Pte Ltd.
Authorized Translations from English language edition published by John Wiley & Sons (Asia) Pte Ltd.
All rights reserved
Copyright © 2010 by Novo Século Editora Ltda.

PRODUÇÃO EDITORIAL	Equipe Novo Século
PROJETO GRÁFICO E DIAGRAMAÇÃO	Claudio Braghini Junior
CAPA	Equipe Novo Século
TRADUÇÃO	Sonia Augusto
PREPARAÇÃO	Fernanda Guerreiro
REVISÃO	Guilherme Summa
	Patrícia Murari

Dados Internacionais de Catalogação na Publicação (CIP)
(Câmara Brasileira do Livro, SP, Brasil)

Fernandez, Juán Antônio
    Guia do Empreendedor Estrangeiro na China: Casos de Sucesso.
/ Juán Antônio Fernandez, Shengjun Liu [traduzido por Sonia Augusto].
-- Osasco, SP: Novo Século Editora, 2010.

    Título original: China CEO.

    1. Administração de empresas – China – Estudo de casos
2. Administração – China – Estudo de casos 3. Empresas – Administração
de empresas – Estudo de casos I. Liu, Shengjun. II. Titulo

10-01940   CDD-658.00951

Índices para catálogo sistemático:

1. China: Administração de empresas: Estudo de casos   658.00951

2010
IMPRESSO NO BRASIL
PRINTED IN BRAZIL
DIREITOS CEDIDOS PARA ESTA EDIÇÃO À
NOVO SÉCULO EDITORA
Rua Aurora Soares Barbosa, 405 – 2º andar
CEP 06023-010 – Osasco – SP
Tel. (11) 3699-7107 – Fax (11) 3699-7323
www.novoseculo.com.br
atendimento@novoseculo.com.br

Desejo dedicar este livro a meus pais, Laly e Eugenio, e a minha irmã, Laura. Apesar da enorme distância que nos separa, quero que saibam que o coração pode atravessar tempo e espaço muito mais depressa do que a luz.

Juan A. Fernandez

Aos que amo e aos que me amam.

Shengjun Liu

Sumário

Introdução 11
Agradecimentos 21

Capítulo 1 / Liderança na China: colocando o coração onde está a mente 23

Introdução 25
Estudo de caso: Emerson Electric (Suzhou) Co., Ltd. 31
Comentários de caso:
    HOWARD WARD 55
    GUOSHENG ZHU 60

Capítulo 2 / RH na China: perseguindo a noiva em fuga! 65

Introdução 67
Estudo de caso: Eli Lilly & Company, subsidiária na China, guerra por talento 76
Comentários de caso:
    WILLIAM H. MOBLEY, PHD. 96
    ANGELI KWAUK 99
    XIAOTONG LI 103

Capítulo 3 / *Joint ventures*: dançando o tango chinês 109

Introdução 111
Estudo de caso: Guangzhou Peugeot Automobile Co., Ltd. 119
Comentários de caso:
    PER V. JENSTER, PHD 135
    WEI JOO CHAI 139

Capítulo 4 / Lidando com a sede: a arte do malabarismo 147

Introdução 149
Estudo de caso: Picanol China 157
Comentários de caso:
    WILLEM P. BURGERS 182
    HANS-PETER BOUVARD 185
    GARY AN 190

Capítulo 5 / Falsificadores na China: prenda-me se for capaz 193

Introdução 195
Estudo de caso: GM China *versus* Chery, disputa de direitos de propriedade intelectual 202
Comentários de caso:
    GERALD E. FRYXELL 218
    DOUG HO SONG 221

Capítulo 6 / Consumidores chineses: os garotos novos na vizinhança 225

Introdução 227
Estudo de caso: Mercedes-Benz e Parque de Animais Selvagens de Wuhan 235
Comentários de caso:
    DONGSHENG ZHOU 249
    YUFENG ZHAO 252

Capítulo 7 / Relações com o governo: jogando pôquer chinês 259

Introdução 261

Estudo de caso: Carrefour China, reestruturando os negócios para adaptar-se às normas locais 268

Comentários de caso:

    THOMAS E. CALLARMAN 287

    SERGIY LESNYAK 289

    XUEZHENG LI 292

Capítulo 8 / Estrangeiros na China: encontros e desencontros 297

Introdução 299

Estudo de caso: o pirulito que ficou amargo, a experiência de um casal estrangeiro na China 305

Comentários de caso:

    BALA RAMASAMY 323

    BETTINA GANGHOFER 326

Capítulo 9 / Empreendedores estrangeiros: perseguindo o sonho chinês 331

Introdução 333

Estudo de caso: reflexões pessoais de três empreendedores estrangeiros na China 340

Comentários de caso:

    DIGKUN GE 366

    SHAUN REIN 370

Introdução

Bem-vindos a *Guia do Empreendedor Estrangeiro na China: Casos de Sucesso*. O livro que você tem em mãos é o resultado de mais de cinco anos de trabalho com empresas chinesas. Ele inclui uma série de casos de empresas internacionais que fazem negócios nesse país. Esses casos têm sido usados no curso Managing in China que Juan ministra a executivos internacionais de todo o mundo.

O objetivo deste guia de campo é complementar *China CEO: Voices of Experience from 21 International Business Leaders*, meu livro anterior com Laurie Underwood, publicado em fevereiro de 2006 por John Wiley & Sons. Enquanto *China CEO* apresentou diversos temas importantes e se baseou em entrevistas com CEOs de multinacionais na China, este novo livro apresenta estudos de caso sobre os mesmos assuntos.

Cada capítulo no guia de campo segue a mesma estrutura:

1 Uma breve introdução ao assunto abordado pelo capítulo.

2 Um estudo de caso referente ao assunto.

3 Comentários sobre os estudos de caso feitos por um professor da China Europe International Business School (CEIBS) e por um profissional com anos de experiência de trabalho na China.

Nosso objetivo com este novo livro é oferecer novas informações não inclusas em China CEO. Os estudos de caso incluídos nesta coleção são:

ESTUDO DE CASO 1: EMERSON ELECTRIC (SUZHOU) CO., LTD.

Este caso aborda os problemas de comunicação vivenciados entre os gerentes chineses e os americanos em relação à operação da empresa multinacional em Suzhou (China). O gerente geral de Taiwan demitiu-se depois de um ano no cargo, deixando o novo gerente geral com a difícil tarefa de retomar o controle da organização. Ele terá de criar uma cultura de confiança e comunicação franca entre seus membros.

ESTUDO DE CASO 2: ELI LILLY & COMPANY, SUBSIDIÁRIA NA CHINA, GUERRA POR TALENTO

A Eli Lilly & Company é uma indústria farmacêutica global com base em pesquisa e que tem uma história de mais de 126 anos. Lilly China tinha mais de 50 escritórios de representação e cerca de 500 representantes médicos em 2003. Em comparação com seus principais concorrentes globais, a presença da Lilly na China ainda é muito pequena. Para facilitar a estratégia de expansão no país, Lilly China tinha a necessidade urgente de recrutar e manter uma equipe de representantes médicos de alto nível. No entanto, a Lilly China teve um alto índice de *turnover* de empregados durante três anos consecutivos. Evidentemente, a empresa precisava fortalecer a retenção de funcionários. A Lilly deveria manter as atuais práticas de recrutamento ou deveria mudar para opções melhores? Mary Liu, diretora de RH, decidiu pedir a uma equipe de consultoria que ajudasse a resolver o problema. O caso descreve o histórico da Lilly China, seu conceito e estrutura de RH e o mercado de trabalho chinês.

ESTUDO DE CASO 3: GUANGZHOU PEUGEOT AUTOMOBILE CO., LTD.

Em 1985, a Peugeot estabeleceu um empreendimento conjunto no sul da China. A Peugeot introduziu seu sistema de gerenciamento no empreendimento conjunto, controlou as principais decisões e ajudou os funcionários chineses a aprender francês e sobre a cultura da empresa. Antes de 1992, o empreendimento conjunto desfrutou de dias gloriosos. Com o aumento da concorrência, no entanto, surgiram muitos problemas, inclusive projetos inadequados para carros, modelos obsoletos de automóveis, preços elevados, qualidade ruim e serviço insatisfatório. A produção caiu tão rapidamente que a montadora quase deixou de operar em 1996. Além do mais, os graves conflitos culturais e lutas de interesse solaparam o futuro do empreendimento conjunto. Por fim, o sócio chinês perdeu a paciência, e o empreendimento conjunto terminou em divórcio.

ESTUDO DE CASO 4: PICANOL CHINA

A Picanol foi fundada como um empreendimento familiar em 1936. Ela fabrica equipamentos de tecelagem para a indústria têxtil e sua sede fica na Bélgica. A Picanol contratou um novo CEO com a missão de preparar a empresa para a competição no mercado global. Como parte das mudanças, o novo CEO introduziu uma nova estrutura de unidades de negócios. A Picanol China, sob o comando de Hans, um gerente estrangeiro, confronta um dilema em relação a implementar rigidamente a nova estrutura ou ser mais flexível. O caso traça o desenvolvimento da nova organização, juntamente como os problemas que se seguiram. Ele também discute como um gerente estrangeiro trabalha com a sede da empresa.

ESTUDO DE CASO 5: GM *VERSUS* CHERY, DISPUTA DE DIREITOS DE PROPRIEDADE INTELECTUAL

Chery, uma montadora chinesa de carros, lançou um novo modelo de minicarro, o QQ, em julho de 2003. Isso ocorreu diversos meses antes da data prevista para o lançamento do novo minicarro da General Motors (GM), o Chevrolet Spark. O QQ era muito parecido com o Chevrolet Spark, mas muito mais barato. A GM afirmou que o Chery QQ era uma cópia não autorizada do Matiz, um modelo de propriedade da GM Daewoo. O QQ fez muito sucesso junto aos consumidores, enquanto as vendas do Chevrolet Spark eram muito mais baixas do que o esperado. Para piorar as coisas para a GM, a Chery estava se expandindo agressivamente para outros países nos quais a GM atuava. As disputas de direitos de propriedade intelectual (DPI) eram comuns na indústria automotiva da China: diversas montadoras de automóveis também haviam aberto processos relativos a casos de transgressões. A GM tinha muito a resolver: era preciso competir diretamente com a Chery no mercado enquanto decidia quais ações deveria adotar em relação à transgressão de DPI.

ESTUDO DE CASO 6: MERCEDES-BENZ E PARQUE DE ANIMAIS SELVAGENS DE WUHAN

Na manhã de 25 de dezembro de 2001, muitas pessoas em Wuhan, uma grande cidade na região central da China, ficaram surpresas ao ver uma Mercedes esporte SLK230 sendo rebocada por um búfalo na rua. No dia seguinte, o carro foi destroçado por cinco homens fortes no Parque de Animais Selvagens de Wuhan (WWAP), o que humilhou a Mercedes em público. Depois do fracasso das negociações entre o WWAP e a Mercedes, o WWAP ameaçou destruir outro automóvel Mercedes. Por que houve um incidente tão terrível? O que faz o proprietário de um carro recorrer a uma solução tão extrema? Como a Mercedes irá lidar com essa situação? A Mercedes poderia evitar que esse incidente se repetisse? Independentemente do que a Mercedes planejasse fazer, a ameaça de outro incidente significava que era preciso agir depressa. Esse caso será particularmente útil na discussão da estratégia de relações públicas da empresa e de suas habilidades de gerenciamento de crises.

ESTUDO DE CASO 7: CARREFOUR CHINA, MODIFICANDO OS NEGÓCIOS PARA SEGUIR AS NORMAS LOCAIS

A China era um mercado que seduzia as empresas multinacionais. Contudo, o país estabeleceu restrições para proteger os varejistas locais. Embora a China tivesse planos de abrir pouco a pouco o mercado doméstico, isso parecia estar além da paciência dos gigantes do varejo estrangeiro, como a Carrefour. Em consequência, muitos destes varejistas conseguiram expandir-se de modo secreto e ilegal no país. A Carrefour descobriu que os governos locais tinham uma forte motivação para introduzir os varejistas estrangeiros em prol de emprego e de benefícios fiscais. Com o apoio dos governos locais, a Carrefour rapidamente se instalou nas grandes cidades e se transformou na principal rede de varejo estrangeira da China. Não é difícil imaginar que a expansão ilegal irritou os varejistas locais e o governo central. Depois disso, o governo central emitiu circulares e normas para alertar os varejistas estrangeiros e os governos locais, que simplesmente não deram ouvidos aos alertas. Em 2001, havia boatos de que a Carrefour seria fechada e que o governo central não a toleraria mais. A Carrefour teria de fazer algo para resolver a crise.

ESTUDO DE CASO 8: O PIRULITO QUE FICOU AMARGO, A EXPERIÊNCIA DE UM CASAL ESTRANGEIRO NA CHINA

Este caso descreve a experiência de um casal estrangeiro na China. Alain, o marido, decidiu aceitar um cargo desafiante no país. Montse, a esposa, foi com ele, mas teve de desistir de sua carreira. Quando chegaram, as coisas não correram conforme o esperado.

ESTUDO DE CASO 9: REFLEXÕES PESSOAIS DE TRÊS EMPREENDEDORES ESTRANGEIROS NA CHINA

Neste caso, três histórias reais são contadas por empreendedores estrangeiros na China. O primeiro protagonista foi um estrangeiro que se tornou fornecedor de seu ex-empregador. Depois, ele fundou uma nova empresa que obtêve sucesso. A segunda protagonista começou sua experiência como diplomata. Depois de experimentar um pequeno negócio de baixo risco, ela fez uma nova mudança com a ajuda de um investidor em capital de risco. O terceiro protagonista foi para a China atraído por sua cultura. Ele aprendeu o idioma e até estudou em uma universidade chinesa. Mais tarde, ele fundou diversas empresas com seus colegas. Embora esses três empreendedores estrangeiros tenham seguido caminhos diferentes de crescimento e encontrado desafios diferentes em seus empreendimentos, eles tiveram em comum boa parte das práticas ideais e das lições para fazer negócios na China.

Cada estudo de caso aborda um assunto específico que está conectado ao livro anterior *China CEO: Voices of Experience*. A relação entre os dois livros é apresentada na tabela a seguir:

China CEO: Voices of Experience	Guia do Empreendedor Estrangeiro na China: Casos de Sucesso
Capítulo 1 Qualidades de um líder internacional bem-sucedido na China	**Capítulo 1** Liderança na China: colocando o coração onde está a mente Estudo de caso: Emerson Electric (Suzhou) Co., Ltd.
Capítulo 2 Gerenciando os funcionários chineses	**Capítulo 2** RH na China: perseguindo a noiva em fuga! Estudo de caso: Eli Lilly & Company, subsidiária na China, guerra por talento
Capítulo 3 Trabalhando com sócios nos negócios	**Capítulo 3** *Joint Ventures*: dançando o tango chinês Estudo de caso: Guangzhou Peugeot Automobile Co., Ltd.
Capítulo 4 Comunicando-se com a sede	**Capítulo 4** Lidando com a sede: a arte do malabarismo Estudo de caso: Picanol China
Capítulo 5 Enfrentando a concorrência	**Capítulo 5** Falsificadores na China: prenda-me se for capaz Estudo de caso: GM China *versus* Chery, disputa de direitos de propriedade intelectual
Capítulo 6 Lutando pelos direitos de propriedade intelectual	**Capítulo 6** Consumidores chineses: os garotos novos na vizinhança Estudo de caso: Mercedes-Benz e Parque de Animais Selvagens de Wuhan
Capítulo 7 Conquistando os consumidores chineses	**Capítulo 7** Relações com o governo: jogando pôquer chinês Estudo de caso: Carrefour China, reestruturando os negócios para adaptar-se às normas locais
Capítulo 8 Negociando com o governo chinês	**Capítulo 8** Estrangeiros na China: encontros e desencontros Estudo de caso: o pirulito que ficou amargo, a experiência de um casal estrangeiro na China
Capítulo 9 Morando na China	**Capítulo 9** Empreendedores estrangeiros perseguindo o sonho chinês Estudo de caso: reflexões pessoais de três empreendedores estrangeiros na China

O guia de casos inclui um capítulo extra que não tem em *China CEO: Voices of Experience*. Esse capítulo aborda a questão dos empreendedores estrangeiros na China e foi incluso por solicitação de diversos leitores interessados em pequenas empresas e os desafios que elas enfrentam no país.

O guia pode ser usado de duas formas:

1 Como um livro de estudo individual. Recomendamos que nossos leitores sigam os seguintes passos:

- ler o capítulo correspondente em China CEO;
- ler os casos e tentar decidir o que faria em tal situação;
- comparar os comentários nos casos com suas próprias reflexões;
- ler a introdução ao capítulo correspondente no guia de campo.

2 Como material de curso. Você pode seguir o mesmo procedimento usado para o estudo individual, mas acrescentar discussões em grupo depois de suas reflexões sobre o estudo de caso. Basicamente, as etapas a seguir seriam:

- usar o capítulo correspondente em China CEO como leitura prévia;
- recorrer aos casos nos capítulos correspondentes do guia de campo;
- participar em uma discussão em grupo;
- pedir aos participantes que leiam os comentários sobre o caso e observar se eles acrescentam algo novo ao que foi discutido;
- recorrer à introdução ao capítulo no guia de casos como conclusão pelo professor.

Agradecemos aos comentaristas que tão generosamente compartilharam suas experiências conosco. Cada estudo de caso recebeu comentários de um professor e de, pelo menos, um profissional. Muitíssimo obrigado por sua generosidade.

Professores participantes

Bala Ramasamy é professor de economia na China Europe International Business School (CEIBS), Xangai, China.

Dingkun Ge é professor de estratégia e empreendedorismo na CEIBS.

Dongsheng Zhou é professor de marketing na CEIBS.

Gerald E. Fryxell é professor de administração na CEIBS.

Howard Ward é professor de administração na CEIBS.

Per V. Jenster é professor de administração na CEIBS.

Thomas E. Callarman é professor de administração de operações na CEIBS.

Willem P. Burgers é professor de marketing e estratégia, Cátedra Bayer Healthcare em estratégia e marketing na CEIBS.

William H. Mobley é professor de administração na CEIBS e fundador da Mobley Group Pacific Limited.

Profissionais participantes

Angeli Kwauk é diretor regional de RH do China Grand Hyatt Xangai.

Bettina Ganghofer é vice-gerente geral do Xangai Pudong International Airport Cargo Terminal Co. Ltd. (Lufthansa JV).

Doug Ho Song é diretor-gerente do Doosan Leadership Institute, Doosan Group.

Gary An é gerente geral da Amphenol East Asia Electronic Technology (Shenzhen) Co., Ltd. e da Amphenol Commercial Products (Chengdu) Co., Ltd.

Guosheng Zhu é gerente geral de operações da BOC China.

Hans-Peter Bouvard é diretor de desenvolvimento de negócios Northern Aisa Reichle + De-Massari Far East (Pte) Ltd.

Sergiy Lesnyak é representante executivo do Ferrexpo Group na China.

Shaun Rein é diretor-gerente da China Market Research Group (CMR).

Wei Joo Chai é gerente de fábrica da Xangai Kerry Oils and Grains Industries Ltd.

Xiaotong Li é diretor de RH da Shared Service Organization Henkel (China) Investment Co., Ltd.

Xuezheng Li é diretor global de vendas da Beijing BOE Optoelectronics Technology Co., Ltd e ex-diretor de relações públicas da BOE Technology Group Co., Ltd.

Yufeng Zhao é gerente geral da Progress Strategy Consulting Co., Ltd.

Quase todos os casos foram escritos pelos dois coautores deste guia de casos, algumas vezes em cooperação com outros. Queremos agradecer a todos vocês:

George Chen, ex-pesquisador na CEIBS.

Jacqueline Zheng, gerente de RH da Eli Lilly China.

James G. Clawson, professor em Darden.

Linda (Dongmei) Song, assistente de pesquisa na CEIBS.

Wei (Wendy) Liu, MBA em Darden em 2003.

Agradecimentos especiais a **Lydia J. Price**, professora de marketing e reitora associada na CEIBS, e ao dr. **Junsong Chen**, pesquisador na CEIBS, por nos permitir usar seu caso sobre a Mercedes-Benz e o Parque de Animais Selvagens de Wuhan.

Por último, queremos agradecer a todas as empresas que contribuíram para os estudos de caso. Sem elas, este livro não teria sido possível.

Agradecimentos

Existem muitas pessoas a agradecer. Em primeiro lugar, as empresas que tão generosamente nos permitiram escrever sobre elas. Em segundo lugar, os professores e profissionais que dedicaram seu tempo para trabalhar nos estudos de caso. O dr. Jianmao Wang, diretor do Case Development Center (Centro de Desenvolvimento de Casos) e reitor associado na CEIBS, deu-nos grande apoio. Também agradecemos a CEIBS por nos permitir usar os casos. Linda (Dongmei) Song, nossa assistente extremamente competente, deu-nos um apoio fundamental para a preparação deste livro. Por último, Joan Draper reservou um tempo para ler o manuscrito e fazer sugestões. Obrigado a todos vocês.

Capítulo 1
Liderança na China: colocando o coração onde está a mente

CONTEÚDO

Estudo de caso: Emerson Electric (Suzhou) Co., Ltd.
Comentário 1: Howard Ward
Comentário 2: Guosheng Zhu

Introdução

Uma pergunta frequente dos gerentes estrangeiros na China é: existe um estilo de liderança mais adequado para se usar com os funcionários chineses? Por trás dessa questão, existe a expectativa de panaceia ou receita mágica. Infelizmente, essa fórmula não existe. Na nossa experiência, quase tudo que funciona nos outros lugares também dará certo na China, considerando certas diferenças que iremos explorar adiante, nesta introdução.

Liderança está basicamente ligada à influência, e influência apoia-se em dois pilares: resultados e respeito pelas pessoas. John C. Maxwell, em seu livro de sucesso *Developing the Leader Within You!*[1] (Desenvolvendo o Líder em Você!), apresenta um modelo de liderança baseado no desenvolvimento da influência.

O primeiro degrau nesse padrão é a influência fundamentada na posição, no nível mais baixo da escada. Isso esclarece a confusão comum entre poder e liderança. De certa forma, liderança também é poder, mas é um poder que emana da pessoa e não tanto da posição que ela ocupa. Na verdade, pode haver líderes com pouco poder de posição, mas de grande influência na organização.

O próximo degrau é o dos relacionamentos: as pessoas o seguem porque gostam de você. Os resultados estão no degrau seguinte: as pessoas seguem-no porque você obtém resultados. Ao combinar relacionamentos e resultados, você começa a obter a influência que faz com que os outros queiram segui-lo com o coração e a mente. Logo após, vem o desenvolvimento: isso significa que você ajuda as pessoas ao seu redor a também se tornarem líderes; você desenvolve outros líderes. Por fim, no último degrau temos o respeito: as pessoas seguem-no por quem você é. Esse é o nível mais alto do modelo, no qual se situa a verdadeira liderança. Segundo Maxwell, a liderança real é atingida depois de uma vida toda ajudando os outros e as organizações. Concordamos totalmente.

O princípio básico desse modelo é a ideia de que um líder tem de subir todos esses degraus. O alvo a ser buscado é o respeito dos outros, o que também confere um importante componente ético à liderança. Liderança tem a ver com a influência que emana de uma pessoa equilibrada, que considera as necessidades dos outros, inclusive as da organização. Esse modelo constitui um excelente mapa para obter influência e se tornar um líder completo, sendo aplicável no Ocidente e também no Oriente.

DOCUMENTO 1.1: O CAMINHO PARA A LIDERANÇA

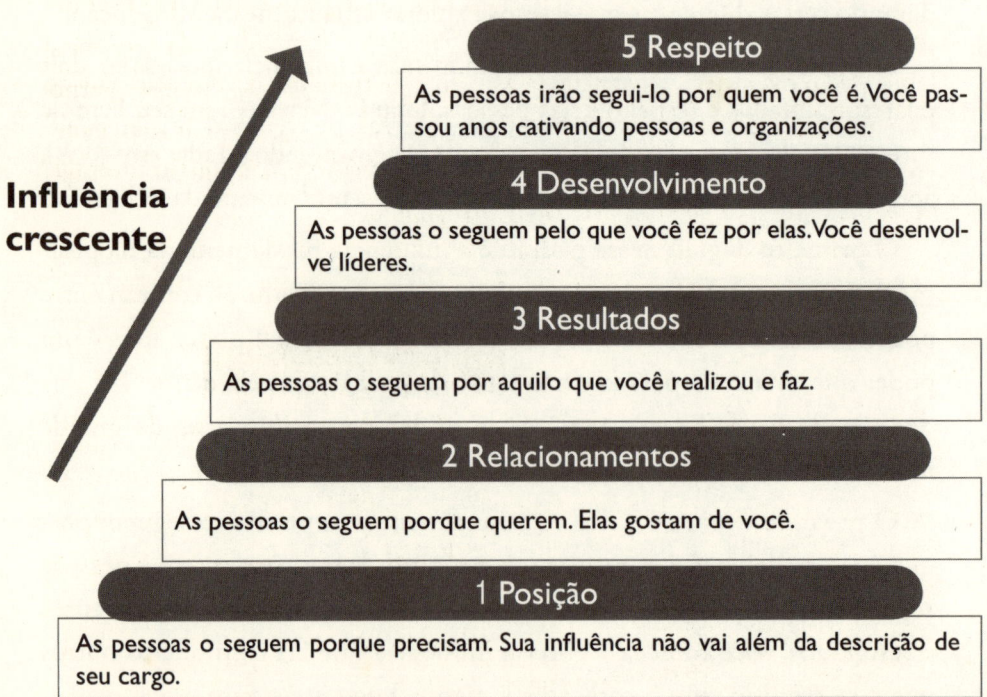

Observação: adaptado pelos autores a partir do modelo original

No entanto, se tivéssemos de enfatizar uma prática de liderança importante no contexto cultural chinês, optaríamos pelas habilidades sociais. Daniel Goleman desenvolveu o Modelo de Inteligência Emocional[2] no qual as habilidades sociais são um dos cinco elementos (autoconsciência, controle emocional, motivação e empatia são os outros quatro). Goleman define capacidades sociais como a competência para gerenciar relacionamentos e construir *networks*. É o potencial para encontrar bases comuns e construir a relação. Esse conceito de habilidades sociais está certamente ligado ao conceito de *guanxi*[3], tão popular e, de algum modo, mal-compreendido quando se fala sobre práticas de negócios na China.

Tal conceito, em nossa opinião, tem dois lados muito diferentes: um negativo e outro positivo. O *guanxi* negativo está frequentemente ligado à corrupção e à obtenção de benefícios pessoais usando recursos públicos ou da empresa. O *guanxi* positivo tem a ver com a facilitação das transações de negócios e é mais similar à ideia que Goleman faz das habilidades sociais.

Como o modelo a seguir demonstra, o *guanxi* pode ser representado como diversos círculos concêntricos. O núcleo é formado pela família; a seguir, vêm os amigos e colegas de estudo e de trabalho. O círculo externo é formado pelas conexões ou, em outras palavras, pelo *guanxi* de meu *guanxi*. Fora do sistema encontramos os outros, as pessoas com quem interagimos, mas que não fazem parte de nosso *guanxi*.

DOCUMENTO 1.2: O MODELO *GUANXI*

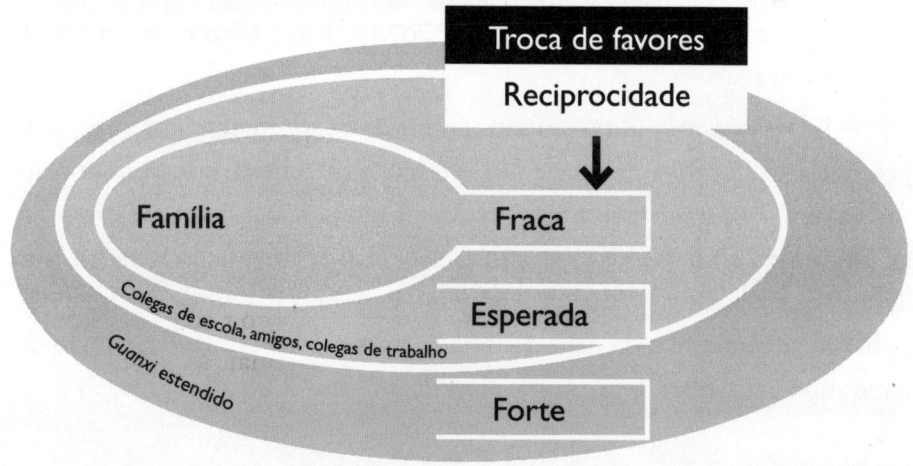

O *guanxi* é, basicamente, uma troca de favores e, portanto, é mantido por reciprocidade. No círculo familiar, a reciprocidade não é esperada, embora a lealdade e a confiança sejam elementos cruciais para sua manutenção. No segundo círculo — amigos, colegas de escola e de trabalho — a reciprocidade é mais forte, mas não forçosamente imediata. As pessoas fazem favores umas para as outras e esperam reciprocidade em algum momento futuro não especificado. Por fim, no círculo externo — o *guanxi* que vem do primeiro e do segundo círculos —, a reciprocidade é esperada e, em geral, é imediata. A força que mantém o *guanxi* unido é a ameaça de exclusão. Quando uma pessoa o utiliza ou abusa dele sem a devida consideração à reciprocidade, será excluída e terá dificuldade para fazer novos negócios com qualquer um dos outros membros.

É claro que precisamos nos adaptar à cultura local. O termo atual que tenta captar essa ideia de adaptabilidade é "líder global". Porém, em nossa opinião, esse termo não capta a riqueza do conceito. Ele parece implicar a necessidade de desenvolver um tipo de estilo de liderança sem raízes, válido para qualquer cultura. Entretanto, para ser um líder bem-sucedido na China, não é preciso deixar de ser quem se é, nem abandonar as próprias raízes culturais. Preferimos o termo "líder cosmopolita", que requer respeito pelas próprias raízes e, ao mesmo tempo, abertura diante das outras culturas. Um líder cosmopolita possui uma compreensão prática e sagaz das questões humanas. Isso tem a ver com adaptação, abertura e capacidade de aprendizagem. Além disso, está relacionado a ter uma mente aberta e a aceitar que a maneira como as coisas são vistas não é necessariamente a única correta.

Os líderes cosmopolitas tentam entender as diferenças culturais sem preconceitos. É muito fácil cair nos estereótipos culturais quando se confronta uma cultura diferente: "Os chineses não são leais com ninguém, só se importam com dinheiro e *status*, não têm criatividade" e assim por diante. Isso pode ser verdade em alguns casos, mas não pode ser considerado uma descrição geral de todo o povo chinês. Há mais de 1,3 bilhão de habitantes na China, e provavelmente ficaríamos muito surpresos se todos eles se encaixassem nessas descrições. A China é um mosaico de culturas, mas, acima de tudo, além da identidade cultural que todos possuem, cada indivíduo tem uma personalidade distinta.

Por último, gostaríamos de apresentar o conceito de estilos de trabalho. Há certamente diferenças culturais que afetam o comportamento das pessoas no local de trabalho. Todavia, seria uma simplificação considerar a cultura o único fator que influencia o comportamento. Preferimos usar a expressão "estilos de trabalho". O estilo de trabalho é o resultado da interação entre cultura nacional, cultura da organização e personalidade individual.

DOCUMENTO 1.3: ESTILOS DE TRABALHO

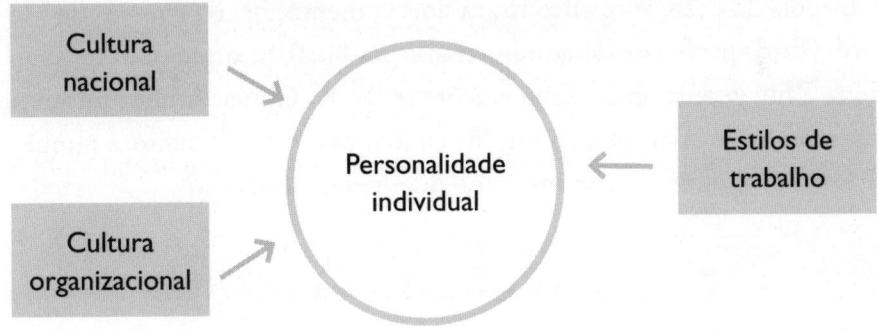

Um líder estrangeiro na China deve ser capaz de compreender diferentes estilos de trabalho e de trabalhar com eles. É preciso ter uma inteligência emocional altamente desenvolvida, o que inclui interesse pelos outros, saber ouvir, compreender e aceitar pontos de vista diferentes. Também é preciso ter padrões éticos claros nas questões pessoais e da empresa, e ser capaz de gerenciar em meio a um clima de incerteza. Além disso, é preciso demonstrar competência profissional e conhecimento de sua organização. Os líderes internacionais bem-sucedidos acolhem a diversidade que os rodeia; eles são impelidos pelo senso de aventura e pelo desejo de ver e vivenciar coisas novas, além de terem senso de humor e não se levarem a sério demais.

O estudo de caso incluso neste capítulo é um bom exemplo de estilos de trabalho diferentes e de como eles podem afetar negativamente o bom gerenciamento de uma organização. Eddie Turrentine, o novo gerente geral, está confrontando uma situação crítica, pois a organização está dividida em dois campos: os chineses e os americanos. Seu antecessor, natural de Taiwan, foi escolhido pela Emerson para liderar a operação de Suzhou. A vantagem, como a percebiam, era que o sr. Wang Wei poderia ser uma ponte entre as duas culturas. Wang falava chinês, foi educado nos Estados Unidos, fez MBA em Harvard e trabalhava na Emerson há alguns anos. Certamente, ele parecia ser o candidato perfeito. Depois de um ano no cargo, o sr. Wang demitiu-se e indicou Turrentine como seu sucessor. Turrentine, sem experiência internacional, tinha a difícil tarefa de unir uma organização que estava se desfazendo.

Depois do caso, você encontrará dois comentários: o primeiro de Howard Ward, professor de administração na CEIBS; o segundo de Guosheng Zhu, gerente geral de operações da BOC China. Ambos focam na importância de criar uma cultura de confiança e entendimento, e também no papel crucial de Turrentine como líder dessa mudança.

Estudo de caso
EMERSON ELECTRIC (SUZHOU) CO., LTD.[4]

Eddie Turrentine ficou muito surpreso quando o gerente geral o convidou para ser seu sucessor, em março de 2000. Turrentine, na época, era o gerente de suprimentos e materiais da Emerson Electric (Suzhou) Co., Ltd., uma subsidiária do conglomerado americano Emerson (seus produtos são vendidos sob o nome da marca Copeland, uma importante divisão da Emerson). O gerente geral, Wang Wei, nascido em Taiwan, disse a Turrentine que apresentaria sua demissão no dia seguinte e planejava recomendá-lo para o cargo. Turrentine lembra-se de Wang ter dito:

> Estou pensando nisso há várias semanas e tomei minha decisão: quero propor seu nome como meu sucessor. Você tem a experiência e o conhecimento necessários para executar essa operação. Você é a pessoa certa para manter a organização unida.

Essas palavras foram totalmente inesperadas para Turrentine:

> Eu nunca planejara ser gerente geral. Lembro-me de como fiquei surpreso quando ele disse isso. A princípio, hesitei um pouco em aceitar. Eu nunca havia sido gerente geral. O sr. Wang Wei, gerente de Taiwan, era um homem muito honesto e me disse que realmente acreditava que eu poderia fazer um trabalho melhor do que ele fizera; iria me apoiar. Por fim, aceitei quando o cargo me foi oferecido oficialmente.

Turrentine sabia que iria enfrentar um difícil desafio. Havia muitas questões a resolver na organização, principalmente as que diziam respeito às pessoas, como ele mesmo disse: "Então, ali estava eu, o novo gerente geral. Para dizer a verdade, foi difícil decidir por onde começar em minha nova função".

Copeland Corporation

Edmund Copeland fundou a empresa nos Estados Unidos no início dos anos 1920. A Copeland patenteou e produziu os primeiros refrigeradores elétricos do mundo e ajudou a transformá-los em equipamento doméstico nos Estados Unidos. Depois de participar de vários outros mercados, inclusive no de materiais de guerra durante os anos 1940, a Copeland Corp., na segunda metade do século 20, passou a se concentrar exclusivamente em sua competência central, isto é, na fabricação de compressores de ar-condicionado e de refrigeração. No momento em que o livro estava sendo escrito, a Copeland empregava mais de 10 mil funcionários em mais de 20 instalações em todo o mundo, atingia vendas anuais de mais de 2 bilhões de dólares e era um dos maiores fabricantes mundiais dos compressores HVAC[5] (ver Estudo de Caso – Documento 1.1). No início dos anos 1980, a Copeland desfrutava de um *status* de principal fornecedor mundial de compressores nos mercados de HVAC, embora fornecesse aos clientes principalmente compressores de tipo alternativo (acionado por pistões), com tecnologia que já existia há cerca de 20 a 30 anos. No entanto, ao mesmo tempo, o setor estava prestes a mudar para unidades de compressão rotativas (orbitantes), mais eficientes e confiáveis. A empresa já possuía uma vantagem de desenvolvimento significativa nessa nova área, além de diversas patentes relativas à nova tecnologia. Mas ela não tinha a base de capital que seria requerida para a expansão necessária, a fim de penetrar o bastante, nem mesmo no mercado unitário (novos domicílios) dos Estados Unidos. Além do mais, as fábricas existentes não eram boas candidatas para a conversão a essa inovação no setor.

Assim, não era difícil imaginar que essas instalações continuariam a atender à demanda do compressor alternativo, que estava em declínio, até que ele acabasse por sair do mercado. A empresa tinha o potencial para se transformar em líder do mercado, mas precisava de forte apoio corporativo e de financiamentos para estímulo do crescimento (ver Estudo de Caso – Documento 1.2).

Compra pela Emerson Electric

Em 1985, a Emerson Electric, corporação americana com mais de 75 divisões, comprou a Copeland Corp. de seu único proprietário. Esta integração deu à Copeland o suporte financeiro necessário para expandir globalmente seus horizontes. A Emerson habitualmente consta da lista das 100 maiores empresas dos Estados Unidos, publicada pela revista *Fortune*, e, em geral, situa-se entre o 250º e o 350º lugar das maiores corporações do mundo, com 15,5 bilhões de dólares em vendas, em 2000 (ver Estudo de Caso – Documentos 1.3 e 1.4). Como a nova maior divisão da Emerson, a Copeland ficou com a parte do orçamento em investimento de capital corporativo, construindo agressivamente instalações para fabricação de compressores rotativos na América do Norte.

Com o apoio financeiro da Emerson, a Copeland preparou-se para atacar os mercados globais, fabricando nas regiões em que a demanda estava aquecida e onde os investimentos tinham risco relativamente baixo. A empresa já exportava cerca de 25% de sua produção. Embora os investimentos europeus fossem bem-sucedidos e os empreendimentos conjuntos na Ásia proporcionassem retornos adequados, a empresa rotineiramente rejeitava propostas para qualquer iniciativa sem parceria em larga escala no Extremo Oriente. Por fim, em 1994, uma fábrica de 500 mil unidades rotativas por ano foi construída e inaugurada na Tailândia. A empresa logo percebeu que a ampla maioria do mercado servido por essas instalações estava, na verdade, na China; além do mais, importar produtos nesse país não era uma tarefa tão simples

Juan Antonio Fernandez / Shengjun Liu

ESTUDO DE CASO - DOCUMENTO 1.1: OPERAÇÕES MUNDIAIS DA COPELAND

Estados Unidos	Canadá	México	Europa	Ásia
12 fábricas	1 fábrica	1 fábrica	5 fábricas	5 fábricas

ESTUDO DE CASO - DOCUMENTO 1.2: HISTÓRIA DA COPELAND

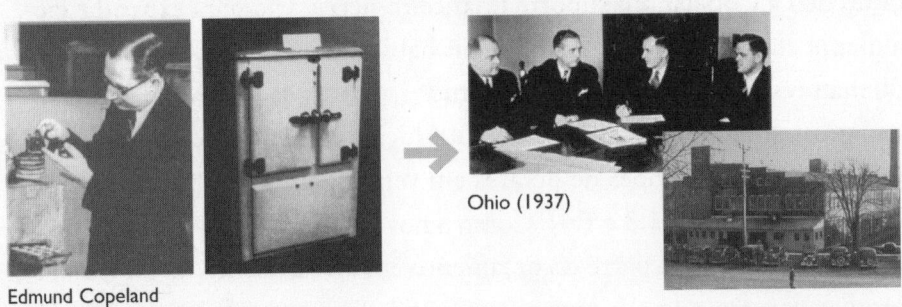

Edmund Copeland
Copeland Products, Inc.

Ohio (1937)

Anos 1970

Anos 1950 e 1960

Anos de guerra (1941)

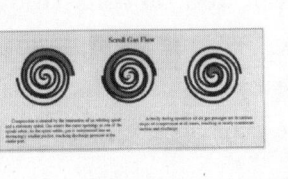

Emerson Electric
e o compressor rotativo

- 1986 - Compra da Copeland pela Emerson
- 1987 - Lançamento do compressor rotativo

ESTUDO DE CASO - DOCUMENTO 1.3: PARTICIPAÇÃO DE MERCADO DA EMERSON

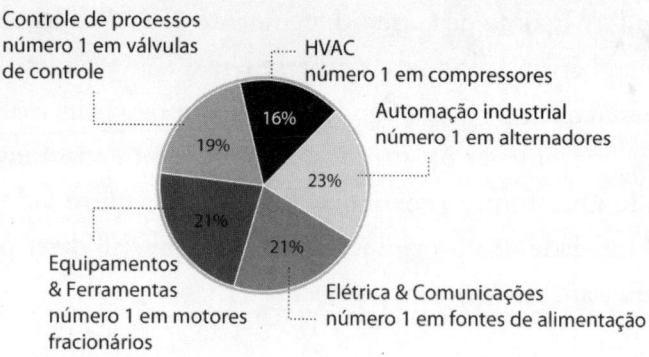

como se pensara inicialmente. Claramente, a empresa não estudara o suficiente antes de fazer esse investimento. A Emerson Electric caíra na mesma armadilha de tantas outras empresas ocidentais antes dela: supôs que o mercado asiático para seu produto era tão vasto e tão virgem que não seria preciso fazer uma análise cuidadosa antes de entrar nessa arena.

Emerson Electric chega à China

Depois de aprender essa lição valiosa, a empresa realizou um minucioso estudo de viabilidade, com duração de dois anos, e finalmente tomou a decisão de ir adiante com sua maior iniciativa de investimento fora dos Estados Unidos: uma instalação de 180 milhões de dólares em Suzhou, China. A Emerson já havia estabelecido diversas instalações fabris no país (ver Estudo de Caso – Documento 1.5). O estudo de viabilidade concluiu que a demanda dos consumidores, o ambiente competitivo, o mercado de trabalho, a capacidade dos fornecedores locais e outros fatores importantes eram razoavelmente favoráveis, tornando a decisão suficientemente atraente para ser concretizada.

O projeto devia ser concluído em três fases, durante um período de dois anos, conforme as Diretrizes de Franchise de Tecnologia de Fábrica da Copeland, um *gate system* usado na implantação das instalações da empresa (ver Estudo de Caso – Documento 1.6). A fábrica também recebeu a incumbência adicional de representar o compromisso de excelência da Emerson na Ásia, funcionando como a empresa principal para a região. Se o empreendimento prosperasse, a empresa tenderia a investir ainda mais pesado num futuro próximo; o fracasso, por outro lado, poderia limitar essa atividade nos próximos anos. Não é preciso dizer que muitos olhos observavam atentamente o projeto.

ESTUDO DE CASO - DOCUMENTO 1.4: DESEMPENHO GLOBAL DA EMERSON

IndustryWeek.com

EMERSON CITADA ENTRE AS 100 EMPRESAS MAIS BEM GERENCIADAS DO MUNDO PELO 5º ANO CONSECUTIVO

A Emerson é líder mundial em estratégias inovadoras de gerenciamento...

eWeek

Rede de E-business da Emerson Electric Co. Citada Entre as Melhores do País pela Revista eWeek

"A Emerson está abrindo caminho no mundo interligado da nova economia."

Goldman Sachs

"A Emerson é uma das quatro empresas mais agressivas em e-business."

Business Week

"(...) uma 'grande divisão' está se criando entre empresas como Honeywell, General Electric e Emerson Electric, que estão integrando a Internet em suas operações e as empresas que 'não entenderam'."

Bear Stearns

Emerson Electric Cria o Próprio Impulso

"A empresa de 110 anos agora parece estar se reposicionando (...) o potencial da Emerson é imenso."

GUIA DO EMPREENDEDOR ESTRANGEIRO NA CHINA: Casos de Sucesso

Localizada apenas a 70 quilômetros de Xangai, a maior cidade da China, Suzhou era conhecida por ter um parque industrial moderno, mas relativamente vazio, finalizado nos anos 1990. A equipe de gestão do parque, oriunda de Singapura, estava ansiosa para atrair projetos de investimento e também para outorgar as concessões necessárias às partes interessadas. A gestão do parque também mantinha boas relações

ESTUDO DE CASO - DOCUMENTO 1.5: MAIOR PRESENÇA INDUSTRIAL DA EMERSON NA CHINA (JUNHO DE 2000)

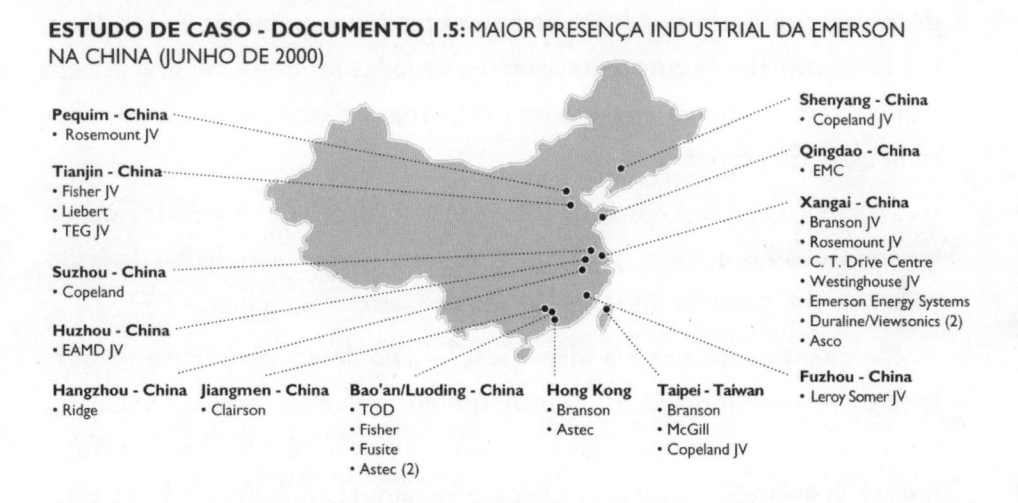

Pequim - China
- Rosemount JV

Tianjin - China
- Fisher JV
- Liebert
- TEG JV

Suzhou - China
- Copeland

Huzhou - China
- EAMD JV

Hangzhou - China
- Ridge

Jiangmen - China
- Clairson

Bao'an/Luoding - China
- TOD
- Fisher
- Fusite
- Astec (2)

Hong Kong
- Branson
- Astec

Taipei - Taiwan
- Branson
- McGill
- Copeland JV

Shenyang - China
- Copeland JV

Qingdao - China
- EMC

Xangai - China
- Branson JV
- Rosemount JV
- C. T. Drive Centre
- Westinghouse JV
- Emerson Energy Systems
- Duraline/Viewsonics (2)
- Asco

Fuzhou - China
- Leroy Somer JV

ESTUDO DE CASO - DOCUMENTO 1.6: ORGANIZAÇÃO GLOBAL DA EMERSON

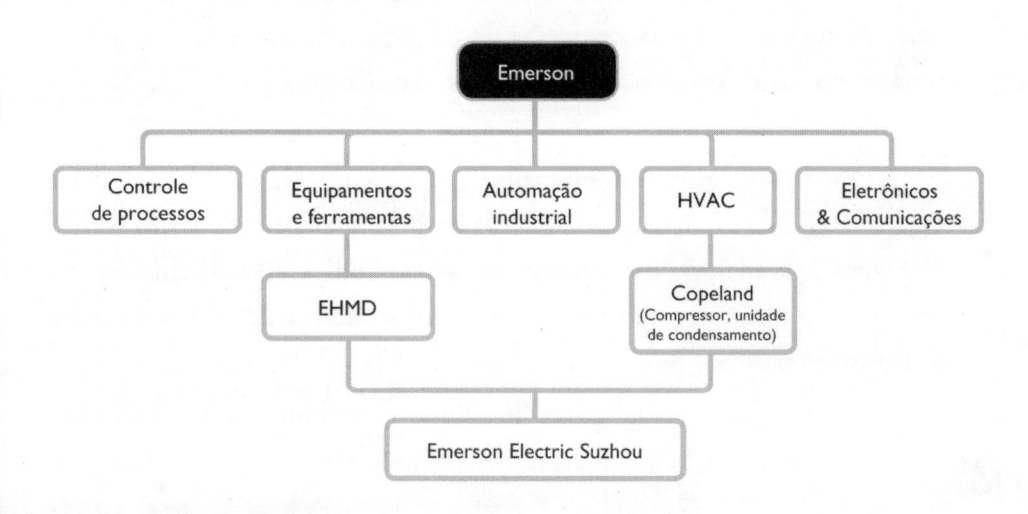

Emerson
- Controle de processos
- Equipamentos e ferramentas
  - EHMD
- Automação industrial
- HVAC
  - Copeland (Compressor, unidade de condensamento)
- Eletrônicos & Comunicações

Emerson Electric Suzhou

com agências de emprego locais e forneceu à Emerson relatórios que indicavam haver mão de obra disponível, em quantidade suficiente e a custos mais baixos do que se encontraria em áreas mais metropolitanas, como Xangai. As taxas de desemprego relativamente elevadas pareciam ser um primeiro indicador de que a retenção dos assalariados não seria uma preocupação imediata. Diversas escolas vocacionais locais ofereciam um constante suprimento de jovens talentosos que poderiam se desenvolver em um ambiente de aprendizado cooperativo. Além disso, um bom número de empresas estatais, situadas na área e cujo futuro era instável, tinha alguns engenheiros talentosos e experientes que poderiam estar disponíveis.

De modo geral, a gerência da Emerson considerou que a área de Suzhou era um ambiente atraente para construir uma equipe de trabalho diversificada e de alto desempenho (ver Estudo de Caso – Documento 1.7).

No que dizia respeito à identificação e ao desenvolvimento de uma base de fornecedores locais, a proximidade entre Suzhou e Xangai era uma clara vantagem, pois garantia acesso aos negócios que serviam à industria automobilística, em expansão naquela cidade. Embora existissem bons fornecedores de estampagem e, em alguma medida, de fundição, em Suzhou, as empresas de Xangai complementavam as oficinas de forjamento e as empresas de usinagem de precisão. Pesquisas iniciais no local forneceram resultados promissores para todas as necessidades da Emerson.

Outros fatores menos significativos que desempenharam um papel na decisão incluíam a existência de escolas onde se falava inglês, a proximidade razoável da maioria dos clientes, uma base competente de subempreiteiros e uma infraestrutura estável e bem desenvolvida de comunicações e de transportes.

As recomendações resultantes do estudo de viabilidade, aprovadas no nível corporativo, incluíam as seguintes estratégias:

ESTUDO DE CASO - DOCUMENTO 1.7: UMA COMPARAÇÃO ENTRE ST. LOUIS E SUZHOU

	St. Louis, Estados Unidos	Suzhou, China
História	224 anos	2.500 anos
Estado/Província	Missouri	Jiangsu
População	2,5 milhões	5,7 milhões
Atrações	Centro comercial e centro rodoviário, Lacelede's Landing, Gateway Arch, antiga catedral de St. Louis France, antigo tribunal, edifício Wainwright	Mundo de jardins, capital da seda e terra da abundância, Templo taoísta misterioso, Portal Panmen, Templo Hanshan, Flat-top Hill (colina de topo chato), Delicate Rock Hill (colina da rocha delicada), Heavenly Pond Hill (colina do lago celestial), Pagode do templo norte, Pagodes gêmeos
Rio	Mississippi	Yangtzé

- Visar inicialmente aos grandes OEMs[6] que usassem compressores de 3.0-5.0 Kbtu/hr como o principal segmento de mercado;
- Incluir capacidade de investimento para a fabricação de compressores maiores no plano de capital da fábrica, mas manter o investimento para capacidades menores;
- Estabelecer três fases de investimento para reduzir a exposição, em caso de fracasso, e para fazer com que a oferta correspondesse à demanda;
- Identificar e contratar asiáticos bilíngues para fomentar o projeto, preencher os cargos de alta gerência com um chinês local. O restante seria complementado com metade de chineses que moraram no Ocidente e metade de americanos;
- Utilizar força de trabalho temporária para atender às oscilações sazonais previstas na demanda.

Embora a crise financeira asiática tenha feito com que a Copeland e a Emerson hesitassem por algum tempo, o projeto foi iniciado em junho de 1998. A produção começou no início de 2000 (ver Estudo de Caso – Documento 1.8).

ESTUDO DE CASO DOCUMENTO 1.8: CRONOLOGIA DA FÁBRICA EMERSON SUZHOU

março de 1996	1997	junho de 1998	agosto de 1999	fevereiro de 2000	março de 2000
Licença para funcionamento	Crise financeira asiática	Aprovação do relatório de impacto ambiental pelo conselho diretor	Primeiro funcionário no conselho diretor	Aprovação do piloto	Primeiro envio de peças

Pessoas e questões culturais na Emerson Electric Suzhou

Enquanto isso, o procedimento de preenchimento das vagas começou com o recrutamento de um gerente geral vindo de Taiwan, em março de 1996, que acumulou a função de líder do projeto. Logo depois, ele começou a procurar e a contratar a equipe principal. O plano de contratação não incluía a identificação de um gerente de Recursos Humanos, pelo menos não a princípio. Assim, o processo não tinha diretrizes ou estrutura reais que garantissem ser aplicada alguma forma de padronização para posições similares. Muitas ofertas foram feitas e os acordos foram obtidos por meio de métodos diversificados. Isso resultou em uma variedade de pacotes de remuneração, acordos contratuais e expectativas de promoção para o futuro.

Contratar a equipe em todos os níveis de diversas escalas de remuneração e com ampla gama de níveis de competência dentro de cada nível representou, em retrospecto, o início de uma situação que logo se manifestaria como um grande problema que poderia pôr em risco o sucesso do investimento.

A corporação decidira que, pelo menos, um gerente chinês local fizesse parte da equipe do gerente geral. A contratação do gerente de Recursos Humanos da fábrica, um chinês local, cumpriu essa diretriz. Agindo assim, o gerente geral usou como argumento para convencer os outros diretores a ideia de que esse indivíduo seria capaz de entender e relatar comportamentos importantes, mas de difícil detecção, entre a equipe da fábrica. De outra forma, tais comportamentos poderiam passar despercebidos. O novo gerente de Recursos Humanos tinha cerca de 50 anos e vinha de uma empresa estatal local. Como Turrentine mencionou:

20 de junho de 2000	23 de junho de 2000	17 de julho de 2000	27 de julho de 2000	29 de dezembro de 2000
ISO 9002	Grande inauguração	Aprovação da auditoria da franquia	*Status* de empresa de tecnologia avançada	ISO 14001

Contratamos um chinês como gerente de RH para que pudesse nos ajudar a formar a organização local. Ele era natural de Suzhou e tinha muitas conexões. Você sabe, ele tinha bom *guanxi*.

Muitos gerentes de escalão médio, principalmente supervisores e engenheiros, tiveram de participar de programas de treinamento, de quatro a seis meses de duração, nos Estados Unidos. Posteriormente, tiveram de assinar longos contratos de trabalho com a empresa, com o objetivo de garantir o retorno do investimento no custo do treinamento. Turrentine disse:

> Escolhemos muitos novos funcionários e os treinamos. Até enviamos 20 deles para serem treinados nos Estados Unidos. Era um programa de seis meses. Assinamos um contrato de três anos com essas pessoas. A ideia era que, se saíssem da empresa depois do treinamento, teriam de pagar o custo por ele. Tivemos o caso de um funcionário que se demitiu 17 meses após o treinamento. Ele teve de arcar com todo o custo, que era uma quantia próxima a todos os salários que recebera durante esses 17 meses.

Como as instalações ainda estavam em ritmo de implantação, a equipe no local teve, por algum tempo, pouca pressão para mostrar desempenho. As margens de custo haviam sido planejadas antecipadamente para cobrir as ineficiências iniciais; a previsão de vendas da empresa incluía apenas uma pequena porcentagem dos resultados das novas instalações;

e os funcionários eram mantidos em sua zona de conforto, a fim de que tivessem tempo suficiente para se adaptar às novas responsabilidades. Durante esse primeiro ano de calma relativa, porém, a tempestade real estava começando a se formar logo abaixo da superfície. O mercado começou a crescer a um ritmo acelerado. Os compromissos de vendas corporativas foram elevados rapidamente e a pressão sobre a fábrica para produzir dobrou e, depois, triplicou. Clientes, supostamente mais preocupados com o valor no longo prazo, estavam repentinamente exigindo preços mais baixos e ameaçando mudar para os fornecedores concorrentes. Todas essas questões ocorriam no momento que o grande grupo de gerentes de médio escalão começou a perceber que a oportunidade de crescimento profissional prometida a todos poderia, de fato, só estar disponível para alguns poucos escolhidos. Para piorar as coisas, essa fonte de insatisfação dos funcionários passou, em ampla medida, despercebida pelos gerentes do primeiro escalão, pois o gerente de Recursos Humanos tentou ocultar essa informação deles.

Durante o aumento da produção, várias diferenças culturais entre os funcionários americanos, os chineses vindos do Ocidente e os funcionários locais ficaram aparentes. Os resultados dessa disparidade iam de pequenos mal-entendidos até danos suficientes para pôr em risco até mesmo a estabilidade da equipe da fábrica. Essas desigualdades culturais básicas, associadas a uma resistência previsível à mudança, demonstrada pelos dois lados, iriam requerer um gerenciamento habilidoso para serem resolvidas.

No início do projeto, durante a fase de construção das instalações, ficou evidente que o estilo americano orientado para resultados iria de encontro ao estilo de gerenciamento por relacionamento pessoal, demonstrado pelos chineses. Por exemplo, os gerentes americanos eram vistos como desnecessariamente ansiosos por pressionar o sistema de produção antes mesmo de as instalações estarem concluídas. Na verdade, eles estavam entre os poucos que haviam sido informados sobre as mudanças no ambiente de negócios externo e sobre as implicações que essas mudanças teriam internamente. Embora a grande maioria dos funcionários pensasse ser prudente testar metodicamente cada equipamento antes de ser colocado em uso, os poucos ocidentais sentiam a necessidade de produzir as primeiras unidades do produto. Esses gerentes americanos, pensando que poderiam dar aos outros uma lição sobre princípios de manufatura, na verdade, forçaram sua vontade sobre os outros, provocando muitas discussões.

Os gerentes de médio escalão foram persuadidos a trabalhar noite adentro apenas para fazer com que as 20 primeiras unidades da fábrica fossem montadas. Os chineses consideravam isso desnecessário, pois o dia seguinte foi quase inteiramente ocioso, à espera dos resultados dos testes das amostras. Esse foi o primeiro de muitos incidentes similares que começaram a romper a organização antes mesmo de ela ter tido uma chance de se fortalecer. Logo, ficou óbvio que os diferentes níveis de esquiva de conflito, dentro de cada grupo, também teriam um papel no desenrolar da história. Quando a produção piloto real começou, os americanos solicitaram uma reunião no início da manhã para apresentar as linhas gerais das atividades e os objetivos do dia, além de uma sessão de conclusão no final da tarde, na qual os departamentos com itens de ação incompletos eram criticados por planejamento ou execução deficientes. Os chineses, que preferiam evitar conflitos, sempre que possível, geralmente concordavam com a programação do dia, mesmo quando tinham plena consciência de que o planejamento aceito não poderia ser cumprido.

Naturalmente, esse conflito silencioso era bastante prejudicial para a obtenção dos objetivos, pois os americanos, cegos às diferenças, apenas pressionavam mais. Na verdade, conforme os prazos se aproximavam, esses gerentes se viram realizando o trabalho dos engenheiros e supervisores, ignorando o fato de que a qualidade de seu trabalho era apenas tolerável. Embora acabassem por reconhecer que algumas diferenças entre as duas culturas estavam afetando negativamente o desempenho do grupo, sua relutância diante da mudança levou à crença de que o comportamento que era mais confortável para eles era sempre o melhor modo de agir nos negócios.

Por outro lado, os chineses também contribuíram para piorar a situação. Para muitos, era óbvio que o grupo de estrangeiros estava pressionando demais. Na verdade, muitos deles haviam até mesmo passado por experiências semelhantes com outros ocidentais, em empregos anteriores. Como seus colegas americanos, esses gerentes chineses de médio escalão não viam necessidade de mudar seu próprio estilo.

Ao montar sua equipe de gerenciamento para a fábrica, o gerente geral planejou contratar apenas um chinês local e, ao avaliar suas necessidades, ele optou por preencher a vaga de gerente do departamento de RH com um chinês. Todos concordaram que essa nomeação iria facilitar a comunicação entre os americanos e os chineses.

Além disso, conforme o número de funcionários aumentava, havia uma necessidade crescente de um sistema efetivo de gerenciamento de pessoal. Infelizmente, as diferenças culturais e a falta de consciência delas começaram a pôr a perder o bem-intencionado plano original. O gerente de RH, por ter sido durante muito tempo empregado de uma estatal, acreditava firmemente na ideia chinesa de manter uma distância no poder. Nas reuniões da equipe, os americanos quase sempre interpretavam seu silêncio como concordância, quando muitas vezes representava algo muito diferente, de fato. Enquanto os gerentes americanos se sentiam muito à vontade para expressar suas opiniões e tentar levar o grupo a concordar com elas, o gerente de RH pensava que seria melhor esperar até ouvir a opinião do gerente geral e, geralmente, apenas concordar com as ideias dele. Assim, a intenção original de obter a perspectiva chinesa local acabou por nunca ser concretizada (ver Estudo de Caso – Documento 1.9).

Logo, toda a organização se encontrou envolta em indecisão e em decisões unilaterais. Os americanos continuaram a pressionar, apesar de terem poucos resultados, e os chineses continuaram a se arrastar, checando metodicamente cada item nos mínimos detalhes. O resultado foi uma base de funcionários ineficiente e pouco motivada, que testemunhava brigas intermináveis em todos os níveis da organização.

A seguir, ocorreu um fenômeno bastante inesperado, que, estranhamente, lançou toda a base de empregados em um modo de sobrevivência responsável pelo início da iniciativa de aprimoramento. O gerente geral de

Taiwan decidiu demitir-se para ir trabalhar em uma empresa de telecomunicações. A agitação entre os funcionários locais imediatamente se tornou uma grande preocupação para todos, pois a vaga repentina levou a maioria a acreditar que algo estava terrivelmente errado e que talvez todos deveriam pensar em uma mudança de carreira. A ideia predominante era a de que o chefe havia abandonado uma empresa que estava afundando.

Além dessas questões de pessoal, subitamente o auge da temporada abateu-se sobre o setor, e, é claro, a fábrica estava pouco preparada para lidar com a demanda que aumentava rapidamente. Com certeza, era necessário agir de forma rápida e decisiva para acertar o rumo e garantir a futura prosperidade dos investimentos. Frente à atenção que a fábrica estava recebendo nos níveis mais altos da corporação e do setor, também era imperativo dar ao conselho diretor e aos acionistas um motivo para acreditar que a situação era estável e que a decisão de investir fora acertada. Havia algumas questões que precisavam ser solucionadas com urgência a fim de garantir um empreendimento verdadeiramente bem-sucedido, a saber, nas áreas de questões culturais e de pessoal.

ESTUDO DE CASO - DOCUMENTO 1.9: ORGANOGRAMA DA EMERSON ELECTRIC SUZHOU NO FINAL DE 1999

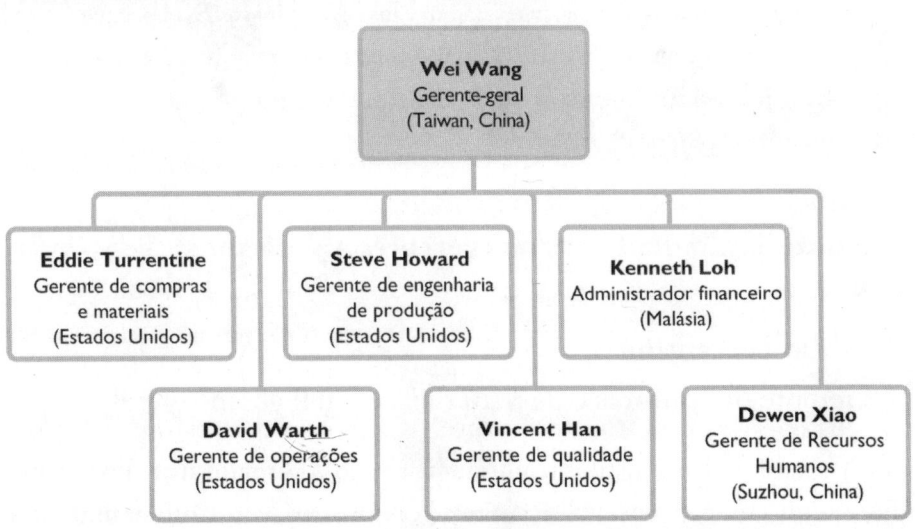

- **Wei Wang** — Gerente-geral (Taiwan, China)
  - **Eddie Turrentine** — Gerente de compras e materiais (Estados Unidos)
  - **Steve Howard** — Gerente de engenharia de produção (Estados Unidos)
    - **David Warth** — Gerente de operações (Estados Unidos)
    - **Vincent Han** — Gerente de qualidade (Estados Unidos)
  - **Kenneth Loh** — Administrador financeiro (Malásia)
    - **Dewen Xiao** — Gerente de Recursos Humanos (Suzhou, China)

O que fazer?

Turrentine estava realmente preocupado com a complexidade da situação. Ele via a necessidade de ação rápida a fim de melhorar a situação. Uma solução de longo prazo para as questões de pessoal seria desenvolver uma cultura organizacional que permitisse o crescimento dos funcionários e, ao mesmo tempo, apoiasse os objetivos empresariais da Emerson.

Turrentine relembra:

> Nossa empresa tem muitas instalações fabris de alto volume, com muitas pessoas; temos muita experiência em gerenciar operações de volume elevado, mas não temos experiência em gerenciar organizações multiculturais. Temos de aprimorar esse aspecto.

Em alguns ângulos, a Emerson, na época, já tinha uma forte equipe de gestão, mas precisava desenvolver mais os gerentes do futuro para garantir o sucesso da empresa no longo prazo. Turrentine considerava que essa seria sua principal tarefa para o futuro próximo:

> Se fracassarmos na China, não será por causa dos chineses. Será porque eu não terei conseguido criar o ambiente certo para que todos cooperem, independentemente de serem chineses ou americanos. Quero ser muito claro em relação a isso.

Anexo 1: Comentários dos gerentes americanos

Eddie Turrentine
Gerente de compras e de materiais, e atual gerente geral

"Tínhamos alguns estilos conflitantes em nossa organização. Por exemplo, os chineses concentram-se em relacionamentos, enquanto os americanos focam-se em resultados. Uma segunda diferença é o modo de estabelecer objetivos. Lembro-me da primeira reunião de gerência em que estabelecemos os objetivos para o ano. Os segundos eram muito agressivos e ambiciosos em seus objetivos, enquanto os primeiros eram mais conservadores e prudentes. O gerente geral de Taiwan perguntou: 'Quantos defeitos você acha que teremos?'. David, nosso gerente de operações, disse: 'Zero'. O gerente geral não podia aceitar isso e determinou um número.

Outra diferença é o que entendemos por respeitar as pessoas. Queríamos ser o empregador preferido em Suzhou. O significado de ser o empregador preferido para um americano é totalmente diferente para um chinês. Para mim, realmente significa importar-se com as pessoas e lhes dar uma chance para crescer. Para um chinês, ser um bom empregador é algo diferente; a hierarquia é muito importante para eles. 'Sou o gerente e você faz o que eu disser.' Muitas vezes, eles não ouvem os trabalhadores. Não se faz isso nos Estados Unidos. Ninguém quer trabalhar para esse tipo de patrão.

Nosso gerente geral anterior era de Taiwan, falava chinês e cursou MBA em Harvard. Ele era um homem muito inteligente, tinha 30 e poucos anos, muito jovem.

Eu já conhecia o sr. Wang, pois havíamos trabalhado juntos por cinco anos no Alabama. Quando ele me convidou a vir para a China, fiquei empolgado, porque ele sabia muito e eu não tinha dúvidas de que poderia aprender muitas coisas com ele. O sr. Wang havia concordado em permanecer três anos em seu cargo, mas, quando a unidade ficou pronta para funcionar, ele decidiu se demitir. Acho que teve medo de fracassar.

Os chineses adoram reuniões, que tínhamos o dia inteiro e todos os dias. Eles costumam resolver os problemas nelas. Eu respeitava meu gerente geral, mas não gosto de desperdiçar tempo com tantas reuniões. Um dia, eu lhe disse: 'Tenho um trabalho a fazer. Se quiser me ver, podemos nos reunir depois do trabalho. Se quiser me encontrar às cinco da manhã, não há problema. Preciso operar uma fábrica e tenho muitas coisas a fazer aqui. Esse é meu trabalho.'

Ele criou uma organização muito hierárquica. Tínhamos um supervisor para cada linha de produção. Em média, havia 12 pessoas em cada linha. Havia chefes demais.

David — o gerente de operações — e o gerente de RH tiveram uma briga feia. David disse: 'Não sei por que contratamos todas essas pessoas. Temos chefes demais.'

A China tem uma cultura antiga. Eles têm seu modo de fazer as coisas. Por exemplo, eles não gostam de falar com franqueza uns com os outros; guardam os problemas para si mesmos. Ninguém lhe conta o que está havendo. Nós, americanos, falamos diretamente quando não gostamos de algo. Isso não é um problema para nós.

ESTUDO DE CASO - DOCUMENTO 1.10: PRIMEIRO PRODUTO DA EMERSON ELECTRIC SUZHOU: UM COMPRESSOR ROTATIVO CONCLUÍDO EM 1999

Lembro-me de quando produzimos nosso primeiro compressor em 12 de novembro de 1999 (ver Estudo de Caso – Documento 1.10). Essa unidade teve de ser enviada de volta aos Estados Unidos para um teste de três meses. Meu chefe ficou muito temeroso de que algo pudesse dar errado. Esse foi um dos motivos de ele ter se demitido, saindo daqui antes de os resultados voltarem dos Estados Unidos. Finalmente, nada deu errado. Nosso primeiro compressor estava perfeito, mas ele já não estava aqui."

David Warth
Gerente de operações

"A comunicação era difícil quando cheguei aqui. Em primeiro lugar, havia o problema do idioma. Não entendíamos o chinês. Muitos dos chineses que contratamos não falavam inglês. Mas o problema cultural era mais complicado, pois estávamos misturando pessoas com estilos diferentes. Alguns dos gerentes chineses que contratamos eram muito tradicionais. Com isso, quero dizer que eles prefeririam dizer às pessoas o que fazer. Tivemos problemas para nos entender, e houve alguns conflitos entre os dois grupos, especialmente no que se refere à disciplina ou a questões de pessoal. O modo com que trabalho é confrontar a questão diretamente, cara a cara. Parece-me que os gerentes chineses não gostam disso.

Eles acreditam que o conhecimento é poder. Nossa ideia é de que o conhecimento deve ser compartilhado e transferido para os outros membros da organização. Queremos que as pessoas compartilhem o conhecimento. Esse é o nosso jeito.

Os supervisores chineses só se importam com o número de pessoas que comandam, em ter um bom computador e uma sala. Mas, para mim, isso não é ser supervisor. O supervisor tem de estar envolvido no negócio. Ele é também um outro trabalhador, com mais responsabilidades; tem de ser produtivo e ajudar seus subordinados a serem produtivos.

Os chineses às vezes ficam muito confusos com o modo com que nós fazemos as coisas. Eles não compreendem nossas regras. Nós cruzamos as linhas hierárquicas, se for preciso; não nos incomodamos com isso. Eles são muito cuidadosos com a hierarquia e agem sempre de modo a não ofender o chefe. Nós só queremos que o trabalho seja feito, é isso que importa.

Os gerentes chineses são muito apegados ao poder. Gostam de controlar as pessoas e de que elas peçam permissão o tempo todo. Eles também adoram reuniões, e nelas gostam de fazer discursos. Esse modelo não funciona bem conosco.

Na China, se você tiver uma ideia ou quiser fazer algo de um modo diferente, é preciso obter a permissão de seu chefe e colher muitas assinaturas. Tendemos a acreditar que esse procedimento só serve para atrasar as coisas. Provavelmente, nenhum dos modos é realmente o melhor. Imagino que algum ponto intermediário seja o correto para a China."

Steve Howard
Gerente de Engenharia de Produção

"Os chineses estão acostumados a seguir um líder e a fazerem o que o líder diz. Eles querem instruções claras e não gostam de tomar decisões. Isso é surpreendente para nós.

Esperamos que as pessoas aprendam e sejam capazes de resolver problemas de modo independente, que tenham iniciativa. Se alguém só repete o que já sei, então não preciso dessa pessoa. Quero pessoas com ideias próprias.

Se eu perguntar aos engenheiros com quem trabalho qual sua opinião sobre um problema, eles ficarão olhando para mim e imaginando por que estou perguntando isso. Acham que eu sou o chefe e, por isso, devo ter todas as respostas e lhes dizer o que fazer.

Tenho de levar em conta essa ideia de 'ser humilhado' ao gerenciar meus subordinados chineses. Os chineses dizem: 'Este é meu território, esta é minha área e ninguém pode invadi-la. Se você interferir, serei humilhado'.

Eles raramente pedem ajuda aos outros. Por exemplo, coordeno cinco engenheiros. Cada um deles é responsável por uma área diferente. Se um deles estiver com problemas, nunca pedirá ajuda aos outros engenheiros. Ele pensa que, se pedir ajuda, pensarão que é burro porque não consegue fazer seu trabalho.

Nosso gerente geral anterior era de Taiwan. Ele esperava que todos o seguissem. Era muito esperto e inteligente, mas diferente de nós. Fora educado nos Estados Unidos e obtivera um MBA em Harvard.

Nesse período, a comunicação entre as pessoas não era muito boa. Não conversávamos uns com os outros; tudo era canalizado por meio do gerente geral. Havia muita tensão entre alguns dos gerentes.

Outro problema que tínhamos, na época, era as expectativas pouco claras. Não sabíamos bem quais eram as expectativas do gerente geral em relação às nossas funções.

Os chineses preocupam-se mais do que nós com a hierarquia. Por exemplo, na China, um supervisor tem uma posição mais elevada do que um engenheiro. Nos Estados Unidos, eles ocupam o mesmo nível. Nossos engenheiros chineses queriam ser promovidos a supervisor; não queriam permanecer como engenheiros. Todos eles queriam ser chefes.

Eu diria a quem estiver vindo dos Estados Unidos para trabalhar na China: seja paciente, tente ser uma pessoa paciente. Não costumamos ser pacientes nos Estados Unidos, mas esse é um talento que devemos cultivar aqui."

Anexo 2: Comentários dos gerentes chineses

Judy Zhang
Compradora de materiais

"Eu trabalhava há dez anos em uma empresa estatal no ramo têxtil e fora até promovida ao cargo de gerente de pesquisa e desenvolvimento. Tinha também outros dois anos de experiência em uma empresa estrangeira onde era encarregada da compra de produtos mecânicos. Isso aconteceu antes de eu vir para a Emerson Suzhou. Minha experiência anterior acontecera em organizações já estabelecidas e eu estava acostumada a seguir uma liderança clara.

Os gerentes americanos têm um estilo diferente, são muito diretos e importam-se mais com os resultados do que com manter bons relacionamentos. Muitos chineses os consideram assertivos demais.

Os americanos definiam prazos muito apertados que estavam além de nossas capacidades atuais; depois, antecipavam o prazo e deixavam todos muito estressados. A princípio, não estávamos acostumados com isso. Mas, depois de algum tempo, nós nos acostumamos gradativamente e nosso padrão melhorou. Eles chamam isso de "atirar antes de mirar". Agora, por meio da comunicação, fomos nos acostumando ao modo americano de gerenciamento. Eles também começaram a aprender o modo chinês, que é mais conservador e também mais focalizado nos detalhes.

Você sabe, fomos criados e ensinados a seguir as instruções do líder. Quando éramos crianças, o maior elogio de nossos pais era: "Esta criança é tão obediente (*tinghua*)". Assim, fomos acostumados a nos comportar do mesmo modo para obter avaliações positivas de nossos líderes.

Para nós, um bom líder deveria ser alguém que possa dar um bom exemplo, demonstrar integridade e tomar decisões corretas e inteligentes. A equipe gerencial deveria ser unida, falar em uma única voz e ter um compromisso de longo prazo com a organização. Eles deviam nos dar a direção correta e conquistar nossa confiança. Desde que a liderança seja clara e haja compromisso, os chineses podem aprender e se adaptar às exigências do líder.

Não temos problemas em mudar para o estilo americano. Em minha opinião, tenho aprendido muito com eles. Gosto de aprender. Gosto de mudar. De outro modo, eu teria continuado na empresa estatal.

Alguns gerentes estrangeiros vêm para a China apenas com uma atribuição de curta duração ou porque não têm uma posição em seu país. Usam a China para obter uma promoção. Para ser honesta, temos medo disso, principalmente quando vimos nosso gerente geral pedir demissão. Espero que o novo gerente geral consiga reunir a equipe."

Jonas Chen
Supervisor de produção

"Trabalhei por diversos anos em uma grande empresa estatal antes de vir para a Emerson Suzhou. Eu não gostava do trabalho lá. Eles se comportavam como burocratas, e não como gerentes profissionais. A organização era hierárquica demais e ineficiente. Antes de apresentar qualquer sugestão nova, era preciso pensar bem e ver se poderia vir a ofender alguém, quer seus gerentes ou seus colegas. Foi por isso que eu quis mudar.

Fiquei intrigado quando descobri que também havia um conflito cultural aqui. Podíamos sentir claramente as culturas diferentes e conflitantes em nossa empresa.

Os departamentos que se reportavam ao gerente geral, vindo de Taiwan, eram muito formais, com linhas hierárquicas estritas e ordens a serem seguidas, um pouco como no exército. Sempre que uma tarefa precisava ser feita, eles tinham reuniões para discutir as diversas possibilidades, comparar os prós e os contras, e depois escolher uma ação. Cada passo estava de acordo com as regras.

Os departamentos gerenciados por americanos, como nós, eram muito ativos, francos uns com os outros e entusiasmados. Nós nos importávamos mais com os resultados do que com o sistema. E, na verdade, ainda não havia um sistema. Nossos gerentes só nos davam o objetivo e a direção. Cabia a nós encontrar o modo de atingir os resultados. Se funcionasse, seria o "sistema" na próxima vez. Se não funcionasse, experimentaríamos de outro modo. Os problemas eram resolvidos na fábrica, e não no escritório.

O departamento de RH era o único coordenado por um gerente chinês. Todo o grupo ficava silencioso e só ouvia. O gerente de RH só seguia o gerente geral sem subsídios independentes. Acho que eles só não tinham nenhuma experiência das questões cruciais com pessoal em uma empresa estrangeira e, assim, não estavam preparados. Sempre que uma decisão precisava ser tomada, eles só a relatavam ao gerente geral e perguntavam qual a instrução dele. Não queriam ter problemas com a equipe; queriam "manter a ordem".

Sei que o gerente geral, vindo de Taiwan, se esforçou para ser a "ponte" entre os americanos e os chineses, mas parece que ele não teve sucesso. Não sei o motivo. Fiquei chocado quando soube de sua demissão. Ele havia se comprometido verbalmente conosco, dizendo que, se fôssemos bem avaliados, seríamos promovidos ou teríamos a chance de ir aos Estados Unidos. Quando ele saiu, tivemos uma intensa crise de confiança. Queríamos saber o que ia acontecer, e queríamos ter voz ativa nisso."

Xiao Dewen
Gerente de RH

"Não é incomum que uma organização tenha problemas no início. É importante resolvê-los em equipe e aprender uns com os outros.

Nós aprendemos com os americanos, com sua maior experiência de gerenciamento e com sua tecnologia. Eles também aprenderam como os chineses pensam e se comportam. Até agora, temos trabalhado juntos muito bem. Todos estamos aprendendo e já acumulamos muitas lições valiosas. Vamos nos sair cada vez melhor.

Alguns dos procedimentos que têm sido bem-sucedidos nos Estados Unidos podem não ter tanto sucesso na China. O gerenciamento bem-sucedido na China deve estar baseado em políticas estritas e em disciplina. A princípio, não tínhamos políticas bem-estabelecidas. Mas estamos melhorando.

Durante esse processo, tivemos debates e isso foi aceitável. Um exemplo refere-se ao controle da presença. Nós, na China, estamos costumados a bater ponto ao chegar e ao sair do local de trabalho. Nossos salários baseiam-se nisso. Descontamos dinheiro de modo proporcional daqueles que chegam tarde ou saem cedo com frequência. Desse modo, incentivamos as pessoas a serem pontuais. Isso é normal para nós. Os americanos não aceitaram isso de início. Achavam que esse controle cabia aos gerentes de linha por meio de um processo de ação disciplinar: advertência verbal, advertência escrita e demissão.

No entanto, houve momentos em que a assiduidade se tornou um problema e os diversos gerentes abordaram isso de modos diferentes. Alguns foram rígidos, enquanto outros não. O departamento de RH deve garantir a igualdade interna, e, assim, por meio de debate com os americanos, chegamos a um meio-termo: os operários precisavam bater cartão, enquanto que os empregados administrativos não. E isso funcionou bem.

Precisamos ter a mente aberta ao lidar uns com os outros. Agora estamos muito melhor e continuaremos assim, no futuro."

Comentários de caso

COMENTÁRIO 1
HOWARD WARD
Professor de Administração
CHINA EUROPE INTERNATIONAL BUSINESS SCHOOL
(CEIBS)

O problema básico

A experiência de Eddie Turrentine e de sua equipe, na Emerson Suzhou, exemplifica com clareza um dos problemas clássicos enfrentados por todas as empresas estrangeiras na China: em que medida precisamos mudar nossa cultura para nos adaptar à situação chinesa? É o debate eterno entre globalização *versus* localização. Os americanos querem operar a empresa do modo americano e os chineses querem fazê-lo do modo chinês. Isso levou a uma situação de duas culturas em Suzhou: "O comportamento mais confortável para eles era considerado o melhor modo de fazer negócios".

Infelizmente, o que é mais confortável para nós não é necessariamente "o melhor modo". Esse tipo de situação leva com frequência a um debate sobre a superioridade de uma cultura nacional em relação à outra e esse é o modo menos inteligente de lidar com o problema. Minha experiência com esses conflitos na China e em outros lugares faz com que eu acredite que o único modo eficaz de seguir em frente é evitar os debates sobre as culturas nacionais e basear as discussões na "cultura da empresa".

O problema básico enfrentado por Turrentine e sua equipe é, portanto, descobrir *como construir uma cultura única e forte na Emerson Suzhou que ajude a empresa a atingir seus objetivos de negócios na China*.

Essa cultura única raramente resulta de uma concessão. Muitas vezes somos confrontados pela afirmação: "Não se pode fazer isso na

China". Minha resposta sempre é: "De qual China estamos falando: da velha, de economia planejada centralmente, ou da nova, de economia orientada para o mercado?". Muitas das práticas percebidas como inaceitáveis pelas empresas de investimento estrangeiro provêm da cultura *Tie Fan Wan*, (economia planejada centralmente), embora também seja verdade que outras originam de uma cultura mais antiga cujos valores se baseiam em Confúcio. Muitos empregados chineses da velha geração têm apenas a experiência de trabalhar em estatais. Assim, interpretam valores como eficiência, qualidade e serviço de maneira muito diferente dos empregados acostumados a trabalhar em empresas orientadas para o mercado.

Carlos Goshan, antigo CEO da Nissan, disse certa vez que não queria mudar a cultura japonesa, mas só a cultura da Nissan. Este é, então, o desafio com que Turrentine e sua equipe se confrontam: achar um modo de criar uma cultura que seja aceitável para seus empregados chineses e que torne possível, ao mesmo tempo, dar um retorno satisfatório para o conselho diretor da Emerson nos Estados Unidos sobre seu investimento na operação de Suzhou.

Criando uma cultura única e coerente para a Emerson Suzhou

PASSO 1: LIDERAR NO *FRONT*

Esse desafio será um teste vital para as qualidades de liderança de Turrentine. Em momentos de mudança, liderança é só o que se tem. Ele precisará estabelecer uma nova direção, guiar e inspirar os empregados, e manter uma política de comunicação aberta durante todo o processo. Uma coisa que irá ajudá-lo é a consciência da necessidade de mudança. Quase todos estão cientes de que a empresa está enfrentando uma crise: o gerente geral demitiu-se, os clientes estão fazendo novas demandas e o moral da maioria dos empregados está baixo. É o momento certo para que Turrentine assuma o comando e mostre qual o caminho a seguir. Acima de tudo, os chineses respeitam líderes fortes com uma visão clara.

PASSO 2: ESTABELECER MISSÃO, VISÃO E VALORES PARA A EMERSON SUZHOU

A base de uma cultura de negócios adequada para a Emerson Suzhou, bem como para qualquer outra corporação, é um conjunto de normas e de valores que unam a organização na direção da consecução do objetivo empresarial. Isso começa com a criação de um conjunto de comportamentos e um código de conduta que auxiliem a atingir esse objetivo. Turrentine já tem uma visão bem clara de que a Emerson Suzhou é uma organização com dois propósitos: desenvolvimento de pessoas e crescimento dos negócios.

PASSO 3: NOVOS COMPORTAMENTOS GERENCIAIS ACORDADOS PARA A EMERSON SUZHOU

Por mais que um líder seja forte, é muito difícil realizar uma alteração dessa magnitude. Se você não tiver um núcleo de pessoas que compartilhe sua visão e seus valores, será difícil implementar a mudança. Mas não são necessárias muitas pessoas. Turrentine precisa reunir-se imediatamente com sua equipe para desenvolver novos: missão, visão e valores (MVVs).

Chegar a um acordo com os parceiros chineses em relação aos MVVs muitas vezes não é um processo difícil. O problemático é descobrir como traduzir a missão e a visão em objetivos estratégicos claros em pouco tempo. E mais: descobrir como traduzir os valores centrais em normas de comportamento. Os valores não terão significado, a menos que todos os funcionários entendam os comportamentos associados aos valores e tenham plena consciência dos procedimentos disciplinares que serão tomados contra aqueles que não seguirem "o modo de ser da Emerson Suzhou".

Por exemplo, o que os seguintes valores significam para os gerentes chineses e para os americanos?

- Nós nos importamos com nossos empregados.
- Nós acreditamos na comunicação franca.
- Nós acreditamos no trabalho em equipe.

Como você, um gerente chinês/americano, espera que eu me comporte? Essas questões irão provocar um debate acalorado entre ambos os gerentes, mas é preciso chegar a um acordo. É igualmente crítico estabelecer sistemas de gerenciamento de desempenho para medir e recompensar os novos comportamentos.

PASSO 4: CRIAR UM SERVIÇO PROFISSIONAL DE RH

Muitos dos problemas surgiram devido ao fato de não haver um departamento eficaz de RH, com políticas adequadas ligadas ao recrutamento, desenvolvimento, treinamento, remuneração e procedimentos disciplinares. É essencial que Turrentine e sua equipe recrutem um gerente profissional de RH — preferivelmente chinês — para substituir o atual. Ele teria a responsabilidade de criar os novos procedimentos de RH e supervisionar a política de comunicação apresentada a seguir.

Uma das características cruciais de qualquer estratégia de mudança bem-sucedida é formular sistemas de recompensa que beneficiem os empregados que mudarem e punam os que não o fizerem. Se você quer que as pessoas mudem seu comportamento, mas não modifica os sistemas de recompensa, nada acontecerá.

PASSO 5: DESENVOLVER UMA ESTRATÉGIA DE COMUNICAÇÃO PARA APOIAR A MUDANÇA

A menos que os empregados se sintam envolvidos no processo de mudança e sejam informados sobre o processo de implementação, o fracasso será muito provável. Turrentine, juntamente com o novo departamento de RH, precisará criar novos sistemas de comunicação para informar aos empregados como e por que as mudanças estão sendo feitas — tais sistemas incluem a intranet, comunicados regulares e o manual de políticas da empresa.

Conclusão:

Os fatores cruciais para o sucesso no desenvolvimento de uma única cultura coerente para a Emerson Suzhou são:

• As habilidades de liderança de Turrentine, que devem capacitá-lo a fornecer uma visão atraente e a demonstrar o novo estilo de gestão para a organização no futuro;

• A criação de equipes de agentes de mudança para formular e implementar a estratégia da mudança;

• A indicação de um profissional eficiente de RH que possa desenvolver as novas políticas de RH.

Nessa situação, Turrentine não está tentando mudar uma cultura estabelecida há muito tempo, mas construir uma nova cultura para a empresa. Para fazer isso, ele teria de reconciliar três culturas diferentes: a cultura da Emerson (dos Estados Unidos), a cultura da *Tie Fan Wan* (dos empregados chineses mais velhos) e a cultura de mente mais aberta (dos gerentes chineses mais jovens).

No decorrer dos últimos 25 anos, os chineses têm demonstrado que, com a liderança certa e uma estratégia adequada de mudança, eles são capazes de muita transformação.

Na página 46 do caso, Turrentine afirmou com razão:

"Se fracassarmos na China, não será por causa dos chineses. Será porque eu não terei conseguido criar o ambiente certo (cultura) para que todos cooperem, independentemente de serem chineses ou americanos."

COMENTÁRIO 2
GUOSHENG ZHU
GERENTE GERAL DE OPERAÇÕES
BOC CHINA

Emerson Suzhou é um exemplo muito típico de como uma organização pode ser ruim, se não houver uma cultura empresarial integrada com a qual todas as pessoas possam trabalhar de modo efetivo. Como sabemos, a cultura de uma empresa é formada pelos comportamentos comuns e suposições subjacentes compartilhadas por toda a organização. É desse modo que conduzimos nossos negócios e lidamos com as pessoas. A diversidade de estilos de trabalho em uma empresa não deve estar em conflito com sua cultura empresarial.

Eu diria que os problemas pelos quais a Emerson está passando são a consequência de uma cultura empresarial definida de modo vago. Esse é o principal desafio que Turrentine está confrontando: criar uma cultura empresarial com base na confiança e no entendimento entre todos os funcionários. Como a cultura deve estar ligada ao ambiente externo, Turrentine deveria começar por uma boa compreensão da empresa e de sua vantagem competitiva no mercado. Desse modo, ele obtém uma imagem clara de que tipo de cultura é preciso promover na organização.

Eu recomendaria o seguinte:

1. Facilitar um fórum de comunicação com a gerência sênior da divisão para desenvolver um plano de ação. Essa equipe inicial deve incluir gerentes chineses e americanos. A equipe sênior deve estar unida quando chegar o momento de implementar as mudanças necessárias. Turrentine deve manter a mente aberta e promover a comunicação franca durante o fórum. Precisa demonstrar liderança e apoio diante do processo. A equipe deve evitar ficar presa nas antigas questões e problemas, e deve dirigir sua atenção para resolver os problemas de um modo positivo.

2   Depois de a equipe sênior ter alcançado um consenso em relação à visão de negócios, à estratégia e aos objetivos, será o momento de criar diversas equipes de integração para elaborar os objetivos empresariais específicos para cada departamento, revisar e otimizar os processos da empresa, e, ao mesmo tempo, compartilhar informações e criar vínculos entre os membros da organização. Durante esse período, as equipes devem concordar em um estilo de trabalho comum. Cada equipe deve incluir gerentes e empregados chineses e americanos para promover a compreensão mútua.

Turrentine deve verificar regularmente o progresso e o compromisso de cada equipe para dar-lhes apoio e ajuda, se necessário. Ele também deve assegurar que o estilo de trabalho adequado esteja sendo desenvolvido em cada equipe.

Algum treinamento deve ser disponibilizado às equipes de modo a desenvolver estilos de trabalho comuns, como planejamento de projetos, respeito às opiniões dos outros, responsabilidade mútua, e assim por diante. Essas diretrizes devem promover a integração da equipe.

Turrentine deve identificar algumas pequenas vitórias que possam servir como um exemplo para as outras equipes. Deve demonstrar apoio visível ao esforço de mudança e incentivar o envolvimento de toda a organização. Os processos de gerenciamento de mudança devem ser bem cuidados.

3   Quando todas as equipes de integração tiverem elaborado os alvos de negócios para os diferentes departamentos funcionais, elas devem comunicar esses alvos ao restante da organização. Devem se assegurar de que todas as pessoas entendam seu papel na empresa e se sintam parte da organização. Um *balance scorecard* é um instrumento útil nesse estágio. Eles devem criar a medida de desempenho adequada. Fazer com que todos entendam a ligação entre os objetivos da empresa, do departamento e de cada indivíduo ajudará a criar o espírito de

equipe necessário no âmbito organizacional. A revisão de rotina do desempenho da empresa e das pessoas deve ser obrigatória para abordar qualquer questão e aplicar ações corretivas, se necessário.

4   Turrentine também precisa criar programas de desenvolvimento de lideranças para identificar os indivíduos talentosos. Um dos objetivos é incluir mais chineses na equipe sênior de gerência. No momento, apenas o gerente de RH é da China Continental. O desenvolvimento de mais líderes locais será um sinal poderoso para a organização. Gerenciar pessoas é sempre uma questão importantíssima na agenda de qualquer gerente geral.

5   Uma questão importante é o que fazer com o gerente de RH. Turrentine deveria pensar seriamente em substituí-lo por um gerente de RH com experiência profissional em multinacionais. Essa pessoa poderia ser contratada fora ou dentro do grupo Emerson. Ele deveria buscar o apoio da sede da empresa em relação a essa questão. Esse novo gerente de RH deve desempenhar um papel crucial na criação de sistemas de RH modernos dentro da Emerson Suzhou.

6   Turrentine deveria organizar atividades sociais, treinamento em construção de equipes e criar um clube dos funcionários da empresa para fomentar a compreensão mútua entre os empregados e ambos os gerentes. Isso ajudará a construir relacionamentos pessoais entre eles e a promover o espírito de equipe.

Eddie deveria contratar um consultor externo qualificado para ajudá-lo durante esse processo, que pode proporcionar-lhe os instrumentos e uma perspectiva objetiva quanto à situação. Pode ser muito útil para facilitar o processo.

> Sem dúvida, as ações e o exemplo de Turrentine são cruciais para o sucesso da transformação da Emerson Suzhou. Em grande medida, suas habilidades de liderança irão determinar se a organização poderá ou não ser bem-sucedida. É muito importante que ele esteja ciente desse fato. No entanto, os funcionários da Emerson Suzhou devem assumir a propriedade do processo. Como diz o *Tao Te Ching*:
>
> O líder não fala, mas age.
> Quando o trabalho está concluído, as pessoas dizem:
> "Nós fizemos tudo isso sozinhas!".

NOTAS

1. John C. Maxwell, *Developing the Leader Within You*, Nashville, Thomas Nelson Publishers, 1993.

2. Daniel Goleman, *Emotional Intelligence*, NY, Bantam Books, 1997.

3. *Guanxi* é um termo chinês de difícil tradução. Refere-se à rede de contatos que uma pessoa tem e que pode ajudá-la a obter benefícios pessoais e empresariais. Frequentemente, a palavra tem uma conotação negativa.

4. Este caso foi preparado pelo professor Juan Antonio Fernandez e pelo pesquisador George Chen, da CEIBS, como a base para uma discussão em aula e não para exemplificar a gestão eficaz ou ineficaz de uma situação administrativa. Alguns nomes e outras informações de identificação podem ter sido alterados para proteger a confidencialidade. Originalmente publicado pela CEIBS, em 2002. Reproduzido com permissão.

5. HVAC refere-se à indústria de aquecimento, ventilação e ar-condicionado.

6. OEM refere-se a um fabricante de equipamentos originais.

Capítulo 2
RH na China: perseguindo a noiva em fuga[1]!

CONTEÚDO

Estudo de caso: Eli Lilly & Company
Comentário 1: William H. Mobley, PhD.
Comentário 2: Angeli Kwauk
Comentário 3: Xiaotong Li

Introdução

As três tarefas básicas da gerência de RH (GRH) — recrutamento, retenção e remuneração — são tão fundamentais na China como em qualquer outro lugar. No entanto, elas se tornam mais cruciais nesse país devido ao desequilíbrio entre a oferta e a procura de talentos. O elevado crescimento da economia chinesa necessita não somente de recursos naturais, mas também de pessoas, principalmente de empregados altamente qualificados e de gerentes de nível médio. Para muitas empresas, essa falta de gerentes de nível médio pode certamente transformar-se no principal obstáculo ao crescimento. É preciso admitir que essa situação não ocorre apenas na China, pois também afeta outras economias em rápido desenvolvimento. Nas palavras de Barlett e Goshal[2]: É a limitação dos RH — e fontes pouco confiáveis ou inadequadas de capital — que se tornou a maior restrição na maioria dos esforços de globalização. A situação não mudou desde que essas palavras foram escritas.

Os profissionais chineses são muito procurados não somente pelas multinacionais, mas também pelas empresas chinesas. Em consequência, os empregados qualificados e os gerentes de nível médio chineses criaram grandes expectativas de progresso na carreira e de remuneração. Eles pensam que uma oportunidade melhor está sempre à espera. É muito difícil ser leal a uma organização, quando recebem frequentemente novas ofertas de trabalho com um aumento substancial de salário e um cargo com título pomposo. Além disso, aqueles que permanecem na empresa se sentem como se fossem, de algum modo, punidos por sua lealdade. Como nos disse um gerente chinês: "Os colegas que saíram da empresa estão recebendo salários substancialmente mais elevados, enquanto eu recebi apenas 10% ou até menos de aumento. Isso não é justo".

As empresas reagem a essa situação criando planos de retenção que, em geral, concentram-se nos funcionários de desempenho e potencial mais elevados. Os poucos escolhidos sentem-se valorizados, enquanto os excluídos ficam pensando o que haverá de errado com eles ou com a empresa. Eles se sentem desobrigados e o mais provável é que comecem a procurar oportunidades de trabalho em outras organizações. Além disso, aqueles que foram destacados como tendo um desempenho elevado aumentam ainda mais suas expectativas e esperam pelo próximo estímulo. Quando esse novo estímulo não ocorre, eles também se sentem decepcionados e prontos para deixar a empresa. Essa é uma história sem fim.

Não existe uma varinha mágica nem uma solução perfeita para resolver o problema de retenção de funcionários. Enquanto houver desequilíbrio entre a oferta e a procura, a inflação de salários, o assédio a funcionários e rotatividade elevada continuarão a existir. No entanto, as empresas não estão totalmente impotentes. Elas podem instituir algumas medidas, não para eliminar, mas para minimizar a rotatividade.

Tendo isso em mente, apresentamos um modelo que traz alguns elementos com o objetivo de criar um grupo de funcionários leal e estável. O modelo começa com a seleção e o recrutamento, seguidos por três instrumentos básicos de RH que estão intensamente ligados à retenção de empregados: treinamento, oportunidades de carreira e remuneração. Por último, existem outros dois elementos nesse pacote: pessoas e políticas da empresa. O objetivo é fazer com que os empregados se comprometam. Compromisso pode ser definido usando-se o modelo que, em inglês, é conhecido como 3S[3]: permanecer, dizer e se esforçar. Os empregados comprometidos permanecerão na empresa, dirão coisas boas a respeito dela e se esforçarão para ter um desempenho melhor. O compromisso é o objetivo, mas não é fácil.

Agora, vamos revisar as diferentes partes desse modelo simples.

DOCUMENTO 2.1: O MODELO DE RH

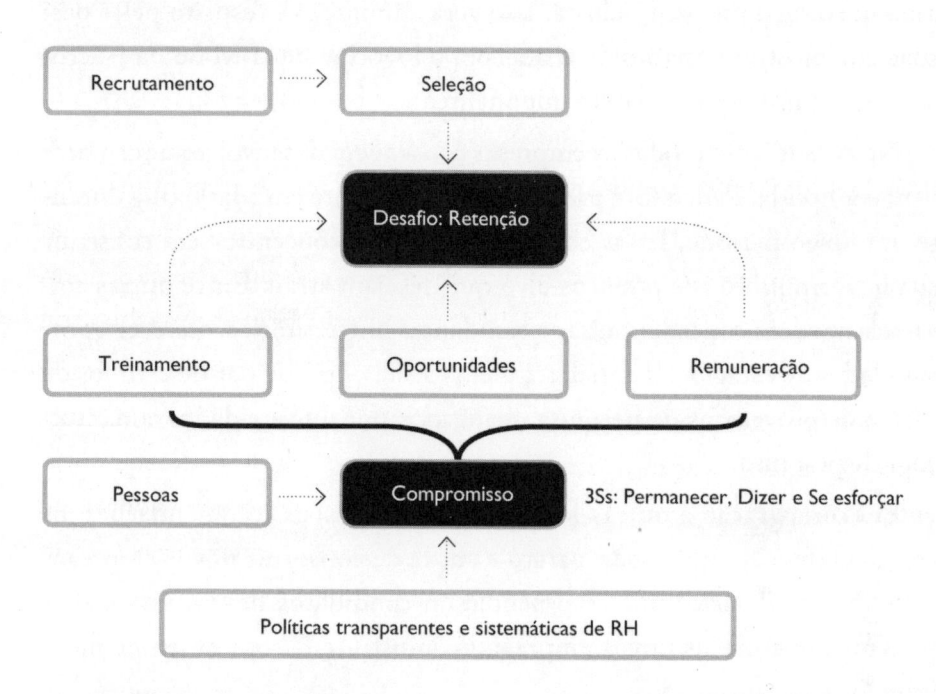

```
[Recrutamento] ····> [Seleção]
                         |
                         v
                  [Desafio: Retenção]
                         ^
          ┌──────────────┼──────────────┐
    [Treinamento]   [Oportunidades]  [Remuneração]
                         |
                         v
    [Pessoas] ····> [Compromisso]   3Ss: Permanecer, Dizer e Se esforçar
                         ^
                         |
        [Políticas transparentes e sistemáticas de RH]
```

Seleção e recrutamento

A fim de solucionar seu desafio de recrutamento, algumas empresas procuram quantidade. A lógica é de que, se atraírem mais candidatos, terão mais chances de encontrar os melhores. O problema dessa prática são os altos custos de recrutamento, sem a garantia de que os candidatos selecionados irão se adaptar à cultura da organização, permanecer, dizer e se esforçar (modelo 3S). Pelo contrário, uma política inteligente de recrutamento tenta atrair as pessoas certas desde o início. Nesse sentido, as empresas deveriam questionar: "Quais são os tipos certos de empregados para nós?".

Torna-se crucial enviar sinais para o grupo correto de candidatos. Um meio importante para alcançar essa meta é usar a vantagem das marcas. Multinacionais bem conhecidas têm mais facilidade para atrair bons funcionários, enquanto pequenas e médias empresas e grandes corporações relativamente desconhecidas têm mais dificuldade. Sabe-se que os chineses valorizam a imagem pública. Isso gera admiração e respeito pelas pessoas que mostram cartões de visita com o logotipo da IBM ou da Microsoft, e com um cargo de título imponente.

No entanto, nem todas as empresas conseguem desenvolver uma marca bem conhecida. Para isso, é preciso investir bastante em Marketing durante um longo período. Essas empresas podem se concentrar em construir sua imagem junto aos públicos-alvo que desejam atrair. Entre outras coisas, elas podem conceder bolsas a estudantes universitários, oferecer oportunidades de estágio, fazer palestras em escolas e participar de estudos de caso e de programas de pesquisa, realizados por universidades e instituições de pesquisa.

Em comparação a outras fontes de candidatos, as recomendações internas podem ser um modo barato e eficaz de conseguir novos empregados. Os funcionários que recomendaram candidatos devem ser recompensados quando os novos empregados mostrarem bom desempenho e lealdade à organização.

O grau de adaptação do candidato à cultura da empresa é importante ao se tomar a decisão de contratação. A entrevista de 360° é um modo excelente de garantir isso. Além de entrevistas com o departamento de RH e os chefes diretos, os candidatos podem ser entrevistados pelos futuros colegas e subordinados. A verificação das referências é especialmente crucial na China, onde certificados falsos e currículos exagerados são comuns.

Uma situação interessante é a importância dada por muitas empresas estrangeiras ao Inglês como um pré-requisito de contratação. O problema é que a empresa pode rejeitar candidatos excelentes por não falarem esse idioma fluentemente. Seu conhecimento, sem dúvida, é importante para uma empresa internacional. Um idioma pode ser aprendido; por outro lado, a liderança e as atitudes corretas são de difícil aprendizado.

Assim que a decisão de contratação for tomada, as organizações precisam tornar a transição de ingresso o mais suave possível. É preciso fazer com que o novo funcionário se sinta bem-vindo, e uma abordagem de pessoa a pessoa é a mais adequada nesse estágio. Frequentemente, os gerentes sênior tentam conhecer cada novo empregado, sempre que possível. Eles respondem às perguntas sobre a empresa e o futuro, e, ao mesmo tempo, criam uma imagem de que a alta gerência se importa. Nesse sentido, é importante ir além do processo de orientação formal que muitas empresas realizam, acrescentando uma abordagem pessoal.

É depois do período de lua de mel que se inicia a batalha pela retenção. Escolher as pessoas competentes e corretas, que se encaixem na cultura da organização, não basta para garantir que elas permaneçam. Alguns dos fatores importantes para minimizar o desafio da manutenção são: a remuneração, o treinamento e o desenvolvimento de carreira.

Remuneração

A remuneração é efetiva apenas quando usada em combinação com outros recursos. O dinheiro sozinho não é o bastante para conquistar corações. Ao considerar o que é importante, você deve levar em conta a idade de sua equipe. De modo geral, os jovens são principalmente focados em dinheiro; estabilidade no emprego e benefícios para a família são mais importantes para os empregados mais velhos. Nem todos os empregados têm as mesmas necessidades.

Em uma pesquisa realizada pela Delegação Alemã de Indústria e Comércio na China[4], descobriu-se que os principais fatores para sair de uma organização, além do dinheiro, são, entre outros: falta de oportunidades de promoção, reconhecimento insuficiente da contribuição individual e poucos benefícios para a família do funcionário. Também foi evidenciado que, enquanto os empregados jovens (< 35 anos) valorizam o reconhecimento, dinheiro e promoção rápida, os empregados mais maduros (> 35 anos) valorizam hierarquias claras e benefícios para suas famílias.

Treinamento

O valor da educação está impregnado na cultura chinesa. Em termos históricos, as pessoas na China progrediam na escala social por meio da educação. O *status* social estava ligado ao nível educacional de cada um. Tem sido assim por séculos.

Uma boa prática é ligar seus programas de educação e de treinamento ao desenvolvimento de carreira de seus empregados. Também é importante deixar claro a esses empregados que seu treinamento é um investimento, e não uma mera recompensa. Eles devem entender que têm de retorná-lo para a empresa, aumentando seu desempenho e o de seus subordinados. Uma prática poderosa é pedir aos participantes de qualquer programa de treinamento que se transformem em professores, ou seja, que transmitam o que aprenderam aos membros de suas equipes. Isso não só os ajudará a absorver melhor o que aprenderam, mas também auxiliará na melhoria do desempenho de seus subordinados.

Desenvolvimento de carreira

É importante ajustar seus planos de desenvolvimento às necessidades individuais do empregado. Também é aconselhável incluir elementos de contato pessoal elevado no desenvolvimento de carreira, o que implica atenção pessoal e *feedback* frequente pelo chefe. Alguns elementos de um plano de desenvolvimento são programas de rotação e designação para trabalho no exterior. As empresas devem evitar a síndrome de *superstar* e dar mais atenção aos empregados medianos, que, no final, podem se mostrar mais estáveis e mais valiosos do que as estrelas. Deve-se lidar com as expectativas dos empregados, proporcionando-lhes caminhos de carreira.

Remuneração, treinamento e desenvolvimento de carreira podem certamente ajudar a manter o compromisso dos funcionários — dizer, permanecer e se esforçar —, mas não são suficientes. Você também precisa ter políticas empresariais claras e justas, e um ambiente de trabalho positivo em que os empregados se sintam respeitados e valorizados.

Políticas empresariais claras e transparência

Os departamentos de RH chineses tradicionais focavam-se principalmente na administração e raramente participavam da formulação de estratégias da empresa. Lidar com a documentação e com o controle era sua tarefa essencial. Nessa configuração, os departamentos de RH forneciam pouca informação aos funcionários a fim de evitar reclamações e perguntas difíceis. Por outro lado, os chineses esperam e valorizam um tratamento muito diferente por parte das empresas estrangeiras. Eles desejam políticas claras e transparentes, além de normas justas. Compartilhar informações ajuda a desenvolver a confiança na organização e é um sinal claro de que ela respeita as pessoas.

Pessoas

Os chineses valorizam os relacionamentos com seus chefes diretos e com os outros integrantes da organização. Essa é a ferramenta mais poderosa para mantê-los na empresa, quando outros elementos do modelo já foram implantados. Um relacionamento pessoal com os chefes é crucial em qualquer lugar, e ainda mais na China. Os empregados querem sentir que são apreciados, respeitados e importantes para seus superiores. Um modo de expressar o valor desse ponto para a organização é incluir a taxa de retenção na avaliação de todos os supervisores e gerentes da organização.

As empresas podem incluir a taxa de retenção nas avaliações gerenciais e transformá-la em um dos critérios para promoção. Os supervisores com uma taxa de rotatividade excessiva entre seus subordinados devem ser questionados antes de poderem ser considerados elegíveis para promoção.

Por último, devemos enfatizar o papel crucial a ser desempenhado pelos gerentes de RH. A carreira em RH é relativamente nova na China. Lá, as universidades apenas recentemente começaram a formar profissionais nesse campo. A escassez de talentos também afeta os profissionais dessa área. Muitas empresas empregam gerentes de RH que, anteriormente, trabalhavam em outras áreas pouco relacionadas à área em questão. Eles têm de expandir suas funções e ir além das meras tarefas administrativas. Isso requer um novo tipo de profissionais de RH, capaz de atuar como um parceiro estratégico, além de cumprir seu papel como administrador. Isso implica uma transformação fundamental nos papéis dos diretores de RH na China.

O estudo de caso a seguir exemplifica o problema da manutenção de funcionários na Eli Lilly, enfatizando os desafios para a retenção de talentos na China. A Eli Lilly é uma indústria farmacêutica global com base em pesquisa e que tem uma história de mais de 126 anos. Em 2003, a Lilly China tinha mais de 50 escritórios de representação e cerca de 500 representantes médicos. Para facilitar sua estratégia de expansão na China, a Lilly China tinha uma necessidade urgente de recrutar e manter uma equipe de representantes médicos de alto nível.

No entanto, a empresa sofreu uma rotatividade elevada de funcionários durante três anos consecutivos; arcou com os custos e a perturbação de suas operações. Evidentemente, a empresa precisava fortalecer sua capacidade de reter os funcionários. Para tentar melhorar a situação, a Eli Lilly precisava dar atenção ao contexto chinês e elaborar soluções compatíveis.

Três comentários são apresentados depois do estudo de caso. O primeiro é de William Mobley, professor de Administração na CEIBS; o segundo é de Angeli Kwauk, diretora regional de RH no Grand Hyatt Xangai; e o terceiro é de Xiaotong Li, diretor de RH da Shared Service

Organization, Henkel (China) Investment Co., Ltd. No primeiro comentário, os principais fatores para atrair os talentos são discutidos detalhadamente. O segundo comentário oferece recomendações criteriosas para conquistar e reter os jovens chineses. Meios efetivos para recrutar e reter os funcionários são o foco do último comentário.

Juan Antonio Fernandez / Shengjun Liu

Estudo de caso
ELI LILLY & COMPANY, SUBSIDIÁRIA NA CHINA, GUERRA POR TALENTO[5]

No final de outubro de 2003, Mary Liu, diretora de RH da Eli Lilly China & Hong Kong, estava preparando o plano de recrutamento de RH para 2004.

Em comparação com seus principais concorrentes globais, como a Pfizer, a AstraZeneca e a GlaxoSmithKline, a Lilly era uma organização pequena com 500 representantes médicos em toda a China, além de relativamente menos produtiva. Preparando-se para iniciar uma série de lançamentos de novos produtos no país durante os cinco anos seguintes, a Lilly acreditava que viria a se tornar a principal empresa farmacêutica chinesa. A intenção da Lilly era dobrar a produtividade, mantendo o tamanho da equipe. Um requisito crucial era a capacidade da empresa para recrutar e reter um conjunto de representantes médicos de alto desempenho na Lilly.

Chris Shaw, presidente da Lilly China, disse:

> A filosofia empresarial da Lilly é promover os funcionários. Para nós, expansão significa que precisaremos de mais líderes em um período mais curto. Precisamos ser ainda mais claros sobre como vamos preencher as vagas. Devemos garantir que possamos obter a maior quantidade

de talentos no menor tempo possível, com potencial de liderança e dispostos a permanecer na empresa no longo prazo.

No entanto, a Lilly teve um alto índice de rotatividade de funcionários durante três anos consecutivos. Principalmente em 2003, quase metade dos que se demitiram da Lilly haviam permanecido na empresa por cerca de um ano e meio. Embora a rotatividade média do setor no mesmo período tenha sido mais elevada do que a da Lilly, a empresa precisava fortalecer sua capacidade de retenção de funcionários.

Mary Liu tinha de tomar a decisão de manter ou não as práticas de recrutamento usuais, no final de 2004, quando haveria o lançamento de alguns novos produtos, que iriam demandar funcionários adicionais. Ela comentou:

> As pessoas que entrarem na empresa devem fazer diferença e têm de poder liderar nossa organização para um nível mais elevado. Essa é uma questão que devemos resolver agora, crucial para a implementação de nossa estratégia na China.

A Eli Lilly & Company é uma empresa farmacêutica global, com base em pesquisa, fundada em maio de 1876 pelo coronel Eli Lilly, em Indianápolis, Indiana, região do Meio-Oeste dos Estados Unidos. No decorrer dos últimos 126 anos, a Eli Lilly tem estado na vanguarda de muitas descobertas médicas importantes, especialmente no tratamento de infecções, diabetes e depressão.

Produtos famosos incluem a primeira insulina comercialmente disponível para o tratamento do diabetes, que recebeu o nome de Iletin®; a primeira penicilina produzida em massa no mundo; Prozac®, que foi a primeira inovação importante para o tratamento da depressão clínica; Zyprexa®, que é o antipsicótico mais vendido no mundo para o tratamento da esquizofrenia; e uma droga para o tratamento do câncer de pâncreas e do carcinoma de células não pequenas de pulmão, denominada Gemzar®.

Apoiando-se nos produtos inovadores, a Eli Lilly foi bem-sucedida na expansão de seus negócios. No final de 2003, sua força de trabalho somava mais de 46 mil empregados em todo o mundo, sendo 21.667 nos Estados Unidos. Aproximadamente 8.800 funcionários estavam envolvidos em pesquisa e desenvolvimento (P&D). A empresa tinha instalações de P&D em nove países, 27 fábricas em 15 países, tinha realizado pesquisas clínicas em mais de 60 países e vendia seus produtos em 138 países.

Globalmente, a Lilly era organizada em uma matriz (ver Estudo de Caso – Documento 2.1). Na sede global, cinco funções (qualidade, administração de Ciência e Tecnologia, operações de manufatura, administração corporativa e operações Farmacêuticas) reportavam-se ao CEO. Operações farmacêuticas eram responsáveis pelo marketing e pelas vendas dos produtos da Lilly em todo o mundo, inclusive na China.

A empresa também era reconhecida por suas realizações e contribuições para a coletividade. Esse reconhecimento incluiu o prêmio "100 Best Companies to Work for in America" (100 Melhores Empresas para Trabalhar nos Estados Unidos) por cinco anos consecutivos, concedido pela revista *Fortune*, e o prêmio "Top 10 Companies for Working Mothers" (10 Melhores Empresas para Mães que Trabalham), concedido pela revista *Working Mother* — cinco vezes em nove anos.

Em 2003, as vendas globais da Lilly superavam 12,58 bilhões de dólares e a empresa seguia a política de investir 19% das vendas em P&D, um percentual muito mais elevado do que o praticado por outros setores, como o eletrônico (6,4%) ou o aeroespacial (3,9%). Em comparação com seus concorrentes, a Lilly estava pronta para a década seguinte de expansão; possuía diversos produtos inovadores prontos para ser lançados no mercado.

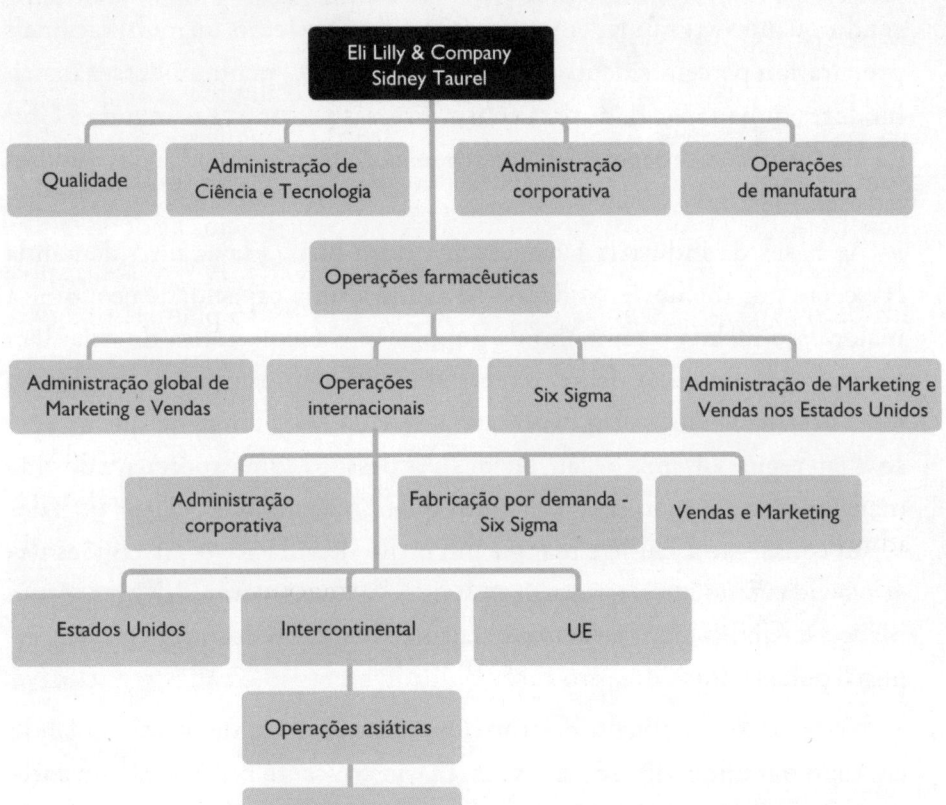

ESTUDO DE CASO - DOCUMENTO 2.1: ORGANIZAÇÃO GLOBAL DA LILLY

```
                          Eli Lilly & Company
                            Sidney Taurel
    ┌──────────┬──────────────┬──────────────┬──────────────┐
 Qualidade  Administração  Administração  Operações
            de Ciência e    corporativa   de manufatura
             Tecnologia
                    │
            Operações farmacêuticas
    ┌──────────────┬──────────────┬──────────────┐
 Administração  Operações    Six Sigma   Administração de
 global de      internacionais           Marketing e Vendas
 Marketing e                             nos Estados Unidos
 Vendas
            ┌──────────────┬──────────────┐
        Administração  Fabricação por   Vendas e
        corporativa    demanda -        Marketing
                       Six Sigma
    ┌──────────────┬──────────────┐
 Estados     Intercontinental    UE
 Unidos
                    │
            Operações asiáticas
                    │
              Grande China
```

Ambiente de negócios farmacêuticos na China

Desde a Política Chinesa de Reforma e Abertura (1978), o setor farmacêutico na China tem sido um dos que mais cresce no mundo devido a um enorme potencial de demanda não satisfeita, acumulado em 30 anos.

Todos, exceto os fazendeiros, se associaram ao Sistema Nacional de Assistência Médica. No entanto, com uma população cada vez mais idosa e pouca poupança social deixada pela economia planejada, o Fundo Social de Benefícios estava, na verdade, enfrentando desafios. Pressionados pelo governo, os hospitais estatais (o suporte principal dentre os hospitais chineses) exploravam formas de reduzir custos e elevar os lucros. Os distribuidores estatais, um legado da economia planejada, continuavam prevalecendo, quando as grandes empresas farmacêuticas locais ou multinacionais procuravam parceiros de distribuição. No entanto, nenhum desses distribuidores tinha capacidade para cobrir diversas províncias nem toda a China. As farmácias prosperavam com cadeias de lojas instaladas nas maiores cidades do país.

As bases da indústria farmacêutica eram boas. Havia uma demanda crescente por melhores cuidados de saúde e uma capacidade econômica maior. Isso incluía o tamanho da população e a expectativa de vida. Um exemplo de como isso afetava o mercado é o fato de as pessoas nas regiões mais desenvolvidas terem expectativa de vida mais longa do que as pessoas em regiões menos desenvolvidas. As pessoas com expectativa de vida mais longa usam mais medicamentos quando ficam mais velhas, pois desejam conservar a saúde e manter um estilo de vida ativo. As regiões desenvolvidas tendiam a ter doenças mais complexas, como a depressão e o diabetes. Ambas eram fatores cruciais na promoção dos negócios, em especial para a Lilly.

No entanto, o ambiente externo dos cuidados de saúde estava mudando em todo o mundo, não só na China. Havia crescente resistência por parte de governos, contribuintes e pacientes, quando tinham de pagar pelos custos cada vez maiores dos cuidados de saúde, referentes a atendimento hospitalar, diagnóstico e medicamentos. Ao mesmo tempo, os custos de lançamento de produtos inovadores no mercado continuavam a subir, alimentados pelas normas cada vez mais exigentes de segurança e eficácia.

A concorrência estava se tornando ainda mais dramática. Em comparação a dois ou três representantes médicos nos anos 1990, mais de dez podiam ser encontrados nos hospitais, esperando para serem recebidos pelos médicos, em 2004. O tempo para a apresentação de vendas fora reduzido de 15 para 3 minutos, embora a quantidade de informações a ser transmitida fosse a mesma.

No fim das contas, em termos da Lilly, a revolução genômica era muito empolgante e promissora, pois garantia um futuro no qual a Lilly poderia ter medicamentos novos e melhores. Mas o custo de converter essa revolução genômica em remédios ainda é muito elevado, da ordem de 1 bilhão de dólares.

Os canais de produtos empolgantes da Lilly estavam prontos e havia baixo risco de exposição de patentes até a década seguinte. Isso proporcionava grandes oportunidades para o crescimento e desenvolvimento dos funcionários.

Estava se tornando mais difícil equilibrar os custos elevados com as exigências dos consumidores. Só havia uma resposta: ser mais eficaz em termos de custo. Em outras palavras, as empresas farmacêuticas deviam examinar seus atuais processos de trabalho para deixar de realizar trabalho de baixo valor agregado e se focar no aumento da produtividade. Manter o tamanho da força de vendas, enquanto lançava medicamentos inovadores, foi uma decisão sábia para garantir a sobrevivência e até o desenvolvimento da empresa.

Lilly China

O início da história da Lilly China data de 1928, quando foi aberto um escritório de vendas em Xangai. Em 1995, a Lilly implantou uma fábrica em *joint venture* em Suzhou, investindo cerca de 28 milhões de dólares. Em 2003, a Lilly estava presente com mais de 50 escritórios de representação nas principais cidades da China, cobrindo áreas que se estendiam da província de Hei Long Jiang, ao Norte, até a Ilha de Hainan, ao Sul, e de Xangai, na Costa Leste, até a província de Xinjiang, no Oeste.

Os canais de produtos da Eli Lilly incluíam sete produtos existentes como Ceclor, Gemzar, Zyprexa, Prozac, Humilin, Evista e Vancocine. Cinco novos medicamentos estavam na lista de espera para lançamento. No momento em que este livro estava sendo escrito, a Eli Lilly tinha 800 funcionários na China, dentre os quais mais de 500 eram representantes médicos. Segundo os dados do IMS[6] de 2003, a Eli Lilly estava em oitavo lugar em relação ao volume de vendas, e em primeiro em termos de taxa de crescimento anual. De modo geral, as duas maiores concorrentes da Lilly eram a MSD e a Pfizer. Em cada área terapêutica, a Lilly tinha duas ou três concorrentes locais ou estrangeiras, como a Novonortis e a Tonghua Dongbao, no tratamento do diabetes, a BMS, no tratamento do câncer, e a GSK, em antibióticos.

A Eli Lilly China estava estruturada segundo funções como Marketing, Vendas, RH e Finanças. As funções de vendas, por sua vez, eram divididas em três áreas, coordenadas por três gerentes gerais (ver Estudo de Caso – Documento 2.2). Havia gerentes regionais e gerentes distritais que estavam subordinados ao gerente geral. Os representantes médicos reportavam-se aos gerentes distritais, que se reportavam aos gerentes regionais.

Cada representante médico era responsável por promover um ou dois produtos dentro de uma área terapêutica específica, como antibióticos ou oncologia. Os representantes médicos geralmente visitavam clientes em diversos hospitais de uma cidade. Seu papel era aconselhar os médicos das diversas especialidades em que a Lilly era líder de mercado. Seu trabalho diário era transmitir mensagens médicas importantes sobre os produtos da Lilly, bem como garantir que os médicos os prescrevessem adequadamente.

Os gerentes distritais, em geral, cobriam todos os hospitais da cidade e os gerentes regionais cobriam até duas províncias. Ambos os gerentes compartilhavam a responsabilidade de recrutar pessoas para preencher as vagas em seus distritos, mas os gerentes regionais e o departamento de RH eram os que tomavam a decisão final em relação ao recrutamento.

Embora a Eli Lilly China fosse uma pequena divisão na Lilly Global, ela atraiu muita atenção devido a seus rápidos dez anos de crescimento (ver Estudo de Caso – Documento 2.3), principalmente com o enorme mercado chinês como pano de fundo. A Lilly China encaminhava-se para 100 milhões de dólares em vendas, em 2004, enquanto Wall Street estimava as vendas globais da Lilly em cerca de 13,5 bilhões de dólares. A Lilly China tinha a meta de se tornar uma das dez principais subsidiárias na Lilly Global, em dez anos, lançando mais produtos inovadores no mercado chinês.

GUIA DO EMPREENDEDOR ESTRANGEIRO NA CHINA: Casos de Sucesso

ESTUDO DE CASO - DOCUMENTO 2.2: ORGANOGRAMA DA LILLY CHINA

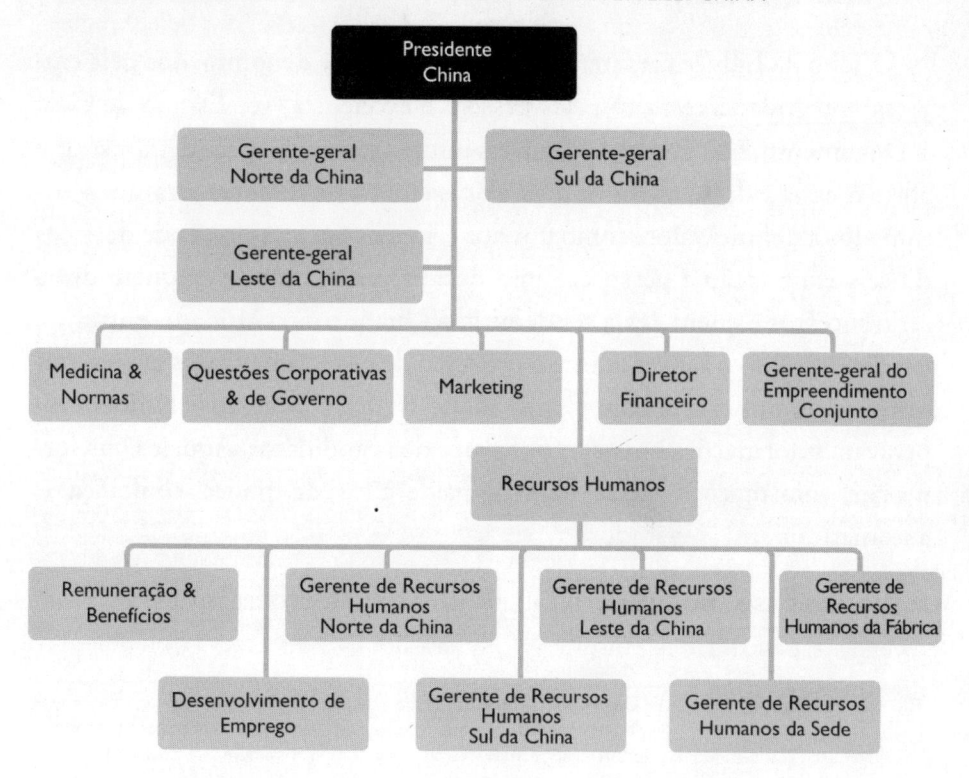

- Presidente China
  - Gerente-geral Norte da China
  - Gerente-geral Sul da China
  - Gerente-geral Leste da China
    - Medicina & Normas
    - Questões Corporativas & de Governo
    - Marketing
    - Diretor Financeiro
    - Gerente-geral do Empreendimento Conjunto
  - Recursos Humanos
    - Remuneração & Benefícios
    - Gerente de Recursos Humanos Norte da China
    - Gerente de Recursos Humanos Leste da China
    - Gerente de Recursos Humanos da Fábrica
    - Desenvolvimento de Emprego
    - Gerente de Recursos Humanos Sul da China
    - Gerente de Recursos Humanos da Sede

ESTUDO DE CASO - DOCUMENTO 2.3: CRESCIMENTO DA LILLY CHINA

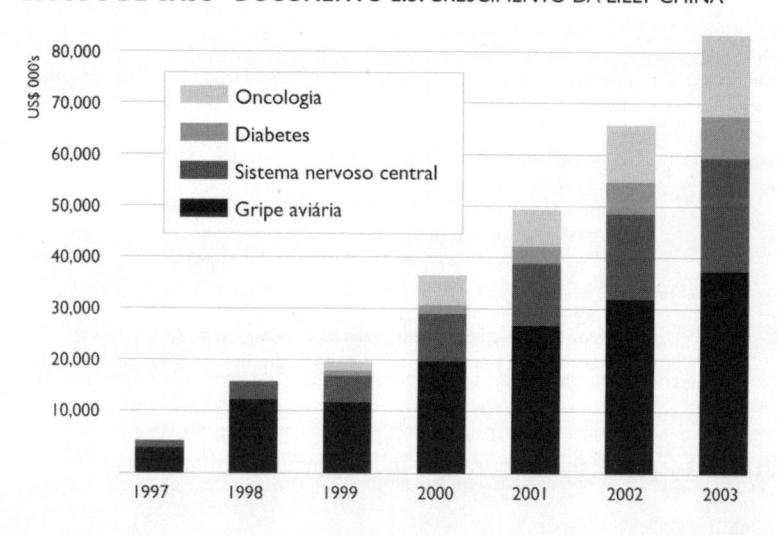

Gráfico de barras (US$ 000's) mostrando crescimento de 1997 a 2003 nas áreas: Oncologia, Diabetes, Sistema nervoso central, Gripe aviária.

Cultura da Lilly

O "jeito da Lilly" é caracterizado por três valores denominados pela empresa: integridade, respeito pelas pessoas e excelência (ver Estudo de Caso – Documento 2.4). Estão disponíveis muitos exemplos para demonstrar e afirmar esses valores todos os dias. Por exemplo, os gerentes estavam acostumados a definir "valor" como um dos critérios para a tomada de decisões difíceis em relação a pessoas, como decidir quem promover, quem devia ser o sucessor e quem devia ser demitido. Quando os candidatos entravam em contato com a Lilly, durante o processo de recrutamento, os entrevistadores se comunicavam com eles de modo franco e honesto, e também esperavam informações honestas por parte dos candidatos. Aqueles que forneciam informações falsas eram considerados de pouca confiança e, automaticamente, rejeitados.

ESTUDO DE CASO - DOCUMENTO 2.4: CIDADANIA DA ELI LILLY CORPORATE

	Missão
Por que existimos	Damos aos clientes "respostas que fazem a diferença" por meio de remédios inovadores, informações e excepcional serviço ao consumidor, que torna possível às pessoas viverem mais, com mais saúde e vida mais ativa.
	Objetivo estratégico
Nosso objetivo de alcance geral	Ao suprir as necessidades não satisfeitas de nossos clientes, por meio de um fluxo constante de inovação, superaremos todos os concorrentes.
	Visão
Nossa promessa	"Respostas que fazem a diferença" é a base de nossa promessa aos clientes. Cumpriremos nossa promessa, ouvindo e entendendo as necessidades de nossos consumidores, e proporcionando um valor sem igual.
A cultura que buscamos	Somos guiados, em tudo que fazemos, por nossos valores nucleares definidos há longo tempo: • Respeito pelas pessoas, o que inclui nossa preocupação pelos interesses de todas as pessoas que tocamos ou que são tocadas por nossa empresa: clientes, empregados, acionistas, parceiros, fornecedores e comunidades; • Integridade, inserindo os mais elevados padrões de honestidade e comportamento ético; • Excelência, que reflete em nosso foco sem igual na qualidade e na busca contínua por novas maneiras para aperfeiçoar tudo que fazemos.
O resultado vencedor	Em resultado, os consumidores em todo o mundo cada vez mais escolherão nossos produtos, possibilitando-nos gerar um elevado desempenho financeiro que beneficie nossos acionistas, nossos funcionários e as comunidades em que vivemos.

Em 2000, Sidney Taurel, CEO da Eli Lilly, reforçou a cultura, apresentando os sete comportamentos da liderança (ver Estudo de Caso – Documento 2.5). Ele queria modificar a antiga cultura, enraizada em um ambiente de negócios relativamente estável, para uma cultura adaptada a um ambiente de mudança rápida, constante e descontínua — períodos de estabilidade seguidos por períodos de mudança rápida.

Taurel disse: "Precisamos de uma cultura para transformar nossas ideias em ação e implementar os planos de modo claro e decisivo".[7]

Em 2003, Taurel reforçou novamente um aspecto dos sete comportamentos da liderança — criar foco externo —, depois de descobrir que as pessoas da Lilly eram mais auto-orientadas. Em seu artigo "Por que as marcas são importantes", Taurel disse que, no passado, os funcionários da Lilly eram mais focalizados internamente, em vez de focalizados no cliente.

ESTUDO DE CASO - DOCUMENTO 2.5: OS SETE COMPORTAMENTOS DA LIDERANÇA
Sidney Taurel, CEO, Eli Lilly & Company

1. SER MODELO DOS VALORES
Demonstrar os valores da Lilly (pessoas, integridade, excelência) por meio da conduta diária.

2. CRIAR FOCO EXTERNO
Saber como sua ação se encaixa no quadro mais amplo e se compara com a concorrência. Criar e alavancar relacionamentos-chave, fora de sua área e fora da empresa, para criar condições para o sucesso.

3. PREVER AS MUDANÇAS E SE PREPARAR PARA O FUTURO
Prever os eventos futuros, desafiar o *status quo* e estabelecer objetivos e requisitos para as vantagens competitivas.

4. IMPLEMENTAR COM QUALIDADE, VELOCIDADE E VALOR
Tomar decisões e executar planos de trabalho para atingir resultados.

5. AVALIAR E AGIR
Avaliar os resultados e ajustar a direção, conforme necessário.

6. ATINGIR RESULTADOS COM PESSOAS
Para propiciar resultados, capacitar e energizar a si mesmo, aos outros e à organização.

7. COMPARTILHAR O APRENDIZADO-CHAVE
Buscar e compartilhar conhecimento; aplicar o que aprendeu com sucessos e fracassos.

A indústria farmacêutica costumava ser um setor de alto risco e de alto retorno, mas agora estava se tornando cada vez mais difícil manter os retornos elevados devido ao ambiente empresarial mutável. A única forma era maximizar o valor para o consumidor, focando-se intensamente nas necessidades do consumidor e se tornando mais produtivo (ver Estudo de Caso – Documento 2.6).

Dos três valores para os sete comportamentos da liderança e para a ênfase na criação de foco externo, a Lilly posicionou-se para se tornar mais reconhecível publicamente na mente dos interessados. Seus funcionários precisavam mudar o modelo de comportamento esperado, tornando-se ouvintes proativos e respondendo aos interessados externos.

RH da Lilly: organização, papéis e filosofia

O RH na Lilly era organizado em dois grupos: de campo e funcionais. O RH de campo reportava-se diretamente ao gerente comercial e tinha uma linha de contato funcional, ou seja, informava o diretor de RH, mas não recebia ordens dele. O RH de campo eram composto por pessoas dedicadas a cada área da empresa e que possuíam conhecimentos especializados em diversas áreas de RH, como desenvolvimento de carreira, *coaching* e aconselhamento. Eles tinham três papéis: serviço, apoio aos negócios e relacionamento com funcionários (ver Estudo de Caso – Documento 2.7).

O primeiro papel era fornecer serviços essenciais para apoiar a empresa, a função da subsidiária ou as estratégias das equipes, e planejar e implementar serviços para apoiar as unidades de negócios e os funcionários.

O segundo papel era identificar as implicações do RH para a estratégia dos negócios e as soluções em potencial. Isso exigia conhecimento e entendimento dos serviços de RH, e de como eles podiam ser aplicados para atingir os objetivos da empresa.

O terceiro papel era entender as questões e as necessidades dos empregados, comunicando-as à gerência e sugerindo soluções.

ESTUDO DE CASO - DOCUMENTO 2.6: TRECHOS DE ARTIGOS QUE REFLETEM
A CULTURA DA LILLY

> Os valores, como meu pai compreendia tão bem, são realmente a essência da questão. Eles nos dizem quem somos, como devemos nos comportar e aonde devemos ir. Eles nos ajudam a interpretar o mundo e, portanto, idealmente, a nos firmar em uma realidade mais ampla. Os valores são, basicamente, o cerne dos homens e das instituições. Sem um sistema de valores claro, as pessoas não têm independência e, muitas vezes, agarram-se a qualquer coisa para preencher seu vazio ou para solucionar as incertezas de sua existência.
>
> "Values for a Second Century" (Valores para um Segundo Século) — março de 1976.
> Autor: Eli Lilly.

> Penso que, se todos compartilharmos um conjunto de crenças sobre o motivo de fazermos aquilo que fazemos, então a probabilidade de continuar a ser bem-sucedido ao transformar a estratégia em ação irá aumentar imensamente. Sem dúvida, um conjunto compartilhado de crenças em relação ao "porquê" pode muito bem ser o ingrediente mais crucial para capacitar, com sucesso, nossos funcionários e nossa organização.
>
> "The Best Days Speech" (Discurso sobre os Melhores Dias) — abril de 1995.
> Autor: Randall L. Tobias, presidente e CEO (aposentado).

> Portanto, precisamos de uma cultura que nos permita dominar a inteligência de todos os nossos indivíduos talentosos, de modo a elevar o QI organizacional. Não queremos que esse recurso precioso seja desperdiçado ao se reinventar continuamente a roda nas tarefas rotineiras. Precisamos criar processos simples, eficientes e universais para cumprir esse objetivo, que nos permitam focar nosso pensamento em encontrar e desenvolver as novas e melhores oportunidades para nossa empresa. Acima de tudo, precisamos de uma cultura que nos permita colocar nossas ideias em ação e implementar nossos planos de modo claro e decisivo.
>
> "Leadership White Paper" (Memorando de Liderança) — fevereiro de 2000.
> Autor: Sidney Taurel, presidente do conselho de Administração, presidente e CEO.

Por outro lado, o RH funcional só se reportava ao departamento de RH e atuava como um consultor interno no planejamento de programas, fornecendo informações ou apoio ao RH de campo sobre qualquer problema com que estivessem lidando. A remuneração, os benefícios e o gerente de desenvolvimento de funcionários estavam nessa categoria.

Assim, na Lilly China não havia uma função de recrutamento controlada dentro da organização de RH. Em vez disso, o RH de campo era responsável por fornecer serviços de recrutamento à organização local de vendas.

Havia um total de dez profissionais de RH na China. Dentre eles, cinco eram gerentes de RH de campo, que serviam cinco suborganizações: Leste, Norte e Sul da China, departamento administrativo e a fábrica de Suzhou.

ESTUDO DE CASO - DOCUMENTO 2.7:
PAPÉIS DO RH DA LILLY

- Relações com funcionários
- Serviços de Recursos Humanos
- Apoio aos negócios

A Lilly considera os funcionários parceiros para construir negócios e está comprometida a tratá-los de modo justo. Assim sendo, a empresa era muito seletiva e sempre contratava as pessoas tendo em vista uma carreira, e não apenas um trabalho. A Lilly investia bastante nos novos funcionários para desenvolver suas carreiras e promovê-los, como a primeira opção para preencher suas vagas.

A Lilly sempre fez o que podia para manter os funcionários valiosos dentro da empresa a fim de garantir a continuidade de seu emprego. Depois de um ano, quase todas as posições-chave haviam sido promovidas internamente. Em retribuição, a empresa também esperava que os funcionários mantivessem a flexibilidade e a disponibilidade para aprender, e que se preparassem continuamente para o futuro.

O mercado de trabalho competitivo na China

A posição de representante médico não era muito bem considerada dentro da organização; no entanto, tinha um papel crucial na ligação entre a empresa e o consumidor ao proporcionar informações médicas e construir a imagem da marca.

As empresas farmacêuticas com base em pesquisa, como a Lilly, posicionavam-se como o principal especialista em sua área de terapêutica especializada. Essa imagem foi construída por meio de suas interações cotidianas em comunicação e consultoria com os médicos. Uma prática comum de recrutamento era contratar indivíduos com um histórico profissional médico.

Durante os primeiros estágios da expansão farmacêutica na China, nos anos 1980 e 1990, ser um representante médico era uma profissão popular para médicos jovens e recém-formados. Ela pagava bem, oferecia oportunidades de treinamento e era um modo fácil de ganhar dinheiro.

Além da melhor renda para os médicos, havia muita competição dentro da posição de representante médico, o que fazia com que a taxa de rotatividade do setor atingisse 30%, demonstrando a insatisfação que os médicos sentiam com uma carreira em vendas.

Em anos mais recentes, setores não farmacêuticos surgiram para absorver os melhores representantes médicos. O setor de instrumentos médicos era um exemplo. Além disso, as empresas estatais, depois de anos de desenvolvimento, estavam iniciando um estágio de crescimento dramático a uma taxa muito mais elevada do que as empresas estrangeiras. Elas tinham enorme demanda por talentos e, além disso, podiam oferecer pacotes competitivos. As empresas estatais gostavam de "comprar" representantes médicos experientes das empresas estrangeiras. Os representantes médicos dos empreendimentos conjuntos e de empresas estrangeiras eram seus principais alvos.

O que a Lilly devia fazer com seu sistema de contratação, durante esse período de expansão? Havia algum obstáculo no sistema atual que a impedia de ser a mais competitiva e ganhar a guerra por talento? Qual era o modelo de contratação ideal para a Lilly China? Quais eram os talentos-alvo? Como seriam atraídos? E como deviam ser selecionados? Mary Liu declarou:

> Atualmente, estou pensando no plano de recrutamento do próximo ano, pois haverá muitas mudanças no setor, e vamos introduzir um novo portfólio de produtos na China. Tive uma conversa com nossos gerentes-gerais de vendas e obtive sua concordância em termos da necessidade de fazer um diagnóstico sistemático de nosso atual sistema de recrutamento. Estou ansiosa para ver os resultados.

Tendo esse problema em mente, Mary Liu pensava que poderia sair-se melhor convidando uma equipe de consultoria para ajudá-la a explorar o problema. Ela pediu que a ABC Consulting Company e o China-Europe

Consulting Group apresentassem propostas de projetos sobre como abordar os problemas que ela estava confrontando.

Sistemas e práticas atuais de recrutamento

O custo de perder um representante médico era muito alto. As despesas possíveis seriam anúncios de recrutamento, treinamento, administração, transporte, tempo gasto em entrevistas e até o custo da perda de oportunidades por ter uma vaga aberta durante um longo tempo. Uma decisão errada em relação a uma vaga de salário anual de 12 mil dólares pode provocar um custo estimado de 162 mil dólares.

Responsabilidade

Segundo a hierarquia da Lilly, um gerente distrital era o gerente direto dos representantes médicos. Os gerentes distritais deviam recrutar representantes médicos, desenvolvê-los e construir seus negócios. Já os gerentes regionais, os chefes dos gerentes distritais, eram responsáveis por treinar os gerentes distritais e por ser um modelo no gerenciamento regional e estratégico dos negócios.

Perfil de talentos

Atualmente, os anúncios de recrutamento da Lilly (ver Estudo de Caso – Documento 2.8), em todos os tipos de mídia, descrevem detalhadamente a posição e a reputação da empresa no mercado. No entanto, contêm apenas algumas linhas de descrição da vaga. Um anúncio típico para uma vaga de representante médico dizia o seguinte:

> Um a dois anos de experiência profissional em vendas farmacêuticas. O candidato deve ser dedicado ao trabalho, demonstrar integridade e trabalhar em equipe. Deve ter uma formação relacionada à medicina ou ter [sic] um histórico médico relevante.

ESTUDO DE CASO - DOCUMENTO 2.8: UM ANÚNCIO DE RECRUTAMENTO TÍPICO

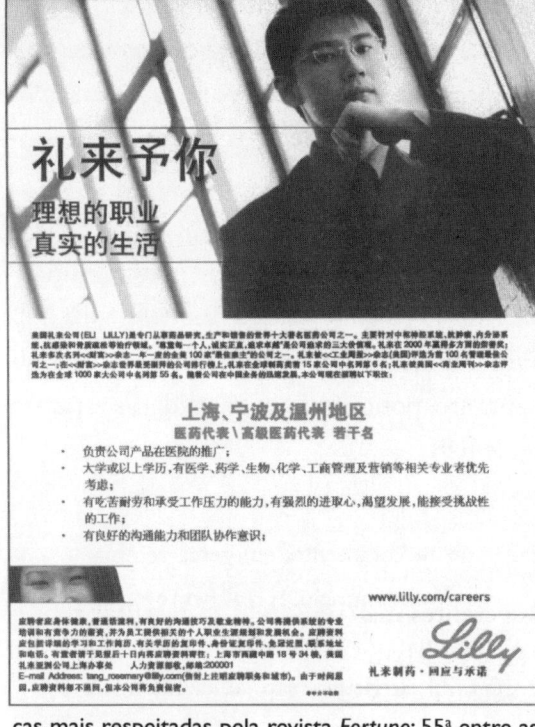

Tradução

A Eli Lilly proporciona:
- uma carreira ideal;
- vida real.

A Eli Lilly é uma das dez maiores empresas farmacêuticas, comprometida a encontrar respostas para algumas das necessidades médicas mais urgentes no mundo. Seus produtos tratam a depressão, a esquizofrenia, o transtorno de déficit de atenção e hiperatividade, o diabetes, a osteoporose e muitas outras doenças. Com seus três valores principais, "respeitar os funcionários, ser honesta e correta e buscar excelência", a Eli Lilly tem sido frequentemente incluída entre as 100 melhores empresas para se trabalhar, pela revista *Fortune*. Em 2000, recebeu muitos prêmios e foi muito elogiada: uma das 100 melhores empresas pela *Industry Weekly* (Estados Unidos); sexta entre as 15 empresas farmacêuticas mais respeitadas pela revista *Fortune*; 55ª entre as principais mil empresas pela *Business Week* (Estados Unidos).

A fim de suprir o rápido desenvolvimento da empresa, procuramos candidatos às vagas de:

• Representantes Farmacêuticos / Representantes Farmacêuticos Seniores

• Em Xangai, Ningbo, Wenzhou;

* responsável pela promoção de produtos em hospitais;

* grau de bacharel ou superior, de preferência em Farmácia / Medicina / Bioquímica / Administração / Marketing;

* disposto a assumir desafios, ambicioso, capaz de trabalhar sob pressão;

* com boas habilidades de comunicação e elevado espírito de equipe.

www.Lilly.com/careers

Os candidatos devem ser saudáveis, falar mandarim com fluência, ter boas habilidades de comunicação e ser dedicados ao trabalho.

Nossa empresa fornecerá treinamento técnico sistemático e um pacote de benefícios competitivo, oferecendo também planejamento pessoal e desenvolvimento de carreira.

Os candidatos interessados devem enviar, em até dez dias, *curriculum vitae* detalhado, cópias de certificados escolares e da carteira de identidade, uma foto, e informações de contato para o seguinte endereço.

Embora a Lilly avaliasse cada representante médico com uma matriz que incluía o modelo de competência do representante de vendas, os sete comportamentos da liderança e os três valores, nenhuma dessas variáveis era mencionada no anúncio. Os diferentes requisitos para as diversas linhas de produto pelas quais os representantes médicos seriam responsáveis também eram ignorados.

Fontes

Assim que esses anúncios eram publicados, inúmeras respostas e currículos eram enviados à Lilly. No entanto, pouquíssimos candidatos estavam qualificados. Segundo o gerente de RH:

> Nas épocas mais movimentadas no recrutamento, em geral, recebíamos mais de mil currículos depois de um anúncio. É realmente exaustivo ler todos. No entanto, a grande quantidade não significa alta qualidade. Em geral, apenas de 10 a 20 currículos são suficientemente atraentes para provocar uma entrevista.

Em outros meses, os anúncios não pareciam ser um modo eficiente, em termos de custo, para recrutar apenas um ou dois representantes. Em casos como esse, os gerentes regionais e distritais tinham de usar seus canais pessoais para buscar candidatos externamente ou verificar a possibilidade de transferências internas. Alguns dos gerentes distritais seniores eram muito bons em criar um banco de talentos em potencial para sua região. Isso demonstrou a eficácia desse tipo de canal para encontrar talentos.

Havia uma tendência na Lilly em recrutar representantes médicos experientes em vez de recém-formados, pois os talentos experientes obtinham resultados mais rápidos. No entanto, tanto a Xi'an Janseen como a Pfizer contratavam 20% de seus funcionários diretamente no *campus* universitário. Alguns funcionários da Lilly argumentavam que os produtos dessas empresas podiam ser vendidos sem receita médica e exigiam pouca especialização. Assim, diziam que o recrutamento no *campus* era adequado para elas, mas não seria para a Lilly. Por outro lado, não havia dados disponíveis para demonstrar a estabilidade desses recém-formados nessas empresas.

Práticas de seleção

Sempre que havia uma vaga, o gerente distrital, o gerente regional e o RH de campo eram mutuamente responsáveis pelo recrutamento, mas cada um tinha uma função diferente. Só os gerentes regionais e o RH tinham a autoridade para decidir.

Em geral, o RH anunciava nos jornais principais ou especializados em recrutamento assim que era definido que um anúncio seria usado. O RH também era responsável pela triagem dos currículos e por recomendar candidatos ao gerente distrital para a primeira rodada de entrevistas.

Embora os testes psicométricos ou de QI fossem muito populares por toda parte, a Lilly não os usava para testar os candidatos antes da entrevista. Depois de entrar no processo de seleção, um candidato tinha de passar por três entrevistas, uma com o RH, a segunda com o gerente distrital e a terceira com o gerente regional. Agindo assim, a Lilly desejava captar uma imagem ampla do candidato e garantir que os talentos certos fossem contratados. A verificação das referências era o último passo para garantir o parecer.

Entrevista

Antes da entrevista, a Lilly pedia aos candidatos que fizessem alguns testes de QI para confirmar seu nível de escolaridade.

A empresa tinha uma lista bem definida de requisitos para um representante médico. Por exemplo, o modelo de competência (ver Estudo de

Caso - Documento 2.9) definia requisitos do ponto de vista técnico, os sete comportamentos de liderança focalizavam os potenciais de carreira na Lilly, enquanto os valores da Lilly avaliavam os candidatos da perspectiva cultural. Alguns gerentes distritais se apoiavam em um conjunto dentre os requisitos acima como o critério para planejar suas questões de entrevista.

Depois das entrevistas, o gerente distrital, o gerente regional e o RH revisavam suas impressões do candidato e reuniam-se para decidir se deviam ou não fazer uma proposta. Os três deviam chegar a um consenso antes de fazê-la. Contudo, era frequente que os gerentes ficassem envolvidos em longas discussões a respeito dos critérios antes de atingir um consenso.

ESTUDO DE CASO - DOCUMENTO 2.9: O MODELO DE COMPETÊNCIA

Alvo estratégico
Descobrir o potencial de venda dos produtos da Lilly, proporcionando a melhor solução de tratamento médico aos consumidores e, depois, mensurando sua satisfação.

1. Vendas	2. Gerenciamento regional
1.1. Conhecimento técnico	2.1. Análise regional
1.2. Relações com o consumidor e conhecimento do consumidor	2.2. Plano e implementação
1.3. Visita à empresa	

Avaliar e agir

A fim de garantir que a empresa contratasse talentos qualificados, a Lilly proporcionava a todos os novos gerentes distritais um treinamento em habilidades de seleção profissional. A empresa criou um guia de entrevistas que enfatizava as principais dimensões para julgar as qualificações, e uma lista das principais questões a serem feitas nas entrevistas. Além disso, o guia abordava o modo de ler um currículo, como iniciar uma entrevista e como fazer a fala de encerramento. Também havia áreas em branco nas folhas para que os gerentes registrassem comentários e exemplos fornecidos pelo entrevistado. A parte crucial desse guia eram as questões sob cada requisito.

Alguns novos gerentes distritais praticavam suas habilidades de entrevista logo depois do treinamento, se houvesse vagas em sua região, enquanto outros não tinham essa oportunidade até que as vagas surgissem.

A fim de garantir que o recrutamento fosse oportuno e de alta qualidade, a Lilly responsabilizava o gerente regional pelas "taxas anuais de rotatividade" por região, usando-as como um de seus critérios de avaliação de desempenho. A taxa alvo de rotatividade era de 18%. Tanto o gerente regional quanto o RH enfatizavam o limite de tempo em que a vaga precisaria estar preenchida. A cada mês, o comitê de gerenciamento revisava os resultados do recrutamento e a matriz-chave.

Necessidades urgentes ou necessidades em cidades difíceis

Embora o processo de recrutamento como um todo funcionasse bem nos casos normais, ele não era efetivo em suprir as necessidades urgentes nem as necessidades em algumas cidades difíceis. Nos dois casos, o período de recrutamento costumava se estender muito além do esperado pela empresa, resultando em considerável perda de negócios.

Um gerente distrital de algumas cidades difíceis no leste da China disse:

> Sentimos que perdemos o controle nessas situações. Sempre há uma oferta limitada de bons candidatos. Temos de contar com a sorte para conseguir um, mas essa sorte é muito rara. Algumas vezes somos forçados a sacrificar a qualidade a fim de preencher logo a vaga.

Comentários de caso

COMENTÁRIO 1
WILLIAM H. MOBLEY, PhD..
PROFESSOR DE ADMINISTRAÇÃO,
CHINA EUROPE INTERNATIONAL BUSINESS SCHOOL (CEIBS)
FUNDADOR DO MOBLEY GROUP PACIFIC LIMITED

A Eli Lilly & Company, como muitas outras grandes firmas na China, está enfrentando um mercado de trabalho cada vez mais competitivo. A Lilly parece estar experimentando uma rotatividade mais baixa do que a média do setor, sem dúvida por causa de seus valores claros e comportamentos de liderança, além de processos básicos de RH sólidos. No entanto, a taxa de rotatividade ainda é alta em termos do crescimento de Lilly e de sua estratégia de eficiência em relação aos custos. A alta rotatividade durante o primeiro ano e meio de trabalho na empresa é causa de preocupação específica.

A Lilly precisará garantir a implementação dos processos de retenção e de envolvimento sistemáticos dos funcionários, e não buscar as soluções simplistas oferecidas por alguns consultores e fornecedores. Diversos estudos têm mostrado que os principais fatores para atrair e reter talentos profissionais na China são:

- oportunidade para aprender, crescer e se desenvolver;
- força do relacionamento com o chefe;
- fatores de remuneração.

No mínimo, a administração da Lilly desejará garantir que esses três fatores sejam bem abordados. O primeiro requer planos de desenvolvimento individualizados que não se resumam apenas a uma conversa no fim do ano, mas que constituam um processo contínuo de avaliação de pontos fortes e fracos. Isso exige:

- diálogo, planejamento de ação e acompanhamento entre o funcionário, o chefe e a pessoa do RH encarregada das necessidades de desenvolvimento individual, em termos tanto da função atual quanto das futuras;
- ações de desenvolvimento efetivas e muito visíveis, incluindo atribuições de projetos e de força-tarefa;
- *mentoring* ativo;
- conhecimento profissional e desenvolvimento de habilidades;
- acompanhamento das atividades dos executivos do próximo nível, oportunidades para interagir com executivos seniores, treinamento com um alvo definido e experiências de desenvolvimento, e assim por diante.

O segundo fator, a força do relacionamento com o chefe, exige não somente chefes habilidosos em relacionamentos, mas que também sejam treinadores altamente eficazes. Em certa medida, a Lilly pode criar uma cultura de treinamento que inclua a atitude de treinamento efetivo e habilidades de treinamento para todos os gerentes. Isso ajudará a lidar com as duas questões mais importantes no recrutamento e na retenção de talentos.

O terceiro fator, a remuneração, requer constante acompanhamento de fatores de equidade internos e externos, algo que a Lilly certamente faz. No mercado de trabalho profissional altamente competitivo da China, a Lilly, como outras grandes empresas, continuará a sofrer a pressão para aumentar os salários. Lembro-me de uma citação feita por Fred Herzberg, há alguns anos, em uma conferência: "Dinheiro é como alimento. Ofereça-me um ótimo café da manhã e eu agradecerei, mas, no meio da manhã, já irei perguntar o que há para o almoço. Dê-me um bom aumento de salário e um bônus no fim do ano, e eu direi obrigado, mas, alguns meses depois, estarei imaginando quando acontecerá o próximo aumento e de quanto será". É essencial que os funcionários de alto desempenho sejam bem recompensados.

Em minha própria pesquisa, escrevendo e dando consultoria sobre a rotatividade de funcionários, tenho sugerido que se busque construir múltiplas ligações entre o funcionário e a empresa. Incluem-se nelas os três fatores-chave listados antes: oportunidade para aprender, desenvolver-se e crescer; relacionamento com o chefe; remuneração e benefícios competitivos e igualitários. Outras fontes importantes de ligação incluem fazer parte de uma equipe vencedora; conteúdo interessante no trabalho; ser ouvido e tratado com respeito; ter uma linha de contato com a visão e a estratégia da empresa; futuro na empresa.

Em termos organizacionais, a Lilly precisará garantir a construção de sua marca no mercado de trabalho profissional da China, bem como no mercado consumidor. A empresa precisará garantir a criação de uma razão de seleção muito positiva e o uso de instrumentos de avaliação de seleção válidos para acessar o conhecimento, as habilidades, as atitudes e motivações, de modo a obter os melhores talentos. Ela precisará garantir que seu processo de integração seja bem planejado e executado, de modo a construir a compreensão da cultura e dos valores da Lilly, clareza de expectativas, *coaching* e *mentoring*, e o vínculo necessário para a retenção. A Lilly já está fazendo bem muitas coisas.

Um estudo de "custo de rotatividade" pode sugerir no que mais podem investir para aumentar a retenção e ainda reduzir os custos líquidos. Uma pesquisa regular da cultura organizacional mostrou ser útil para diagnosticar a efetividade organizacional (inclusive a rotatividade). É importante observar que isso não é uma pesquisa de satisfação dos funcionários ou de sua atitude. Por último, a Lilly terá de garantir que mensurações relevantes do desenvolvimento de talentos e de sua retenção sejam incluídas no painel de indicadores e no Balanced Scorecard, e que reflitam adequadamente no bônus.

COMENTÁRIO 2
ANGELI KWAUK
DIRETORA REGIONAL DE RH
CHINA GRAND HYATT XANGAI

Quais são as expectativas do CEO em relação aos profissionais de RH? Qual é o foco da equipe de RH neste momento? Atração de talentos, retenção de talentos, desenvolvimento de talentos? Tudo isso.

O desafio que a Eli Lilly está confrontando não ocorre apenas para os profissionais de RH que trabalham na China atualmente, apesar de estarmos trabalhando no país mais populoso do mundo. O crescimento rápido da economia da China, o aumento de empresas estrangeiras nessa nação ou a expansão de suas operações no país, e o atraso que o sistema de educação precisa recuperar em relação às demandas do mercado são apenas alguns dos muitos fatores que estão ampliando a atual escassez de talentos. Como na Eli Lilly, os CEOs e presidentes de empresas multinacionais veem o potencial de negócios na China e esperam um crescimento significativo de suas empresas nesse país. No entanto, com os custos crescentes da folha de pagamento na China, os especialistas em RH estão o tempo todo andando na corda bamba, buscando manter um equilíbrio saudável entre o crescimento dos negócios da empresa e o aumento da mão de obra.

Além do exposto antes, os profissionais de RH também se defrontam com um novo desafio: aprender como abordar e gerenciar uma nova geração de funcionários — os que nasceram na década de 1980 e que costumam ser chamados de "geração do milênio". Essa geração de trabalhadores já chega à empresa com expectativas mais elevadas, e isso não é diferente na China. As expectativas dos indivíduos da "geração do milênio" incluem progredir rapidamente na carreira e ser promovidos a cada ano ou dois, sem ter de se esforçar muito para isso. Eles também são mais abertos e expressivos, e querem saber sobre a remuneração, os benefícios e o desenvolvimento de carreira, antes de aceitar um emprego. Por terem crescido na era digital e estarem familiarizados com a Internet e todo tipo de aparelho digital, eles possuem mais conhecimentos, são mais bem informados e estão mais à vontade com a tecnologia do que a geração anterior. Isso é especialmente verdadeiro na China, onde os que nasceram depois de 1979 vêm de famílias com um único filho e foram criados pelos avôs e pelos pais, e, naturalmente, foram o centro das atenções.

Os profissionais de RH, juntamente aos outros gerentes na empresa, têm de levar em consideração as características da "geração do milênio" e descobrir como conviver com ela. Eles precisam ter consciência de que esses indivíduos frequentemente envolvem suas famílias nas grandes decisões, como encontrar um emprego.

No caso das questões do RH da Lilly, em 2003, um dos desafios principais era recrutar funcionários qualificados em número suficiente, principalmente representantes médicos, que eram a equipe de linha de frente de vendas, com impacto direto sobre o crescimento financeiro da empresa. Esses representantes médicos também precisavam ficar na Lilly por tempo suficiente para manter e/ou aumentar a produtividade. Embora se mencionasse que os representantes médicos tinham um papel crucial na ligação entre a empresa e o consumidor, ao proporcionar informações médicas e construir a imagem da marca, sua posição não era muito bem considerada dentro da organização. A concorrência entre os representantes médicos é muito acirrada e a taxa de rotatividade do setor atinge 30%.

Os representantes médicos reportam-se diretamente para os gerentes distritais, que, juntamente de seu superior direto — os gerentes regionais —, são responsáveis pelo recrutamento. As entrevistas de seleção são realizadas separadamente pelos três profissionais: RH, gerentes distritais e gerentes regionais. No entanto, os gerentes distritais não tomam a decisão final sobre a contratação dos representantes médicos nem são responsáveis pela rotatividade de funcionários.

Como os gerentes distritais trabalham intimamente com os representantes médicos, treinando-os e desenvolvendo-os, a Lilly deveria pensar em alterar a decisão de seleção e a avaliação de desempenho de rotatividade da equipe para incluir os gerentes distritais. Desse modo, os gerentes distritais assumiriam o *mentoring* dos representantes médicos durante suas carreiras. Com habilidades adequadas de *coaching* e aconselhamento, os gerentes distritais poderiam "cortar de início" qualquer problema que os representantes médicos tivessem e interromper o vazamento do banco de talentos.

A especificação de cargo para os representantes médicos exigia um grau universitário, como bacharel ou superior. Por isso, todos têm educação superior e a maioria provavelmente faz parte da "geração do milênio". Eles requerem atenção, motivação, reconhecimento e uma visão clara de seu caminho profissional. A Lilly pode explorar as diversas formas de motivar os representantes médicos e lhes dar o reconhecimento devido pelo importante papel que desempenham. Um processo de planejamento de carreira mais sistemático e "transparente" deve ser criado para ajudar a reter e a desenvolver os talentos existentes.

A Lilly tende a recrutar representantes médicos experientes em vez de recém-formados. Eles acreditam que os representantes médicos experientes podem proporcionar resultados mais rápidos. Colocar anúncios de recrutamento ou participar de feiras de emprego na China de hoje pode ser como "procurar uma agulha no palheiro". Muito esforço será despendido para responder a candidatos não qualificados. No entanto, o talento experiente em um *pool* limitado pode significar uma expectativa salarial mais alta por parte dos candidatos e um pagamento mais elevado para atrair profissionais de outras empresas farmacêuticas. Embora o uso da rede de contatos dos gerentes distritais seniores tenha se mostrado um canal efetivo para recrutar talentos potenciais para a Lilly, isso também a expõe a um risco importante, pois, se um gerente distrital sair, o grupo de representantes médicos também pode acompanhá-lo.

Os talentos recrutados junto aos rivais da Lilly, embora experientes, podem ter sua própria opinião de como as coisas devem ser feitas e, portanto, podem não ser tão entusiasmados ou abertos quanto os recém-formados, ao se envolver com o "jeito da Lilly", com os três valores e sete comportamentos de liderança. Sem uma forte absorção da cultura e um compromisso com a

Lilly, os talentos talvez possam ser "comprados" com facilidade, como fica evidente no caso das empresas estatais que se voltaram para as empresas estrangeiras a fim de "comprar" representantes experientes em anos recentes.

O anúncio de recrutamento, mostrado no documento 2.8 do Estudo de Caso, menciona os prêmios recebidos pela Lilly da revista *Fortune*, *Industry Weekly* e *Business Week*. No entanto, o foco dos jovens na China pode estar mais nas coisas que são importantes para eles e mais próximas, como a reputação da Lilly na China, o crescimento da empresa e sua visão na China, as oportunidades de carreira, e assim por diante. No anúncio, os primeiros requisitos listados para o emprego são os seguintes: "disposto a assumir desafios, ambicioso, capaz de trabalhar sob pressão". São virtudes que os indivíduos da "geração do milênio" e suas famílias não valorizam tanto quanto a geração anterior. Embora essas competências sejam certamente importantes, talvez os valores e a cultura da empresa, juntamente a um plano de carreira realista e sistemático, devam ser explicados durante o processo de entrevista de recrutamento, em vez de ser colocados no anúncio, pois os candidatos dão mais atenção ao crescimento tangível, ao desenvolvimento e a um caminho profissional.

O recrutamento por meio da Internet é um dos principais instrumentos que os indivíduos da "geração do milênio" usam ao procurar trabalho. Assim, um *website* chinês, dedicado a vagas, com mais informações abrangentes sobre a empresa e incluindo a especificação do cargo, os valores da empresa etc., poderia ser um veículo de recrutamento muito importante. O recrutamento de grupos específicos no campus é importante, mesmo que a estratégia atual da Lilly não seja recrutar recém-formados. No entanto, a imagem positiva da marca pode trazer benefícios no futuro. Nos próximos anos, esses esforços darão frutos que a Eli Lilly poderá colher.

Sem dúvida, como a Eli Lilly, muitas empresas encontram desafios para obter, reter e desenvolver seu banco de talentos. As questões de RH estão constantemente sob escrutínio, principalmente na China. Sem a aplicação da estratégia correta de RH, o crescimento de qualquer empresa irá diminuir, ou mesmo será interrompido.

COMENTÁRIO 3
XIAOTONG LI
DIRETOR DE RH SHARED SERVICE ORGANIZATION
HENKEL (CHINA) INVESTMENT CO. LTD

Para melhorar a situação atual na Lilly, Mary Liu precisa cuidar de duas áreas principais: recrutamento e retenção.

Várias coisas podem ser feitas em relação ao recrutamento:

1. Recrutar durante o ano inteiro. Atualmente, a Lilly recruta quando existem vagas. Devido ao rápido desenvolvimento da empresa, é aconselhável que a Lilly crie um banco de talentos na China. Os gerentes de RH precisam conversar com os gerentes de negócios e elaborar um plano de construção de equipe para os próximos anos. Com base nesse plano, o departamento de RH pode buscar os grandes potenciais e atraí-los, mesmo que não haja vagas imediatas. A vantagem de ter um banco de talentos é que a Lilly poderá criar uma reserva de bons candidatos para o momento em que haja uma vaga. A empresa não terá de se apressar para procurar candidatos.

2. Ampliar os canais de busca. Parece que a Lilly depende muito do recrutamento por meio de anúncios em jornal. A vantagem desses anúncios é que eles transmitem a mensagem claramente aos que o leem. A desvantagem é que muitos candidatos potenciais e bons não os lerão. Devido ao alto custo, as empresas geralmente colocam o anúncio apenas por alguns dias. A cobertura dos leitores é limitada. A procura de oportunidades de trabalho por meio de *websites* é agora cada vez mais popular e se mostra tanto eficaz quanto eficiente em relação ao custo. A Lilly pode usar seu próprio *website* ou algum *website* público de recrutamento para convocar candidatos durante o ano inteiro.

3. O recrutamento no *campus* universitário deveria ser considerado pela Lilly para construir seu banco de talentos. Como vantagens, a empresa pode selecionar jovens de alto potencial e pode imbuir os estudantes com seus próprios valores e modelo de competência. É importante que os recém-formados sejam treinados para cumprir as expectativas desde o princípio. Esses candidatos de alto potencial podem ter uma forte lealdade para com a empresa. Os desafios são os seguintes: como são ótimos alunos na faculdade, eles normalmente têm altas expectativas de carreira. As empresas precisam fornecer-lhes um caminho de carreira claro e oportunidades de desenvolvimento que os atraiam. Outro desafio é a atitude dos atuais gerentes de negócios. A Lilly prefere ter uma equipe experiente que possa gerar resultados no curto prazo. Existe um conflito entre o interesse de curto e longo prazos. O departamento de RH precisa trabalhar com os gerentes de negócios da empresa para criar um plano de recrutamento de recém-formados a fim de garantir que a empresa tenha talentos de alto potencial para sustentar seu rápido desenvolvimento.

Para garantir a eficácia do recrutamento no *campus*, o departamento de RH precisa escolher as principais universidades e estabelecer relações com elas e com seus formandos. A Lilly pode oferecer oportunidades para atrair os jovens formandos para conhecê-la e entrar para a empresa. Entre as práticas possíveis, um programa de estágio tem se mostrado um modo efetivo para os dois lados. Durante seus estudos universitários, os estudantes precisam obter experiência de trabalho. A Lilly pode oferecer tal oportunidade, mesmo em um estágio inicial — digamos, no segundo ano. Durante o estágio, a Lilly pode observar o desempenho e identificar futuros candidatos. O departamento de RH pode rastrear os candidatos de alto potencial e atraí-los para a Lilly. Por meio dessas comunicações, tanto o candidato quanto a empresa podem tomar boas decisões em relação ao emprego, e isso ajudará o candidato a se adaptar ao ambiente de trabalho da Lilly mais rapidamente.

4   Deve ser criada uma plataforma de recrutamento compartilhada. Parece que, nesse momento, o recrutamento é feito localmente nas diversas regiões. Os gerentes de RH de campo ajudam seus gerentes distritais e regionais a recrutar candidatos. As informações internas não são suficientemente compartilhadas na China. O departamento de RH precisa criar uma plataforma de recrutamento em que as informações sobre candidatos e vagas possam ser publicadas, e esforços conjuntos em atividades de recrutamento, como a seleção no *campus*, possam ser implementados. Essa plataforma também pode ajudar os gerentes de negócios ao compartilhar suas experiências em recrutamento, seu banco de talentos e canais de fontes.

5   Incentivar indicações. Quase todos os representantes médicos têm um histórico médico e provavelmente vieram das mesmas escolas de Medicina. Isso significa que eles podem ser *headhunters* potenciais para a Lilly. Todas as vagas devem ser comunicadas francamente à organização. Deve-se criar um mecanismo para incentivar os funcionários da empresa a recomendar candidatos para as vagas.

Com todas as ações, o departamento de RH irá diversificar e ampliar os canais para captar candidatos à empresa. Esse é o único modo possível de resolver o problema de talentos. Por outro lado, também é muito importante que a empresa retenha seus talentos. A taxa de rotatividade do setor é de 30%, embora a Lilly tenha uma taxa mais baixa. Considerando que 50% das pessoas que saíram em 2003 só permaneceram na empresa por um ano e meio, e que a empresa investiu muito em sua equipe, a questão da retenção é tão crucial quanto o recrutamento.

Várias coisas podem ser feitas:

• Melhorar o *status* do cargo de representante médico na empresa — o representante médico liga-se diretamente ao consumidor e traz negócios para a empresa. É crucial que cada um saiba disso e se orgulhe de seu trabalho. O RH deve ajudar os representantes médicos a entender seu valor para a empresa e a se orgulhar do que fazem.

- Orientação de carreira — o RH deve ajudar os representantes médicos a elaborar seu plano de desenvolvimento de carreira. As pessoas de alto potencial, além de promoções internas, devem obter mais chances para construir suas competências pessoais e ser mais competitivas no mercado. A empresa deve incentivar os representantes médicos com potenciais elevados a assumirem funções diferentes para fortalecer suas capacidades e experiência.
- Além de rotação de cargos e promoções, a Lilly também pode oferecer oportunidades de designação para trabalho no exterior. Esse é um outro modo efetivo de manter as pessoas boas na organização. Além de conseguir uma exposição mais ampla, o funcionário pode também trazer novo *know-how* e práticas de gerenciamento para a China, depois de terminar suas tarefas. Ao mesmo tempo, os países que receberem o funcionário transferido também podem se beneficiar com seu conhecimento e experiência.

Resumindo, para lidar com a crescente demanda por talentos e competir nessa guerra, o departamento de RH precisa trabalhar de modo inovador para encontrar novos talentos e mantê-los.

NOTAS

1. *Noiva em Fuga* é um filme em que uma mulher (Julia Roberts) abandona seguidamente os noivos no altar.

2. C. Barlett and S. Goshal, "What is a global manager?", *Harvard Business Review*, setembro/outubro, Vol. 70, Número 5, 1992, p. 124-132.

3. O modelo 3S foi apresentado em *Leadership Talent in Asia*, de Mick Bennet e Andrew Bell, Singapura, John Wiley & Sons, 2004.

4. Business Forum Asia, abril de 2004.

5. Este estudo de caso foi preparado por Jacqueline Zheng, gerente de RH da Eli Lilly China, e por Juan A. Fernandez, professor na CEIBS, para discussões em classe, e não para exemplificar modos efetivos ou não de lidar com uma situação administrativa. Alguns nomes e outras informações de identificação podem ter sido alterados para proteger a confidencialidade. Originalmente divulgado pela CEIBS, em 2005. Publicado com permissão.

6. O Intercontinental Marketing Services (IMS) é o principal fornecedor de inteligência de negócios e serviços de consultoria estratégica para os setores farmacêuticos e de cuidados de saúde.

7. Sidney Taurel, para todos os funcionários da Lilly em seu memorando sobre Liderança, em 2000.

Capítulo 3
Joint ventures: dançando o tango chinês

CONTEÚDO

Estudo de caso: Guangzhou Peugeot Automobile Co., Ltd.
Comentário 1: Per V. Jenster, PhD.
Comentário 2: Wei Joo Chai

Introdução

Joint venture ou empreendimento conjunto é como um casamento. Como disse o famoso escritor russo Leon Tolstoy, "as famílias felizes são todas iguais; cada família infeliz é infeliz a seu próprio modo". Mesmo as grandes empresas multinacionais às vezes sofrem com um casamento arranjado na China. O *Financial Times*, em 2002, fez um relato sobre a dolorosa *joint venture* (JV) da Pepsi Cola em Sichuan, a mais populosa província da China.[1]

Em 1994, a Sichuan Pepsi foi criada como uma das 14 JVs de engarrafamento da PepsiCo, na China. A PepsiCo tinha 27% da JV e três dos sete assentos no conselho de Administração. Hu Fengxian, o diretor da Sichuan Pepsi, acumulava três cargos importantes: presidente do conselho de administração, diretor administrativo e representante legal executivo. Graças às conexões e à perspicácia de negócios de Hu e de sua equipe, a JV foi um sucesso financeiro e superou a Coca-Cola em Sichuan.

No entanto, os sócios da Sichuan Pepsi pareciam ter objetivos diferentes, desde o princípio. A Sichuan Pepsi queria lançar suas próprias marcas de bebidas, algo que a PepsiCo não aprovava. Outro problema surgiu quando a Sichuan Pepsi começou a vender em áreas cobertas pelas outras engarrafadoras. A PepsiCo a multou. Além do mais, a propriedade do parceiro chinês mudou sem que a PepsiCo fosse consultada. Quando a PepsiCo solicitou a entrada na fábrica para inspecionar as contas, os guardas de segurança não o permitiram.

O episódio terminou em uma guerra de propaganda, um contra o outro, na mídia chinesa. A PepsiCo acusou seu parceiro de má administração, irregularidades financeiras e gastos exagerados dos executivos. O parceiro local contra-atacou com acusações de políticas de preços injustas, multas ilegais e até espionagem industrial. Por fim, a PepsiCo solicitou uma arbitragem internacional para romper a JV. A história parece perfeita para uma novela.

A experiência da PepsiCo, em Sichuan, pode ser um caso extremo de JV, na China, mas também fornece uma visão rara do ambiente institucional dinâmico e complexo do país. Os investidores estrangeiros, com frequência, lutam a fim de encontrar a fórmula certa para o sucesso na China. Nos primeiros anos da abertura econômica, ter um parceiro chinês era considerado parte da fórmula. Pode-se dizer que os investidores estrangeiros não tinham escolha, pois um parceiro chinês era, na maior parte das vezes, imposto pelo governo.

Essa situação inicial mudou fundamentalmente em anos recentes, em consequência da entrada da China na OMC (Organização Mundial do Comércio), em dezembro de 2001. As mudanças na legislação permitem mais escolhas e a experiência passada com as JVs reduziu significativamente a atração dos empreendimentos conjuntos. Cerca de 71% do total de empresas de investimento estrangeiro estabelecidas na China, em 2004, assumiram a forma de empresa totalmente estrangeira, o que mostra uma preferência crescente dos investidores estrangeiros por trabalhar sozinhos.

Na China, há mais facilidade em se tornar o único proprietário das operações locais, em virtude das mudanças normativas e da maior familiaridade dos estrangeiros com o ambiente de negócios. Agora, a maioria das vantagens que um parceiro chinês trazia para a JV — conexão com o governo, redes de distribuição, reconhecimento de marca, entre outras — pode ser obtida simplesmente comprando a empresa chinesa.

Em termos históricos, podemos identificar diversas fases durante os mais de 25 anos do processo de abertura do país. Nos anos 1980, a maioria das multinacionais não tinha escolha, a não ser entrar para o mercado na forma de JVs com um parceiro selecionado pelo governo — em geral, empresas estatais com problemas. Nesse período, havia um grande número de restrições normativas que impediam a operação de empresas totalmente estrangeiras.

A situação mudou nos anos 1990, quando as normas se tornaram mais abertas e permitiram que as empresas multinacionais operassem como empresas totalmente estrangeiras, em um número maior de setores. Durante esse período, a maioria das empresas multinacionais passou para um investimento de segunda geração em projetos de grande escala, operações de âmbito mundial e, em geral, sob a forma legal de empresas totalmente estrangeiras. Por último, depois de a China entrar na OMC, em dezembro de 2001, as normas permitiram ainda mais liberdade às empresas estrangeiras. Em anos mais recentes, os investidores estrangeiros acrescentaram as aquisições das empresas locais ao conjunto de opções para alcançar seus objetivos de crescimento na China.

De modo geral, a experiência das empresas multinacionais com as JVs tem sido mista. Basicamente, os empreendimentos conjuntos têm ganhado a má reputação de serem difíceis de gerenciar. As razões para isso incluem expectativas diferentes, avaliação exagerada da posição de mercado do parceiro e estilos de gerenciamento conflitantes. O risco de fracasso é ainda mais complicado na China devido ao relacionamento mutável entre o governo e as empresas. O ambiente institucional dominado pelo *guanxi* e a reforma econômica, caracterizada por "cruzar o rio sentindo cada pedra[2]" aumentaram o nível de incerteza e de risco do ambiente empresarial.

A fim de ser bem-sucedido em tal ambiente, é preciso estar preparado para confrontar o que os chineses, com uma expressão vívida, chamam de "o tigre e o dragão[3]". Os investidores estrangeiros não só têm de lidar com o parceiro local, mas também com uma miríade invisível de interesses investidos. O parceiro local, em alguns casos, é apenas um instrumento desses interesses maiores. Esses parceiros ocultos podem mudar suas prioridades, alterando os acordos iniciais e as expectativas da JV, alterando assim completamente a dinâmica da sociedade.

Um tipo de sócio oculto inclui as autoridades do governo local, que são, em geral, os chefes reais por trás do parceiro chinês. Em tal situação, o governo local pode usar seu poder para proteger a JV, proporcionando terrenos baratos, benefícios fiscais ou garantindo grandes pedidos. Por outro lado, ele pode controlar a indicação dos principais executivos, impor requisitos não razoáveis para a arrecadação de impostos locais e a criação de empregos, e até mesmo intervir secretamente na administração da JV.

O documento 3.1 retrata a interação complicada entre as diferentes partes em um empreendimento conjunto. O equivalente nominal aos investidores estrangeiros é o parceiro local. No entanto, o gerenciamento chinês, em geral, tem um forte *guanxi* com as autoridades locais e é, assim, capaz de controlar a sociedade usando esse poder, em caso de discordância. Nesse sentido, o gerenciamento chinês e as autoridades do governo local são como "tigres e dragões". Devido ao intenso *guanxi*, de modo geral, eles estão em posição de mudar as regras do jogo em seu favor. Se as autoridades locais e o gerenciamento local se sentirem negligenciados, irão se tornar uma grande fonte de problemas para o parceiro estrangeiro. Os investidores estrangeiros, a fim de se protegerem de tal imbroglio, precisam lidar não só com o parceiro local e o gerenciamento chinês da JV, mas também com as autoridades locais. Esse é um ato de equilíbrio de diversos interesses.

DOCUMENTO 3.1: REDE DE RELACIONAMENTOS

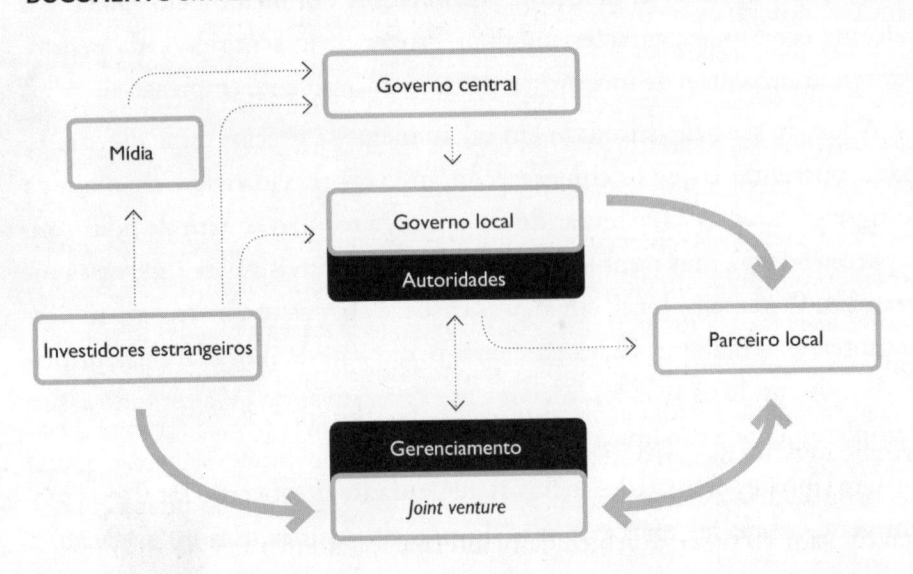

Como o título deste capítulo indica, gerenciar uma JV é como dançar o tango. Ambas as partes tentam dominar umas as outras, e é como uma luta contínua. No entanto, quando os dois bailarinos conseguem seguir a música, o resultado é uma bela dança.

As empresas multinacionais desfrutam relativamente de mais poder do que as pequenas e médias empresas, e, quando as condições mudam, podem alavancar seus recursos para influenciar a situação em seu favor. Por outro lado, as pequenas e médias empresas podem facilmente ser vítimas dessas situações voláteis, pois têm menos recursos com que defender. Nem mesmo o caminho da justiça oferece garantias suficientes. O sistema judiciário chinês ainda é imaturo demais para representar um sistema viável de proteção. Embora sua efetividade esteja aumentando, ainda há um longo caminho a percorrer antes de a China atingir o nível de proteção legal que predomina nos países desenvolvidos, nos quais a regra da lei é bem estabelecida. Além disso, a propriedade legal das empresas muitas vezes é definida de modo vago e, portanto, discutível. Como exemplo, mesmo hoje as pessoas ainda tentam adivinhar a propriedade real da Haier, o mais famoso fabricante de equipamentos domésticos na China.

Outro aspecto interessante é o jogo dinâmico entre os governos central e local. Enquanto o primeiro finge não ver inúmeras ações irregulares dos governos locais, pode se tornar extremamente duro quando alguns limites são cruzados. A estratégia inteligente por parte de uma JV é manter um relacionamento próximo com o governo local, mas sem irritar o governo central, o que não é um equilíbrio fácil de ser atingido.

As empresas estrangeiras devem estabelecer um meio efetivo de autoproteção, desde o início, ao entrar em uma sociedade com uma empresa local. Esses meios incluem uma posição majoritária no empreendimento conjunto, um contrato legal tão incontestável quanto possível, *guanxi* confiável com autoridades de alto escalão local e controle gerencial da JV, principalmente nas áreas de finanças e RH. É importante esclarecer quem é o proprietário verdadeiro do parceiro chinês. Outras medidas aconselháveis são: recorrer à arbitragem internacional em caso de disputas e criação de *guanxi* sólido com as autoridades do governo central. Como é fácil imaginar, a maioria dessas questões pode ser evitada com o estabelecimento de uma empresa totalmente estrangeira ou a aquisição de uma operadora chinesa.

Em caso de uma disputa, utilizar a influência da mídia também pode ser uma defesa muito efetiva. Na China, o governo e os tribunais são intensamente influenciados pelos relatos da mídia e pela opinião pública. Uma estratégia inteligente é se mostrar como vítima. Infelizmente, as empresas multinacionais correm o risco de serem retratadas como gigantes globais intimidando as humildes empresas locais, o que pode resultar em apoio e defesa da opinião pública para a empresa local, mesmo quando ela é a ofensora.

Como regra geral, o modo mais eficiente para lidar com um conflito de interesses na China é fazê-lo de maneira informal, criando e mantendo bons relacionamentos com as partes relevantes. O caminho legal é demorado, pouco confiável e pode prejudicar a imagem da empresa junto ao público. Na China, os tribunais são muito influenciados pelas autoridades governamentais e, em geral, protegem os "interesses nacionais". Assim, as empresas multinacionais podem ter poucas chances de vencer uma disputa, principalmente se não conseguirem fornecer provas concretas.

O perigo é que os investidores estrangeiros, muitas vezes, são iludidos pelas boas conexões do parceiro em potencial. O *guanxi* pode ajudar a *joint venture* a deslanchar, mas pode se voltar contra o parceiro estrangeiro, se as coisas não correrem conforme o esperado. A situação ideal é optar por um parceiro honesto e confiável. Mas essa não é uma tarefa fácil. O único método confiável é começar com alguém que você tenha certeza de ser honesto e que tenha comprovado isso ao lidar com você ou com pessoas que você conhece.

Levando em consideração a natureza dinâmica dos negócios, as empresas multinacionais precisam exercer o controle por meio da estruturação cuidadosa da operação da JV. Os termos do contrato devem permitir que a multinacional controle as decisões ligadas às questões cruciais, como preço de transferência, proteção de tecnologia, investimento e despesas, indicação dos principais executivos, e assim por diante. Os empreendimentos conjuntos devem ter uma cadeia de comando clara e um grau de autonomia suficiente em relação à empresa mãe. As empresas multinacionais também devem reavaliar constantemente suas políticas em relação aos seus parceiros locais, de acordo com as mudanças no ambiente empresarial. Se houver qualquer suspeita de transgressão, a multinacional deve agir rapidamente, antes que o parceiro reúna poder suficiente para colocá-la em uma situação difícil.

No entanto, seria injusto caracterizar todos os sócios parceiros como completamente indignos de confiança. Certamente, podemos dizer o mesmo de alguns investidores estrangeiros. Como um consultor nos disse, alguns investidores estrangeiros podem ter o mesmo tipo de problemas com um parceiro de qualquer outra nacionalidade ou mesmo de seu próprio país. Encontrar o parceiro certo não é uma tarefa fácil na China nem em outros lugares.

Como o estudo de caso seguinte nos mostra, as empresas estrangeiras nem sempre são vítimas, e nem todos os chineses são vilões. Às vezes, as *joint ventures* não são bem-sucedidas devido à miopia dos parceiros estrangeiros. A Peugeot teve um bom início, mas a situação começou a desandar, até perder uma oportunidade de ouro para obter uma posição firme no mercado de automóveis da China. Em 1985, a empresa estabeleceu um empreendimento conjunto no Sul da China, introduzindo seu sistema de gerenciamento, controlando as principais decisões e promovendo sua própria cultura empresarial. Eles até ensinaram francês aos empregados chineses. Antes de 1992, a JV obteve resultados positivos.

No entanto, com o aumento da concorrência, surgiram muitos problemas. A montadora francesa foi acusada de produzir modelos obsoletos de carros a um preço alto demais e com baixa qualidade, além de fornecer assistência técnica ruim. Em 1996, a produção caiu tanto que a montadora quase deixou de operar. A situação foi agravada por graves conflitos culturais e lutas internas, até que a JV finalmente acabou em divórcio.

Depois do estudo de caso, você encontrará dois comentários: um é de Per Jenster, professor de Administração na CEIBS; o outro é de Wei Joo Chai, gerente de fábrica, na Xangai Kerry Oils and Grains Industries Ltd. O primeiro comentário fornece uma análise reveladora das razões pelas quais a Guangzhou Peugeot não obteve sucesso, enquanto o segundo analisa do ponto de vista da estratégia de entrada e dos modos para alcançar a estratégia de sociedade.

Estudo de caso
GUANGZHOU PEUGEOT AUTOMOBILE CO., LTD.[4]

Em 1985, o sétimo ano da Abertura e Reforma da China, a Peugeot Citroën da França (PSA - Peugeot Sociedade Anônima) entrou nesse país, um mercado que se acreditava ter um potencial elevado. A Guangzhou Peugeot Automobile Company Ltd. (GPA) foi criada como uma *joint venture* entre a Peugeot e uma empresa estatal na província de Guangdong, a primeira "janela" da China para o exterior. O desempenho da GPA foi uma grande decepção. Ela produziu apenas 100 mil carros de 1985 a 1996, e as perdas acumuladas atingiram 2,9 bilhões de *yuans*. Em 1996, a GPA praticamente parara de produzir. Ironicamente, a Xangai Volkswagen Co., Ltd., uma das *joint ventures* da Volkswagen AG, estava alcançando um sucesso surpreendente. O parceiro local da GPA perdeu a paciência e ameaçou retirar-se da sociedade. Parecia que a distância entre os sonhos e a realidade podia ser enorme. O que a Peugeot devia fazer a seguir?

Peugeot

A Peugeot é um dos maiores fabricantes de automóveis na Europa e opera desde o século XIX; a Peugeot Elder Brothers Company foi fundada em 1810 e se especializou em pequenos acessórios de metal. O primeiro automóvel Peugeot foi produzido em 1889. Depois, ela se fundiu com a

Citroën para formar a PSA. A Peugeot produziu mais de 40 milhões de carros em mais de 100 anos, o que a transformou em uma das principais montadoras de automóveis do mundo.

Setor automobilístico na China

Logo após a criação da República Popular da China, o governo decidiu desenvolver o setor automobilístico. Em 1951, foi fundada a China First Auto Works (FAW). Apesar do modelo monótono de carro da época, a produção aumentou rapidamente de 1.654, em 1956, para 40 mil, em 1965, e para 135 mil, em 1975.

Depois da Reforma e Abertura da China, em 1978, o desenvolvimento do setor automobilístico acelerou-se. Depois de atingir uma produção de 200 mil, em 1980, a China começou a introduzir tecnologias avançadas e a permitir empreendimentos conjuntos com fabricantes estrangeiros de carros. Em 1983, a Beijing Jeep Co., Ltd. foi fundada pela Beijing Automobile Manufacturing Factory e pela American Motor Company, para fabricar jipes Cherokee. Em 1984, a Chang'an Machinery Factory e a Suzuki Motor Corporation entraram em acordo para produzir minicarros. No mesmo ano, a Xangai Automobile Corporation e a Volkswagen AG fundaram, em conjunto, a Xangai Volkswagen para produzir automóveis Santana. Enquanto isso, a Nanjing Automobile Corporation obteve a aprovação da Fiat para produzir veículos leves (ver Estudo de Caso – Documento 3.1). A Peugeot decidiu seguir o exemplo de seus pares internacionais.

O sistema de administração do setor automobilístico na China era muito complexo e o poder era compartilhado pela China Automobile Corporation, governos das províncias, ministérios e as empresas automobilísticas. Além disso, todos os grupos automobilísticos se reportavam à Comissão de Planejamento Estatal. Em 1993, o Departamento de Automóveis do Ministério do Setor Industrial foi estabelecido como o órgão normativo para o setor automobilístico.

ESTUDO DE CASO - DOCUMENTO 3.1: RESUMO DA HISTÓRIA DA INDÚSTRIA
AUTOMOBILÍSTICA NA CHINA (1949-1996)

- Em **março de 1951**, China First Auto Works foi criada, em Changchun.
- Em **julho de 1956**, o primeiro caminhão fabricado na China saiu da linha de montagem.
- Em **1967**, foi fundada a China Second Auto Works.
- Em **abril de 1983**, o primeiro Santana saiu da linha de montagem, em Xangai.
- Em **janeiro de 1984**, a Beijing Jeep Co., Ltd. foi fundada como um empreendimento conjunto entre a American Motor Company e a Beijing Auto Works.
- Em **maio de 1984**, a Chang'an Machinery Factory anunciou o lançamento dos minicarros da Suzuki Motor Corporation.
- Em **março de 1985**, foi fundada a Shanghai Volkswagen.
- Em **março de 1985**, a Nanjing Auto Corporation anunciou o lançamento do Iveco da Itália.
- Em **março de 1985**, o governo aprovou a fundação da GPA.
- Em **março de 1986**, a Tianjin Auto Corporation anunciou o lançamento do Xianli da Daihatsu Motor Co., Ltd.
- Em **agosto de 1987**, o conselho estatal especificou três bases de produção de carros — FAW, Second Auto Works e Shanghai.
- Em **maio de 1988**, a Golden Cup Auto Co., Ltd. foi fundada, em Shenyang.
- Em **setembro de 1988**, a China North Industry (Group) Co., Ltd. chegou a um acordo com a Daimler Benz em relação ao lançamento de carros pesados na China.
- Em **agosto de 1989**, o primeiro lote de automóveis Audi saiu da linha de montagem da FAW.
- Em **novembro de 1990**, a Volkswagen e a FAW anunciaram o estabelecimento de uma *joint venture* cuja meta de produção anual era de 150 mil carros, o maior empreendimento conjunto automobilístico até o momento.
- Em **dezembro de 1990**, a China Second Auto Works assinou um acordo com a Citroën para formar uma *joint venture* de automóveis na China.
- Em **abril de 1993**, a Jiangxi Isuzu Auto Co., Ltd. foi fundada, em Nanchang.

Guangzhou Peugeot

A Peugeot considerou a província de Guangdong um local ideal devido à sua localização próxima a Hong Kong e ao seu padrão de vida, que era o mais alto da China. Além disso, já havia muitas *joint ventures* nessa província. A grande distância de Beijing também era considerada uma vantagem que lhe daria mais independência em comparação às outras províncias. E o mais importante, o governo local estava ansioso para desenvolver o setor automobilístico.

A Peugeot estava entre as primeiras a negociar com a Guangzhou Municipal, a partir de 1980. Depois de uma longa e difícil negociação, a GPA foi finalmente criada, em setembro de 1985. A Peugeot e a BNP Paribas tinham respectivamente 22% e 8% do capital social da GPA. A Peugeot investiu suas tecnologias. A Guangzhou Auto Factory e a China International Trust and Investment Corporation (CITIC) tinham, respectivamente, 46% e 20% das ações. Os 4% restantes pertenciam à International Finance Corporation (IFC) (ver Estudo de Caso – Documento 3.2).

ESTUDO DE CASO - DOCUMENTO 3.2:
ESTRUTURA DE CAPITAL SOCIAL DA GUANGZHOU PEUGEOT

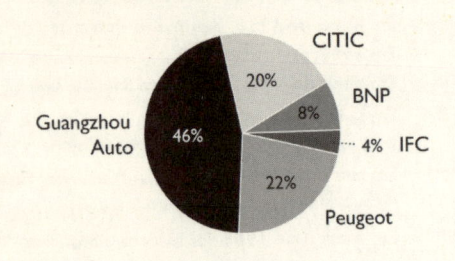

- Guangzhou Auto: 46%
- CITIC: 20%
- BNP: 8%
- IFC: 4%
- Peugeot: 22%

A Guangzhou Auto Factory era uma pequena fábrica estatal que se especializara na produção de carros de passageiros e que não tinha experiência na fabricação de sedans. A GPA devia produzir os modelos Peugeot 504 e 505 com uma meta de produção de 50 mil unidades. Conforme o acordo de 20 anos, a GPA seria administrada conjuntamente pelo Guangzhou Automobile Group e pela Peugeot. Em especial, o gerente geral seria indicado pela Peugeot até 1994. Além do mais, foi estipulado que, pelo menos, um dos dois gerentes de cada departamento devia ser indicado pela Peugeot e que ele teria direito a veto[5]. O acordo previa um investimento de 150 milhões de dólares e uma meta de produção de 15 mil veículos por ano, no primeiro estágio, e um investimento de 300 milhões de dólares e uma meta de produção de 45 mil veículos, no segundo estágio. Levando em consideração a forte posição de Guangdong, eles decidiram agir primeiro e informar depois[6]. Como resultado, a GPA não obteve a aprovação do governo central, a princípio. Só depois do estabelecimento da GPA é que Guandong informou o governo central.

Sucesso inicial

A GPA fez muito para aperfeiçoar o gerenciamento interno e tentou padronizar os procedimentos de trabalho por meio de um sistema de administração. Eles esclareceram as responsabilidades, direitos e remuneração para cada cargo. Muitos seminários e festas foram realizados para melhorar a comunicação entre os empregados estrangeiros e chineses. A empresa também tentou aumentar a satisfação dos funcionários, criando uma associação artística e esportiva para a equipe, construindo casas — que custaram 45,3 milhões de *yuans*[7] — para os empregados e aperfeiçoando os sistemas de convênio médico, de seguridade social, e assim por diante. A fim de melhorar as habilidades linguísticas dos empregados, a GPA matriculou os funcionários chineses em cursos de francês na universidade local, e criou cursos sobre a cultura francesa e a cultura da Peugeot. Além disso, parte da equipe principal foi enviada à Peugeot para receber treinamento.

A GPA produzia principalmente os modelos 504 e 505 da Peugeot e era uma das oito bases automobilísticas na China. A GPA começou a vender carros em 1989, e seu público-alvo eram os funcionários públicos de alto escalão e as empresas de táxi. O modelo 505 da Peugeot vendeu bem e seu volume de vendas pulou de 2.715, em 1987, para 20.404, em 1992, representando 16% do mercado doméstico. No auge, em 1992, os carros Peugeot eram tão populares que os interessados até tinham de comprá-los por meio de *guanxi*.[8]

Início dos problemas

As *joint ventures* são como casamentos, e, assim, os conflitos são inevitáveis. Mesmo no início, a Peugeot descobriu que os funcionários locais não tinham as habilidades necessárias, pois, em sua maioria, vinham da empresa estatal Guangzhou Automobile Factory. A GPA teve de enviar empregados chineses para a França ou franceses para a China a fim de treinar a equipe chinesa.

A exigência de uma taxa de conteúdo local parecia ser um obstáculo para a GPA. Conforme o acordo, a GPA devia aumentar essa taxa para 90% dentro de cinco anos. No entanto, a Peugeot descobriu que havia poucos fornecedores de peças qualificados e o governo de Guangdong proibia compras em outras províncias para proteger seus interesses. Por outro lado, os parceiros chineses acusavam a Peugeot de atrasar intencionalmente a localização para vender mais peças à GPA. O investimento total da Peugeot na GPA não ultrapassara 400 milhões de *yuans*, mas a receita da venda das peças atingia 4 bilhões de *yuans*.

Em 1992, irrompeu uma grave disputa. A Peugeot planejava importar os cilindros do motor da França, enquanto o parceiro chinês insistia em levantamento internacional de preços. Depois de uma discussão que durou 24 horas, eles finalmente decidiram comprar os produtos de uma empresa alemã. Esse acontecimento acabou com a confiança mútua. Uma pesquisa com a equipe da GPA revelou que:

> Todos os pesquisados pensam que o principal objetivo da Peugeot é obter lucros rapidamente. (...) As decisões dos gerentes franceses são míopes e seu foco é vender tecnologias, equipamentos e peças para a GPA. (...) Os gerentes chineses importam-se com o desenvolvimento de um setor automobilístico local e, assim, focam-se em aumentar a proporção de conteúdo local. (...)[9]

A Volkswagen estabeleceu os fornecedores de peças para a *joint venture* logo de início, mas a Peugeot agiu lentamente e a GPA dependeu de importações por um longo tempo. Outro fator desfavorável foi que o franco francês se valorizou em cerca de 110% em relação ao Renminbi, no fim dos anos 1980, aumentando significativamente o custo de importação. No início dos anos 1990, os carros Peugeot eram vendidos a 200 mil *yuans* por veículo, mais caro do que os 180 mil do Santana, seu principal rival.

Em 1992, a proporção de conteúdo local do Santana havia aumentado para 75%, enquanto a GPA só alcançou essa proporção em 1994. Em 1997, o carro mais barato da Peugeot custava 170 mil *yuans*, enquanto um Santana custava apenas 135 mil *yuans*. Em parte, devido à restrição às compras fora de Guangdong, a qualidade dos carros Peugot era baixa. Segundo a análise da imprensa financeira:

> O que está errado na GPA? Em primeiro lugar, a Peugeot controlava o empreendimento conjunto, embora só possuísse 22% das ações. Antes de 1994, a Peugeot não só indicava os gerentes-gerais, mas também controlava departamentos cruciais, como finanças e compras. Em resultado, o processo de localização da GPA tem sido lento e sua proporção de conteúdo local só atingiu 65% em 1994, o que significa alto custo de importação. É surpreendente que a remuneração total para cerca de 20 funcionários vindos da França seja de aproximadamente 50 milhões de *yuans*, o que quase iguala o total recebido pelos 3 mil funcionários chineses. Além do mais, a Peugeot só agiu assim em prol de seu interesse, e não no interesse do empreendimento conjunto.[10]

Nos bons e velhos tempos, a maioria dos lucros da GPA era distribuída sob a forma de dividendos. No entanto, a Xangai Volkswagen reinvestia seus lucros no aperfeiçoamento das instalações e tecnologias de produção, e teve sucesso na criação de um novo modelo de Santana 2000, em meados dos anos 1990, enquanto a GPA ainda se apegava ao velho modelo. O Peugeot 505 foi produzido pela primeira vez em 1978, como um produto da nova geração do Peugeot 504, e, obviamente, tornou-se pouco competitivo e obsoleto na China em meados dos anos 1990. O Peugeot tinha uma aparência menos imponente do que o Audi 100 da FAW, que era mais atraente para os funcionários públicos de alto escalão, que queriam se impor pela aparência (ver Estudo de Caso – Documento 3.3). Além do mais, o Peugeot não era ideal do ponto de vista dos taxistas devido ao seu elevado consumo de óleo.[11] Wu Yingqiao, um especialista do setor, disse: "Quando a GPA foi criada, a Peugeot estava passando por dificuldades no projeto de novos modelos. É natural que o Peugeot 505 seja pouco atraente".[12]

ESTUDO DE CASO - DOCUMENTO 3.3: PEUGEOT 505, SANTANA 2000 E AUDI 100

A GPA obteve menos apoio do governo local do que a Xangai Volkswagen. O governo de Xangai investiu cerca de 5 ou 6 bilhões de *yuans* para apoiar a Xangai Volkswagen, enquanto o apoio correspondente para a GPA não passou de 1 bilhão de *yuan*. Em Guangzhou, que era relativamente aberta e livre, o governo não queria pressionar os funcionários e as empresas a comprar os carros Peugeot, e quase todos os táxis eram Santana. Com o intento de evitar que a Tianjin Xiali entrasse no mercado de Xangai, o governo de lá fez exigências estritas em relação aos padrões de produção dos táxis, em 1996. A aparente vantagem de estar distante de Beijing havia se transformado em desvantagem porque o governo central dava pouco apoio à GPA. Em março de 1994, a Comissão de Planejamento Estatal emitiu a Política do Setor Automotivo, que declarou apoio às oito principais fabricantes de carros, isto é, às "Três Grandes", às "Três Pequenas" e às "Duas Mini"[13]. Embora o Guangzhou Automobile Group aparecesse na lista, a GPA não constava da lista do projeto que era apoiado pelo governo central. Um funcionário da GPA reclamou:

> A GPA ficou "órfã". No início dos anos 1980, Guanzhou foi considerada uma Cidade de Planejamento Isolado, que estava sob a jurisdição da Comissão de Planejamento Estatal, e não da província de Guandong. Durante o processo de negociação, os chineses descreveram Guanzhou dizendo que "o céu é alto e o imperador está distante", o que acabou se mostrando um obstáculo em vez de liberdade. Nessa época, a Comissão de Planejamento Estatal decidia cotas de peças importadas e produção de automóveis. A posição de Guanzhou como uma Cidade de Planejamento Isolado dificultou a obtenção de cotas suficientes do governo central. A GPA também parecia ter poucos parceiros úteis.[14]

O modelo de Marketing da GPA também era problemático. Em virtude da política governamental e do sistema da época, as vendas da GPA eram terceirizadas para uma empresa local independente. Assim, não era possível adotar o modelo de concessionárias que é comum nos mercados internacionais de veículos. É inacreditável, mas as pessoas do Norte da China tinham de viajar até Beijing para comprar carros Peugeot. Jia Xinguang, um especialista em automóveis, fez uma análise objetiva:

> A GPA produzia carros montando kits fornecidos completamente desmontados (CKD) e não tinha planos de longo prazo na China (...) O desempenho do carro Peugeot é ruim, mas o preço é mais alto

do que o do Santana. A Peugeot vendeu bem antes de 1992, quando havia um mercado de vendedores, mas não conseguiu manter o desempenho quando o mercado se tornou um mercado de compradores, em 1994. Além disso, a GPA era relativamente conservadora nas operações de Marketing e relutava em investir o suficiente na produção, na administração e no Marketing. Podemos dizer que estava fadada a fracassar.[15]

Zeng Qinghong, vice-gerente geral do antigo Guangzhou Passenger Car Group, acrescentou:

> Os produtos da GPA são bons e já foi até difícil comprar carros Peugeot. No entanto, o serviço de pós-venda, a qualidade, o controle de custos e as inovações no produto são ruins. Como um produto desses pode ser um sucesso de vendas?

Um artigo mencionou o Peugeot 505 e apontou alguns problemas de projeto:[16]

> Embora o desempenho do motor do Peugeot 505 fosse médio, seu chassi era bom, o que o tornava um dos poucos modelos que podiam atingir uma velocidade de mais de 160 quilômetros por hora na China, nessa época. No entanto, não existiam rodovias na China e as estradas em más condições inutilizavam essa vantagem. Além disso, o projeto do Peugeot 505 tinha um estilo muito europeu. Seu sistema de ar-condicionado era fraco demais, pois Guangdong era muito mais quente do que a França. Além do mais, seu sistema de circuito quebrava com facilidade em um ambiente tão úmido como Guangdong. O inexperiente parceiro chinês não conseguiu perceber esses problemas.
>
> Como o parceiro chinês não tinha experiência na fabricação de sedans e a indústria manufatureira em Guangdong ainda era incipiente,

o aumento da proporção de conteúdo local resultou na deterioração da qualidade dos carros da Peugeot. Os consumidores chineses descartaram o Peugeot 505 dois anos antes dos consumidores franceses, o que foi uma exceção na história do automóvel nos países em desenvolvimento.

Com a concordância do governo local, alguns fabricantes ilegais de carros destruíram a ordem do mercado de carros em Guangdong. Eles montavam automóveis com peças importadas e, na maioria, ilegais. Nos anos 1980, havia mais de 70 fabricantes ilegais de carros, com uma produção anual de menos de 100 carros cada. Embora o governo local anunciasse que havia fechado muitos deles, alguns fabricantes continuaram a produzir e a vender os mais novos modelos de carros estrangeiros, e abocanharam cerca de 10% do mercado de Guangdong.

Conflitos culturais

Conflitos culturais e conflitos de interesse em potencial também devem ser responsabilizados pelo declínio da GPA. Um ex-funcionário da GPA, que depois obteve um PhD. em gerenciamento estratégico na Universidade de Illinois, descreveu vividamente sua sensação na GPA.[17]

> A maioria dos chineses esforçou-se para aprender francês, mas os estrangeiros não aprenderam chinês. (...) O orgulho dos estrangeiros não existiu apenas no idioma, mas também nos outros aspectos do gerenciamento (...) Os gerentes franceses tendiam a ignorar os gerentes chineses, porque estes não conheciam as técnicas modernas de administração nem tinham experiência. Por isso, os franceses nem imaginavam que podiam aprender com os chineses.
>
> No entanto, os gerentes chineses, muitos dos quais eram pessoas poderosas e respeitadas antes de virem para a GPA, ficaram bravos com as maneiras dos gerentes franceses. Inevitavelmente, eles farão algo desfa-

vorável para a empresa, em segredo. (...) A empresa tampouco aprendeu com seus clientes. (...) No que dizia respeito aos automóveis Peugeot 504 e 505, as empresas de táxi consideravam que gastava combustível em demasia, e os funcionários do alto escalão do governo pensavam que não era imponente o bastante. Infelizmente, a GPA estava cega para essas queixas.

Uma pesquisa entre os gerentes e os empregados da GPA comprovou a grande divisão cultural:[18]

> Os franceses são estritos no trabalho e corajosos o suficiente para expressar (...) opiniões (...). Os empregados chineses são relativamente dados a insinuações e raramente falam de modo direto. Em resultado, os franceses dominavam a gerência da *joint venture* e os gerentes chineses sentiam-se postos de lado (...).
>
> A GPA transplantou a estrutura funcional em linha da Peuget, enfatizou a hierarquia e as divisões. O sistema da Peugeot era baseado em extensa experiência em mais de 20 países e exigia que os empregados obedecessem normas e padrões sem nenhuma exceção. Mas, na verdade, a maioria dos empregados chineses estava trabalhando em um ambiente não competitivo, e muitos deles eram negligentes e ignoravam as regras de tempos em tempos. (...) Assim, algumas tarefas não alcançaram os padrões da Peugeot. Por exemplo, algumas peças de automóveis deviam ser localizadas para cumprir a exigência de conteúdo local. No entanto, as peças locais não conseguiam cumprir os requisitos dos projetos da Peugeot. Isso provocou alguns erros operacionais e qualidade inferior. Os funcionários franceses ficaram bravos com isso, enquanto os funcionários chineses enfrentavam dificuldades que não eram fáceis de explicar. (...)
>
> O sistema da GPA era basicamente igual ao da Peugeot, e não combinava bem com a situação chinesa. Além do mais, as regras e os padrões não foram discutidos antes da implementação, e os funcionários chineses

mostraram-se resistentes a eles. A autoridade dos gerentes franceses apenas provocou mais resistência dos empregados chineses. Em resultado, os empregados chineses tentaram usar o jeito chinês, sempre que possível, e relutaram em ajudar os gerentes franceses a aperfeiçoarem o sistema.

O modo duro dos franceses acabou por provocar uma greve, porque os empregados chineses não podiam tolerar os insultos recebidos dos gerentes franceses[19].

Como demonstrado pela pesquisa, dois terços dos questionários e todos os entrevistados pensavam que os parceiros chineses e franceses haviam fracassado em alinhar seus objetivos de investimento. Vinte e sete por cento dos entrevistados mencionaram a enorme diferença de valor na *joint venture*; 67% dos entrevistados pensavam que a GPA não tinha valores corporativos claros. Em termos de decisões, 55% dos entrevistados apontaram que os estilos de decisão chineses eram diferentes dos estilos franceses. Embora fosse estipulado que as grandes decisões deveriam ser acordadas por ambos os lados, os gerentes franceses relutavam em negociar com os gerentes chineses.

Declínio

O período de lua de mel foi curto. A partir do segundo semestre de 1993, os estoques começaram a encalhar no mercado de carros da China. Os problemas com os carros Peugeot (como um modelo ultrapassado, má qualidade, elevado consumo de combustível, acessórios caros e serviço ruim) transformaram-nos em uma escolha ruim. Em 1993, foram vendidos apenas 16.763 carros Peugeot. Contudo, as vendas totais no mercado automobilístico da China aumentaram. Em 1994, a GPA produziu apenas 4.485 carros e 1.241 caminhões, e suas perdas atingiram aproximadamente 100 a 200 milhões de *yuans*. Enquanto isso, a produção da Xangai Volkswagen atingiu o novo pico de 100 mil. Embora a produção da GPA subisse para 7 mil, em 1995, suas perdas aumentaram para 320 milhões de *yuans*. Em contraste, a Xangai Volkswagen obteve um empolgante lucro de 2 bilhões de *yuans*, em 1995.

Em 1996, a produção da GPA reduziu-se a 2.544, enquanto a produção da Xangai Volkswagen subiu para 146 mil, o que correspondia a 50% do mercado de carros na China. Em virtude da aguda deterioração do *status* financeiro (ver Estudo de Caso – Documento 3.4), o ativo e o passivo da GPA eram respectivamente 3,05 bilhões e 3,04 bilhões de *yuans*, no final de 1996, o que significava que a empresa estava quase falida. Ironicamente, a GPA investiu 1,47 bilhão de *yuans* em instalações de produção de automóveis e 1,8 bilhão de *yuans* em 25 empresas de autopeças durante os dez anos de sua história, mas sua produção máxima foi de apenas 20 mil e a produção acumulada não superou os 100 mil.

ESTUDO DE CASO - DOCUMENTO 3.4: DADOS FINANCEIROS DA GPA (1992-1995)

Itens	1992	1993	1994	1995
Produção bruta (RMB '0,000)	196.153	256.540	69.998	101.266
Ativos fixos (RMB '0,000)	427.670	52.612	87.205	107.145
Receitas de vendas (RMB '0,000)	244.438	255.832	85.351	109.776
Lucro antes dos impostos (RMB 100 milhões)	2,97	3,03	0,98	n/a
Lucro depois dos impostos (RMB 100 milhões)	1,87	1,90	0,05	-3,21

Fonte: Vanhonacker, Wilfried R., "Guangzhou Peugeot Automobile Company Ltd.: Partnership Breakdown", INSEAD/CEIBS, 1999.

Hora de decidir

Esse não foi o primeiro fracasso pelo qual a província de Guangdong passou no desenvolvimento do setor automobilístico. Em 1989, a Panda Motors planejou investir um bilhão de dólares em Guangdong para construir uma fábrica voltada para exportação. Graças à sua falta de experiência na fabricação de carros, a Panda Motors foi apenas um instrumento da Igreja da Unificação para testar o mercado chinês, e fechou em 1996 sem produzir um único carro. Em 1995, a Mercedes-Benz decidiu abrir uma fábrica de minicarros, em Guangdong, e uma fábrica de motores para automóveis, em Hainan, que faz fronteira com Guandong. O investimento total perfazia 591 milhões de dólares, mas o plano acabou por ser deixado de lado devido a uma disputa entre os investidores ingleses e alemães.

Em 1992, os chineses começaram a negociar com os franceses em relação à terceira fase da GPA, que deveria atingir uma produção de 150 mil e custar 900 milhões de *yuans*. A Peugeot esperava investir suas tecnologias, mas os chineses achavam que isso não valia muito. A negociação chegou a um beco sem saída. Depois da situação ruim com a GPA, os chineses chegaram a duvidar se Guangzhou deveria até desenvolver um setor automobilístico. Mas o que se podia fazer com os altos custos e os mais de 2 mil empregados? Por fim, o governo de Guangzhou decidiu mudar o parceiro francês.

A Citroën, outra marca da PSA, também encontrou muitas frustrações em seu plano na China. Em 1987, iniciou um contato com a China Second Auto Works, que mais tarde veio a ser conhecida como Dongfeng Auto Co., Ltd., e obteve aprovação para criar uma *joint venture*, em 1989. Contudo, esse empreendimento conjunto, a Dongfeng Peugeot Citroën Automobile Co., Ltd., não produziu carros até 1996.

A Peugeot, obviamente, tinha opiniões diferentes a respeito das dificuldades da GPA. Um executivo da GPA reclamou:

> A Peugeot tinha apenas 22% de todas as ações e não poderia controlar as vendas.[20] Nessa época, tanto a quantidade de peças importadas quanto [o nível da] produção de carros eram controladas pela Comissão de Planejamento Estatal. Os conceitos chineses de consumo também eram diferentes dos conceitos franceses[21].
>
> Em outros países, as concessionárias podem combinar as funções de vendas, serviços de pós-venda, manutenção de carros, pesquisa de consumidores, e assim por diante, mas isso não pode ser implementado na China. Na verdade, não havia marketing na GPA. Não tínhamos ideia

do que os consumidores gostavam, do que precisavam ou do que reclamavam, nem de seu poder aquisitivo. O declínio da GPA parecia inevitável[22].

Vendo as conquistas admiráveis da Xangai Volkswagen, a Peugeot sentia muita amargura. Os fabricantes japoneses de carro não entraram na China por estarem preocupados com a pequena escala dos mercados automobilísticos chineses. Em meados dos anos 1990, a preocupação desapareceu. Assim que o governo de Guangzhou deu indicações de que novos sócios seriam bem recebidos, muitos dos principais fabricantes de carros, entre eles GM, Ford, BMW e Honda, se apresentaram. Como a Peugeot devia lidar com esse casamento infeliz?

Comentários de caso

COMENTÁRIO 1
PER V. JENSTER, PhD.
PROFESSOR DE ADMINISTRAÇÃO
CHINA EUROPE INTERNATIONAL BUSINESS SCHOOL
(CEIBS)

A entrada da Peugeot na China, em meados dos anos 1980, foi visionária e agressiva, e sua decisão de criar a *joint venture* Guangzhou Peugeot Automobile teve o objetivo de dar à empresa uma vantagem inicial. Em contraste, os fabricantes japoneses de carros mostraram uma visão mais pessimista do mercado automobilístico no país e da oportunidade de alcançar economias de escala sem conseguir desenvolver uma sólida infraestrutura de distribuição. Na realidade, a opção da Peugeot pela Guangzhou Auto Factory, controlada pelo governo de Guangzhou, mostrou-se falha por diversos motivos:

- Em primeiro lugar, a Guangzhou Auto Factory tinha pouca experiência na fabricação e no Marketing de Sedans, agregando assim valor limitado à *joint venture*;
- Em segundo lugar, nessa época, o governo central tinha controle significativo, e suas políticas tinham uma influência decisiva sobre o sucesso dos projetos automotivos;
- Em terceiro lugar, apesar de sua determinação em desenvolver a indústria automotiva local, a província de Guangdong não dispunha da infraestrutura necessária ao setor e o governo local relutava em apoiar o setor automotivo por meio de intervenções administrativas. Na verdade, se levarmos em consideração o relacionamento ruim da Peugeot com o governo local, provocado pela arrogância que os chineses percebiam nos franceses e por sua dureza na *joint venture*, o governo local naturalmente não tinha incentivo para oferecer mais apoio.

O declínio da Guangzhou Peugeot pode ser atribuído a muitos motivos, inclusive pouco conhecimento do mercado e projeto de produto, qualidade, preço, serviço e marketing inferiores. Porém, todos esses problemas eram decorrentes da má administração do empreendimento conjunto.

Embora as *joint ventures* tivessem algumas vantagens em relação às empresas locais, essas vantagens iniciais ocultavam os problemas subsequentes da administração dupla. Com o aumento da concorrência, esses problemas viriam à tona mais cedo ou mais tarde. Assim sendo, é razoável atribuir o fracasso da Guangzhou Peugeot aos seguintes motivos:

- A Peugeot relutou em localizar, como manifesto no incentivo apenas aos chineses para que aprendessem francês, no transplante do sistema da Peugeot sem fazer as adaptações necessárias e no fato de se ignorar os gerentes chineses, muito embora o parceiro chinês tivesse mais ações da *joint venture*;
- O empreendimento conjunto não criou sua própria missão, visão nem valores e cultura compartilhados, intensificando assim o clima interno hostil;
- A Peugeot não tinha um compromisso de longo prazo na *joint venture*, o que provocou comportamentos míopes como modelos de carros obsoletos, um taxa de pagamento de dividendos elevada e lucros de curto prazo ao vender peças para a *joint venture*;
- A Peugeot não respeitava seu parceiro local e destruiu a confiança mútua. Sem apoio dos gerentes e empregados chineses, os sistemas não podiam ser implementados de modo adequado. A atmosfera hostil dos trabalhadores chineses resultou em uma séria greve na qual o governo central chinês e o consultado francês precisaram intervir. Isso causou muito dano à imagem da Peugeot.

Em retrospecto, Saint-Geours, presidente da Peugeot, resumiu três lições para ser bem-sucedido na China. Ele acreditava em escolher uma grande empresa como parceira, em fornecer [os] mais novos e [mais] modernos modelos de automóvel, e em uma rede de vendas bem organizada.

Porém, existem lições muito mais amplas do que essas, e que incluem: respeitar o parceiro e a equipe locais; ter um compromisso de longo prazo e paciência; criar valores e uma visão para o empreendimento conjunto; manter um relacionamento sólido com o governo central; e, ainda mais importante, conhecer o mercado e os consumidores locais.

No processo de construção de confiança, a comunicação eficaz e os benefício mútuos são muito importantes. A fim de conhecer bem seu futuro parceiro, é preciso obter o máximo possível de informações, inclusive a licença para funcionamento, folhetos, representante legal, concorrência no setor e prêmios que a empresa recebeu. Em especial, uma visita ao local é obrigatória para obter informações confiáveis. Deve-se tentar observar as atitudes dos funcionários e conversar com os gerentes, desde os escalões mais baixos até os mais altos.

Os chineses também tinham muito a aprender. Em primeiro lugar, a deixar participação acionária suficiente para o parceiro estrangeiro de modo a tornar o empreendimento interessante o bastante e evitar conflitos de interesse em potencial. Em segundo lugar, insistir em poderes iguais ou, pelo menos, no poder necessário para se proteger. Em terceiro lugar, construir uma visão de confiança e compromisso. Por fim, mas ainda mais importante, escolher um parceiro qualificado que tenha força, motivação, compromisso e disposição para investir.

Além disso, é importante pesquisar para identificar os fatores ligados a cultura, informações e rede de contatos, pois são fatores cruciais para o sucesso. Deve-se atentar para os detalhes a seguir.

Fatores culturais:
- desenvolvimento de relações interpessoais;
- familiarizar-se com o processo de negociação chinês;
- compreender o processo de pensamento chinês;
- aprender os estilos de administração tradicionais chineses;

+ conhecer os critérios chineses para avaliação dos funcionários e do trabalho.

Fatores relacionados a informações e a rede de contatos:
+ comunicação efetiva com empresas chinesas em outros países;
+ comunicação efetiva dentro da China;
+ obter, de modo eficiente e legal, informações sobre os negócios e o setor na China;
+ recrutar localmente o pessoal técnico;
+ desenvolver contatos regulares com os órgãos do governo chinês;
+ compreender as políticas governamentais chinesas;
+ compreender as relações entre os sócios chineses e os órgãos governamentais correspondentes;
+ reconhecer a autoridade real (ou os indivíduos encarregados da tomada de decisões) nas organizações e nos órgãos governamentais locais da China.

Em abril de 1996, o governo de Guangzhou decidiu trocar o sócio na Guangzhou Peugeot Automobile Co., Ltd. O governo de Guangzhou havia se tornado mais cauteloso na escolha do novo parceiro e listou 19 condições. Os concorrentes pela oportunidade incluíam BMW, Benz, Fiat, Opel, Hyundai e Honda. Em maio de 1998, o governo de Guangzhou e a Honda criaram uma *joint venture*, a Guangzhou Honda, que se transformou em um sucesso surpreendente.

A Guangzhou Honda era muito eficiente e apenas cinco meses depois de sua criação o primeiro carro saiu da linha de montagem. Além disso, A Guangzhou Honda gastou apenas um pouco menos de 200 milhões de dólares para criar instalações com uma produção de 30 mil veículos por ano. O primeiro modelo de carro da Guangzhou Honda foi o Accord, que havia sido um grande sucesso de vendas nos Estados Unidos durante os seis anos anteriores. Apesar do grande fracasso da Guangzhou Peugeot, o governo de Guangzhou finalmente transformou seu sonho em realidade por meio de sua cooperação com a Honda.

COMENTÁRIO 2
WEI JOO CHAI
GERENTE DE FÁBRICA
XANGAI KERRY OILS AND GRAINS INDUSTRIES LTD.

A Peugeot foi um dos primeiros fabricantes estrangeiros de carros a entrar no setor automotivo da China, em um momento em que a produção de automóveis no país estava aumentando rapidamente. Porém, ela não alcançou o mesmo sucesso que seu concorrente, a Volkswagen AG, que entrou nesse país mais ou menos na mesma época. Ela perdeu a oportunidade de estabelecer uma base sólida no mercado chinês, apesar de sua entrada anterior à da concorrência. Antes de decidir o que fazer a seguir, a Peugeot tem de examinar o que deu errado entre 1985 e 1996.

À primeira vista, as causas do fracasso do empreendimento conjunto com o governo local de Guangzhou parecem ser muito evidentes: modelos de carros que não supriam a demanda do mercado, baixa qualidade, falta de bons fornecedores locais de peças e marketing ruim. Mas esses são apenas os sintomas dos problemas. Duas questões fundamentais que deveriam ter sido abordadas eram uma estratégia de entrada e sinergia na sociedade.

Estratégia de entrada

Objetivo estratégico - Em primeiro lugar, a Peugeot tinha de ser clara quanto ao seu objetivo estratégico, ao entrar no mercado de automóveis chinês. Era um objetivo de curto prazo para obter lucro com o investimento de tecnologia e a venda de peças? Ou a empresa realmente considerava a China um mercado estrategicamente importante, com um grande potencial de crescimento?

Não temos como saber qual era a intenção da empresa, a partir do estudo de caso, mas suas ações e seus comportamentos indicam que, provavelmente, seria a primeira alternativa. A Peugeot investiu 22% na *joint venture* sob a forma de tecnologia, mas o gerente geral e pelo menos um ou dois gerentes de cada departamento eram indicados pela Peugeot. O processo de localização da equipe de gerenciamento foi lento. O compromisso da Peugeot em termos de investimento, localização da equipe, lançamento de modelos novos e uso de novas tecnologias, e o desenvolvimento de um parceiro local de componentes, não corroboram a seriedade no estabelecimento de uma base de longo prazo no mercado chinês.

Modo de entrada - Existe uma gama de opções de entrada em um novo mercado. Um extremo do envolvimento seria um compromisso de investimento mínimo como um parceiro comercial sob a forma de fornecedor, consultor, e assim por diante. No outro extremo, existe pleno compromisso em termos de investimento no capital social. Entre ambos existem diversas formas, que incluem um acordo contratual, sociedade ou investimento de capital em uma *joint venture*. Nesse caso, um contrato de *joint venture* parece ser adequado para obter certa participação acionária para uma base de produção na China. No contexto legal, não é possível que tal investimento aconteça sem a sociedade com um governo local.

Escolha do parceiro - É fácil comentar em retrospecto que talvez a Peugeot devesse ter ido para Xangai onde o governo fornecia mais apoio e estava mais comprometido em desenvolver um setor automobilístico local. Ou talvez a Peugeot devesse ter esperado pela aprovação do governo central antes de fechar o acordo, pois, no complicado sistema de administração do setor automotivo na China, era importante obter apoio de todos os envolvidos.

A segunda observação é válida. Mas, em relação à primeira observação, ninguém poderia saber, a princípio, o quanto o governo local iria se comprometer. A Peugeot tinha um motivo válido para escolher Guangzhou como sua base de entrada, tendo em vista sua economia próspera e a vontade do governo local em desenvolver o setor. A questão principal é o gerenciamento de um relacionamento de parceria, que será discutido a seguir.

Sinergia na sociedade

Objetivos mútuos - Parecia haver uma falta de consenso em termos dos objetivos mútuos do empreendimento conjunto. O governo local de Guangzhou esperava que, por meio da parceria com uma grande empresa estrangeira, pudesse acelerar o desenvolvimento do setor automobilístico local. Se a intenção estratégica da Peugeot fosse estabelecer uma presença forte e de longo prazo na China, as duas partes poderiam ter identificado objetivos mútuos que resultariam em uma situação ganha-ganha, conforme descrição a seguir:

- Introdução de tecnologia aperfeiçoada para obter vantagem competitiva no mercado. Isso incluiria tecnologia de fabricação para aumentar a eficiência e a qualidade, e tecnologia para aumentar a funcionalidade dos carros;
- Crescimento rápido da participação no mercado com os produtos certos, canais de distribuição e Marketing que se complementassem, apoio adequado de um parceiro local, e assim por diante;
- Desenvolvimento de fortes parceiros locais no fornecimento de peças;
- Localização de uma equipe de gerenciamento.

Os objetivos anteriores não foram expressos nas ações de ambos os parceiros. Os modelos de carros lançados não eram atraentes para os compradores. O consumo de combustível era alto, o ar-condicionado era fraco e a aparência não era imponente o bastante para os funcionários do alto escalão do governo. A qualidade do carro também era mais baixa do que o esperado. Devido ao lento processo de localização, a *joint venture* desenvolveu poucos fornecedores de peças locais, fortes. Isso aumentou os custos e também afetou a qualidade do carro. Os parceiros locais não forneciam apoio suficiente ao empreendimento em termos de Marketing e vendas. Não havia nenhum incentivo para que os departamentos do governo e as empresas de táxi dessem prioridade aos carros produzidos pelo empreendimento. A agência de Marketing indicada pelo sócio local era ineficiente e a Peugeot não tinha controle sobre as vendas. Não havia integração na equipe de gerenciamento entre os gerentes estrangeiros e locais.

Confiança - Durante os anos do empreendimento conjunto, os parceiros não conseguiram construir confiança. Os gerentes franceses tendiam a ignorar os gerentes chineses, porque eles não conheciam as técnicas modernas de administração nem tinham experiência. Além disso, os franceses não tomaram a iniciativa de conhecer a cultura local. Esses fatores não ajudam a construir confiança.

A empresa esforçou-se bastante para aumentar o bem-estar da equipe e a satisfação dos funcionários, e incentivou os funcionários locais a aprender a língua e a cultura francesas. Aumentar a satisfação da equipe não é o mesmo que construir confiança, o que requer comunicação franca e trabalho em equipe na direção de objetivos comuns. Os gerentes franceses eram percebidos como arrogantes e distantes pelos gerentes chineses. O sistema da GPA era basicamente igual ao da Peugeot, e foi implementado sem que a equipe local fosse consultada. Também havia conflitos no estilo de gerência. Os franceses são mais francos e diretos em seu estilo de comunicação, enquanto os chineses preferem um modo mais indireto de expressar opiniões. Tudo isso contribuiu para decisões abaixo do ótimo, pois os gerentes locais não estavam dispostos a apontar que algumas decisões não eram adequadas no contexto local. Em alguns casos, os gerentes locais até fizeram secretamente algo prejudicial à empresa. A consequência foi um círculo vicioso de suspeita e desconfiança dentro da empresa.

A partir dessa discussão, não é difícil perceber que as sementes do fracasso foram plantadas na *joint venture* desde o início. Compromisso insuficiente, ausência de alinhamento nos objetivos e manuseio inadequado das relações mútuas não só deixaram de trazer a sinergia pretendida entre os dois parceiros, mas também trouxeram dano real ao empreendimento, como evidenciado por uma série de erros e de decisões equivocadas.

Seguindo em frente

Era difícil demais reverter os mais de dez anos de relações infelizes e desconfiança entre os dois parceiros. A Peugeot precisa aprender com os erros passados para acertar nos empreendimentos futuros com outros parceiros locais. Precisa observar o seguinte:

- O compromisso deve ser compatível com seu objetivo estratégico de longo prazo, em termos de transferência de tecnologia, de desenvolvimento de novos modelos, de reinvestimento de lucros, e assim por diante;
- Deve-se buscar a aprovação de todas as partes relevantes nos primeiros estágios;
- Os dois parceiros devem conversar seriamente a respeito dos objetivos do empreendimento a fim de se certificar de que sejam aceitáveis para os dois lados;
- O próximo passo é uma discussão mais detalhada de como alcançar os objetivos, e a criação de um cronograma;
- A Peugeot precisa ser mais sensível à cultura local e se esforçar para cultivar a confiança desde o princípio;
- A discussão franca e a integração da equipe de gerenciamento devem ser enfatizadas. Todos na equipe de gerenciamento devem ter a oportunidade de se envolver em discussões e no processo de tomada de decisões gerenciais;
- O processo de localização, em termos da equipe de gerenciamento e dos fornecedores locais de peças, deve ser considerado prioritário. Isso deve ser demonstrado por atos.

> Como ocorre em qualquer empresa, uma *joint venture* precisa funcionar como uma equipe para obter sucesso, e tem de ser uma organização integrada. Em termos simples, não há como um empreendimento ser bem-sucedido, se as duas equipes servirem aos interesses separados de cada uma. Nesse caso, o resultado é uma situação perde-perde, muito distante do efeito de sinergia que se buscava.

NOTAS

1. Richard McGregor, "Bad Blood in Beverage Land", *FT.com*, Londres, 1º de outubro de 2002, p. 1.

2. "Cruzar o rio sentindo cada pedra" refere-se à política de Deng Xiaoping de levar adiante as reformas econômicas de modo lento e pragmático.

3. "O tigre agachado e o dragão oculto" é uma expressão usada pelos chineses para descrever as pessoas que parecem comuns, mas que, na verdade, são excelentes lutadoras de Kung fu. Essa expressão inspirou o título do filme dirigido por Ang Lee e vencedor do Oscar *O tigre e o dragão*.

4. Este caso foi preparado pelo dr. Shengjun Liu, sob a supervisão do professor Juan A. Fernandez da CEIBS, como base para uma discussão em aula, e não para exemplificar a gestão eficaz ou ineficaz de uma situação administrativa. Alguns nomes e outras informações de identificação podem ter sido alterados para proteger a confidencialidade. Originalmente publicado pela CEIBS, em 2004. Publicado com permissão.

5. No que diz respeito à Xangai Volkswagen, cada sócio indicou cinco membros do conselho de administração e o sócio chinês indicou o presidente para o mesmo conselho.

6. Na China, o governo central dava atenção ao planejamento geral do país, mas o governo local cuidava apenas de garantir o crescimento da economia local. Assim, o governo local muitas vezes impedia a intervenção do governo central, agindo primeiro e informando depois.

7. Renminbi (RMB), literalmente "o dinheiro do povo", é a moeda oficial da China. A unidade básica da moeda é o *yuan*. Em 2004, US$ 1 valia aproximadamente 8,26 *yuans*.

8. A tradução literal de *guanxi* é "relacionamento", mas seu significado é muito mais amplo do que isso. É um sistema semiformal de cultivar e manter relacionamentos lucrativos (especialmente nos negócios) ao dar e receber favores. O *guanxi* amplia-se em mais *guanxi* do mesmo modo que redes de contatos em negócios são formadas nos Estados Unidos, exceto que é quase impossível que estranhos consigam desenvolver *guanxi* por si mesmos. Em vez disso, algum tipo de relacionamento tem de existir antes de o *guanxi* "formal" (a troca de favores, mesmo que esse favor seja simplesmente retornar um telefonema) ser criado. (Fonte: Eloise Kendy, "China Communiqué: 'Guanxi' and groundwater", *Queen City News*, 11 de dezembro de 2002.)

9. Li Ye, et al., "A Survey on the Cross-culture Management in Guangzhou Peugeot", *Journal of South China Polytechnic University*, 1998.

10. Ma Henghai, "A View on the Crisis and Future of China's Auto Industry: Lessons from the Exit of Peugeot", *Auto and Parts*, 1997, p. 15.

11. Os governos e as empresas representavam respectivamente 58% e 24% do mercado automobilístico chinês; as famílias tinham poder aquisitivo limitado.

12. Zhou Guangjun, "Peugeot, the Once Failure, Come Back Again", *Beijing Entertainment Newspaper*, abril de 2004.

13. As "Três Grandes" refere-se a First Auto Works, Second Auto Works e Xangai Volkswagen; as "Três Pequenas" refere-se a Tianjin Auto, Beijing Auto e Guangzhou Automobile Group; e as "Duas Mini" refere-se a Guizhou Yunque e Chang'an Auto.

14. Ge Xiao, "My Days at Guangzhou Peugeot", *Bund Pictorial*, 1º de maio de 2003.

15. Yang Mingwei, "Will Guangzhou Honda Become Another Guangzhou Peugeot?", *China Economy Times*, 14 de maio de 2001.

16. Ye Hong, "A Strange Evergreen Tree: The History of Peugeot 505", *Auto Fans*, 3 de abril de 2004.

17. Ge Xiao, "My Days at Guangzhou Peugeot", *Bund Pictorial*, 1º de maio de 2003.

18. A pesquisa entrevistou dez gerentes de nível médio, enviou 40 questionários e recebeu 33 deles.

19. Li Ye, et al., "A Survey on the Cross-culture Management in Guangzhou Peugeot", *Journal of South China Polytechnic University*, 1998.

20. A Volkswagen tinha 50% das ações da Xangai Volkswagen.

21. Wang Danni, "Interview With President of Peugeot China: Come Back After Six Years, Make History Experience", *GD-HK Information Daily*, 14 de dezembro de 2003.

22. Wang Zheng, "Peugeot Come Back With Priority on Marketing". *People's Daily*, 4 de agosto de 2003.

Capítulo 4
Lidando com a sede: a arte do malabarismo

CONTEÚDO

Estudo de caso: Picanol China
Comentário 1: Willem P. Burgers
Comentário 2: Hans-Peter Bouvard
Comentário 3: Gary An

Introdução

Seria uma missão impossível propor um modelo geral sobre como organizar as operações internacionais, válido para todos os tipos de empresa. Cada uma tem suas próprias características, dependendo da natureza de seus negócios, de sua estratégia global, sua história, cultura, tamanho e área geográfica, sem falar no tipo próprio de liderança. Além de tudo isso, as organizações têm de se adaptar de modo dinâmico ao ambiente mutável de negócios. Isso requer a modificação esporádica de suas estruturas.

O projeto da organização nunca pode ser perfeito; mesmo que funcione bem sob algumas condições, a natureza dinâmica do ambiente e do crescimento interno torna-a menos eficiente com o tempo. Múltiplas unidades de negócios, em combinação com zonas geográficas diferentes, transformam esse projeto em um desafio constante. Além disso, o trabalho suave e eficiente entre as diferentes partes da organização depende não só de seus sistemas e de seu projeto, mas também da qualidade de sua liderança.

Em uma organização global com diversos negócios, existem quatro protagonistas que interagem uns com os outros, com frequência, conforme representado no Documento 4.1.

A principal tarefa dos gerentes de negócios é coordenar as atividades de seus negócios por meio das diferentes áreas geográficas em que operam. Isso implica identificar oportunidades de negócios e alcançar eficiência e competitividade em escala global. O gerente funcional deve alcançar economias de escala ao centralizar algumas funções, como RH e Finanças, e, ao mesmo tempo, deixar algum grau de autonomia a cada país e unidade de negócios, para que possam se adaptar às diferentes condições jurídicas e de mercado do local onde se situam. Os gerentes nacionais concentram-se nas necessidades de seus mercados locais, no relacionamento sólido com o governo do país e em coordenar as atividades das diferentes empresas em sua área de influência. Por último, o gerente corporativo deve equilibrar as necessidades dos três protagonistas já mencionados, alocar recursos e identificar oportunidades e riscos entre fronteiras e entre empresas.

DOCUMENTO 4.1: OS QUATRO PROTAGONISTAS

```
   Gerente nacional          Gerente funcional
            ↘             ↙
              Gerente
             corporativo
                ↕
          Gerente de
            negócios
```

A análise da complexidade dessa rede de relacionamentos está além do propósito desta introdução. Em vez disso, vamos nos concentrar em dois dos protagonistas: gerentes corporativo e gerente nacional.

```
Gerente nacional  ⟷  Gerente corporativo
```

O gerente corporativo

A principal responsabilidade do gerente corporativo é agregar valor às diferentes unidades de negócios e regiões. As pessoas na sede podem estar ocupadas visitando operações em diversos países e preparando planos estratégicos, mas, no final, toda a atividade é inútil, se não agregar valor a essas operações. Para tanto, a sede deve fazer algo que as diversas unidades não podem fazer sozinhas.

Kenichi Ohmae[1] declarou:

> Para muitas empresas — até mesmo, ou talvez especialmente, para as que têm décadas de experiência internacional —, tem sido difícil ir além da forma da organização multinacional dominada pela sede. Os hábitos são persistentes, afinal de contas, era na sede que as decisões cruciais eram tomadas; a sede era o centro do universo. As subsidiárias locais podiam estar mais próximas dos clientes, mas eram consideradas cidadãos de segunda classe. E ele conclui:
> Ninguém imagina que a sede devia servi-los".

Às vezes, a sede encontra um pouco de dificuldade para concretizar essa mudança de mentalidade, que exige a passagem de chefia à parceria, ou até mesmo a assistentes que ajudam as diversas unidades nacionais. Um perigo indicado por Ohmae é o impulso que a sede tem de gerenciar pela média, isto é, de negligenciar as diferenças entre as regiões do mundo e aplicar soluções padronizadas a todas. Sem dúvida, a sede tem um importante papel ao coordenar e estabelecer a direção geral da empresa, mas também é crucial que ouça e apoie as unidades nacionais.

Para evitar esse problema, os gerentes corporativos devem desenvolver uma compreensão ampla dos fatores cruciais de sucesso de cada unidade de negócio em sua organização. Uma matriz que não entenda os fatores cruciais de sucesso em um negócio provavelmente irá destruir o valor em vez de criá-lo.

Assim, os gerentes corporativos devem identificá-los e, em resultado, reconhecer as oportunidades para agregar valor às operações em seu país. Algumas formas de fazer isso são as seguintes:

- listando os principais desafios confrontados pelos negócios;
- examinando cada desafio para ver se contém uma oportunidade para a matriz;
- documentando quais influências a matriz tem sobre os negócios e se elas estão abordando as oportunidades para a matriz.

Os gerentes corporativos devem intervir de modo a criar as condições para parceria e cooperação entre as unidades de negócios. É frequente que os gerentes das unidades de negócios concorram entre si por recursos, reconhecimento e, em última instância, promoção. Eles respondem a essa pressão envolvendo-se em comportamentos egoístas, agindo como barões que buscam favores do rei. Os gerentes corporativos, portanto, devem incentivar a interação no grupo dos executivos seniores. Comunicação melhor e trabalho em equipe aliviam a tensão, obrigando-os a lidar uns com os outros, cara a cara, ampliando as oportunidades para que conversem e aprendam uns com os outros.

Os executivos corporativos também devem gerenciar os conflitos políticos entre as unidades de negócios, usando sua autoridade para oferecer melhores soluções de um modo que nenhum outro executivo regional ou de unidade de negócios pode. Eles também devem ser capazes de vincular as atividades das diferentes partes da empresa de modo que sigam a estratégia geral.

Quais ações podem ser iniciadas no escritório central? Algumas sugestões:

- recrutar e promover pessoas em diferentes países;
- promover rodízio internacional e caminhos de carreira;
- desenvolver habilidades de gerenciamento internacional, facilitando programas de treinamento com pessoas das diferentes regiões;
- usar equipes formadas com indivíduos de divisões e localizações diferentes;
- criar centros de competência em nível internacional;
- estabelecer sistemas de comunicação não só com o centro, mas também lateralmente entre as diferentes partes da organização;
- aumentar a diversidade da gerência de alto escalão, incluindo diferentes nacionalidades;
- aumentar a diversidade do conselho de diretores, incorporando membros internacionais;
- enviar as pessoas mais capazes para o local em que está a ação crucial. Depois de cumprir sua tarefa, essas pessoas podem voltar para a sede com a experiência que obtiveram.

Algumas empresas estabeleceram conselhos de diretores do país para avaliar a gerência local, ajudar as unidades a responder mais rapidamente às condições locais, auxiliar no planejamento estratégico da região e supervisionar a conduta ética da unidade. Eles também podem indicar um presidente do conselho de administração local, que pode ajudar na integração com a comunidade e com o sistema político local.

O gerente nacional

O papel do gerente nacional, especialmente em um país do tamanho da China, é muito similar ao papel do CEO corporativo. A China possui tamanho continental em área e em população.

O diagrama a seguir é uma representação da rede de relacionamentos da qual o gerente nacional faz parte. O tipo de relacionamento é diferente, dependendo da empresa. Em organizações de matrizes mais complexas, o número de linhas pode aumentar exponencialmente, transformando qualquer decisão em um processo lento e tortuoso.

DOCUMENTO 4.2: LIGAÇÕES DO GERENTE NACIONAL

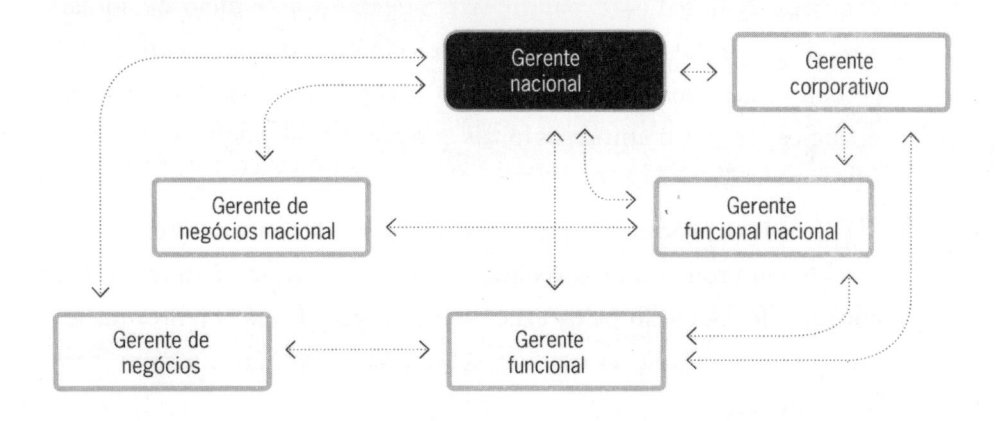

De modo geral, o gerente nacional precisa interpretar as informações locais e transmiti-las à sede. Outra condição importante é que ele esteja imbuído na cultura corporativa e consiga transmiti-la às unidades sob sua supervisão. Também deve ter influência e assertividade suficientes para defender a unidade do país na sede, a fim de que sejam feitas as adaptações necessárias na estratégia corporativa, quando executada em suas áreas de responsabilidade.

John A. Quelch e Helen Bloom[2] identificaram diversos papéis do gerente nacional:

1 Relações com o governo: como as empresas multinacionais estendem suas atividades cada vez a mais países, elas têm de lidar com muitos tipos diferentes de governo;

2 Consumidores locais: o gerente nacional deve responder ao desejo crescente dos consumidores locais por atenção personalizada;

3 Concorrência local: os gerentes nacionais precisam de poder de decisão em escala local não somente para concorrer com sucesso com outras multinacionais, mas também para evitar que a empresa seja ultrapassada por ágeis rivais locais;

4 Aquisições e *joint ventures*: as multinacionais estão respondendo à competição global ao expandir suas operações por meio de aquisições de empresas locais e pelo estabelecimento de *joint ventures*. Os gerentes nacionais têm um importante papel no desenvolvimento de negócios: procurar empresas locais que possam ser adquiridas e identificar parceiros promissores;

5 Ideias: novos produtos e práticas recomendadas são, em geral, criados em campo pelas pessoas que observam e ouvem atentamente os consumidores, e não pelos executivos da sede. Bons gerentes nacionais criam as condições que incentivam os funcionários a apresentar ideias novas;

6 Eficiência organizacional: os gerentes nacionais, muitas vezes, precisam equilibrar produto, função e geografia para obter uma operação suave e eficácia da empresa em suas regiões de influência.

Em termos muito gerais, podemos dizer que o papel do gerente nacional pode variar, dependendo do estágio de desenvolvimento das operações da empresa. No estágio inicial, ele age como um empreendedor e tem de ser capaz de entender os mercados locais, gerar ideias e aproveitar as oportunidades. Nesse estágio, normalmente age de forma autônoma, dentro das diretrizes gerais recebidas da sede. No estágio de crescimento, os gerentes nacionais devem combinar o espírito empreendedor do estágio inicial com as habilidades de um administrador. Eles devem ser capazes de implementar os sistemas e a estrutura para que a organização cresça. Por último, quando as operações da empresa estão bem estabelecidas, o papel deles muda novamente. Transformam-se em um sócio estratégico do escritório central com voz ativa na estratégia executada na região sob sua responsabilidade.

Os três estágios podem ser realizados pela mesma pessoa, se ela tiver a flexibilidade necessária para crescer com as operações da empresa. Porém, o escritório central pode decidir enviar executivos com as qualidades de gerenciamento que combinem com um estágio específico do desenvolvimento de suas operações chinesas.

Como já mencionamos, flexibilidade e adaptação são importantes para um relacionamento sólido entre a sede e a subsidiária. Na China, a flexibilidade é especialmente importante devido à sua diferença significativa em relação à cultura ocidental, ao ambiente institucional em rápida mutação, bem como ao imenso tamanho de seu mercado. Como diz um ditado chinês, "um general pode desconsiderar as ordens do imperador quando está no campo de batalha". A lógica subjacente encontra-se nas informações assimétricas entre a sede e a subsidiária.

No seguinte estudo de caso da Picanol, você terá a oportunidade de entender a situação difícil de muitos gerentes estrangeiros. A Picanol foi fundada como um empreendimento familiar, em 1936. Ela fabrica equipamentos de tecelagem para a indústria têxtil e sua sede fica na Bélgica. Depois das mudanças na estratégia corporativa, implantadas pelo novo CEO, a Picanol China está confrontando grandes desafios para replanejar sua estrutura organizacional. O caso traça o desenvolvimento da nova organização e do novo sistema de RH, juntamente com os problemas que se seguiram. Ele também discute como um gerente estrangeiro trabalha com a sede da empresa e os empregados locais. O caso descreve a história da Picanol e da empresa sob a direção do novo CEO, que introduziu uma nova estrutura de unidade de negócios. A Picanol China, sob o comando de Hans, um gerente estrangeiro, confronta o dilema entre implementar rigidamente a nova estrutura ou ser mais flexível.

Depois do caso, você encontrará três comentários: o primeiro é de Willem Burgers, professor de Marketing e Estratégia na CEIBS; o segundo é de Hans-Peter Bouvard, diretor de desenvolvimento de negócios da Northern Asa Reichle + De-Massari Fas East (Pte) Ltd.; e o terceiro é de Gary An, gerente geral da Amphenol East Asia Electronic Technology (Shenzhen) Co., Ltd., e da Amphenol Commercial Products (Chengdu) Co., Ltd. As observações apresentam uma análise sólida do dilema que o protagonista enfrenta, os prós e contras das diferentes soluções, além da estratégia para lidar com o desafio.

Estudo de caso
PICANOL CHINA[3]

"**Este será um grande desafio!**" Hans de Gusseme, gerente geral da Picanol Sales & Services China, fechou a porta de seu escritório. Por trás das paredes de vidro, todos podiam ver que seus pensamentos eram sérios. Tinha acabado de ler um grande pacote enviado pelo novo CEO da empresa, Jan Coene, no qual detalhava sua estratégia para Picanol e apresentava uma estrutura organizacional radicalmente diferente. Hans de Gusseme havia esperado grandes mudanças por parte de Coene, mas nunca imaginara um projeto organizacional tão inovador. Ele estava um pouco empolgado, mas também muito preocupado; questionava se o novo projeto iria funcionar no mercado chinês. Será que o novo projeto causaria grandes perturbações ao seu negócio?

Picanol N.V.[4]

A Picanol é uma importante designer e fabricante de máquinas de tecelagem de alto desempenho para o setor têxtil, cuja sede ficava em Ieper, Bélgica. Tinha filiais nos Estados Unidos, Ásia e Europa. Desde 1968, a empresa participava da Bolsa de Valores de Bruxelas e depois da Euronext. Em 2000, fabricava 6 mil máquinas por ano e havia 80 mil máquinas de tecelagem Picanol em 2.600 fábricas em todo o mundo (ver as máquinas de tecelagem Picanol no Estudo de Caso – Documento 4.1). Mais de 2.100 pessoas trabalhavam para a Picanol em todo o mundo, em 2002.

A Picanol foi fundada pela família Steverlynck, em 1935, e sempre permaneceu sob seu controle. Passou por um significativo desenvolvimento tecnológico e por uma rápida expansão de mercado nos 40 anos da administração de Emmanuel Steverlynck, um homem de personalidade forte que administrava a Picanol sozinho. Em 1986, seu filho Patrick Steverlyck tornou-se presidente e CEO da empresa (ver o Apêndice para uma história detalhada da administração da Picanol). O setor têxtil estava amadurecendo. Os fabricantes de máquinas de tecelagem enfrentavam um ambiente repleto de desafios para continuar a operar. Muitos passaram por fusões e aquisições para sobreviver. Apesar do ambiente adverso, Patrick tinha a visão de "transformar a Picanol no melhor grupo têxtil".

Na época em que Patrick assumiu o controle, a Picanol ainda era essencialmente uma empresa familiar.

A família Steverlynck, como a maior acionista, tomava a maioria das decisões de operação. Inicialmente, Patrick contratou dois gerentes gerais, com o objetivo de iniciar a administração profissional na Picanol. A empresa usava um design funcional típico de muitas pequenas e médias empresas em sua organização (ver o organograma no Estudo de Caso – Documento 4.2). Um gerente geral era responsável pela área "Técnica" — negócios relacionados com Pesquisa & Desenvolvimento e produção —, enquanto o outro gerente geral controlava a "Economia". Conforme a empresa crescia, cada grupo funcional ficava maior. Isso afetou a agilidade da Picanol, resultando em respostas mais lentas às necessidades e às mudanças dos negócios. A estrutura organizacional baseada em função tornou-a ineficiente ao lidar com necessidades de mercado cada vez mais complexas.

GUIA DO EMPREENDEDOR ESTRANGEIRO NA CHINA: Casos de Sucesso

ESTUDO DE CASO - DOCUMENTO 4.1: AS MÁQUINAS DE TECELAGEM DA PICANOL

Em 2000, Patrick comunicou aos acionistas que desejava ampliar a gama de negócios da Picanol de modo a romper a natureza cíclica do negócio de equipamentos. Isso provocou muita preocupação entre os acionistas. Eles questionaram se a diversificação seria uma estratégia viável e se a liderança da organização estava preparada para uma tarefa tão exigente. Enquanto isso, a Picanol continuou a ser uma empresa tradicional em termos de administração. A alta gerência era composta principalmente por flamengos, que trabalhavam na empresa há bastante tempo. Patrick percebeu que a gerência existente não estava capacitada para alcançar sua visão, e decidiu contratar alguém que tivesse um histórico de sucesso em gerenciar uma organização global diversificada. Em março de 2001, Coene tornou-se o novo presidente e CEO, enquanto Patrick continuou como presidente do conselho de administração.

ESTUDO DE CASO - DOCUMENTO 4.2: ORGANOGRAMA DA PICANOL N.V. ANTES DE JAN COENE

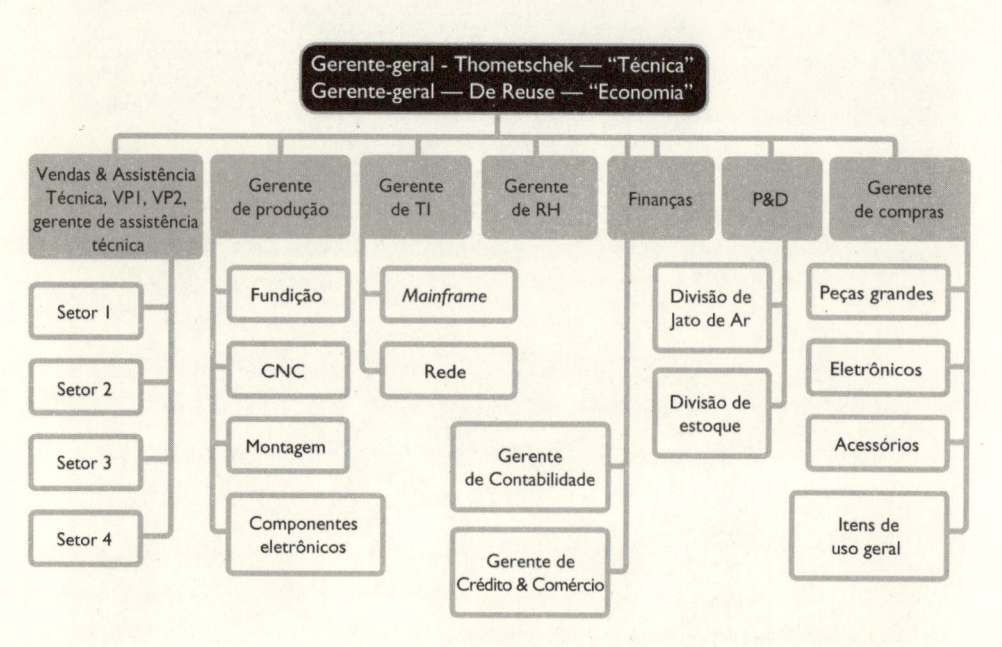

```
                    ┌─────────────────────────────────────────────┐
                    │ Gerente-geral - Thometschek — "Técnica"     │
                    │ Gerente-geral — De Reuse — "Economia"       │
                    └─────────────────────────────────────────────┘
```

Vendas & Assistência Técnica, VP1, VP2, gerente de assistência técnica	Gerente de produção	Gerente de TI	Gerente de RH	Finanças	P&D	Gerente de compras
Setor 1	Fundição	Mainframe		Divisão de Jato de Ar		Peças grandes
Setor 2	CNC	Rede				Eletrônicos
Setor 3	Montagem		Gerente de Contabilidade	Divisão de estoque		Acessórios
Setor 4	Componentes eletrônicos		Gerente de Crédito & Comércio			Itens de uso geral

A Picanol N.V. sob o novo CEO[5]

Coene trabalhou como presidente e CEO da ABB Service Worldwide por quase dez anos antes de assumir o cargo na Picanol. Juntamente com Patrick Steverlynck, ele estabeleceu que a Picanol adotaria uma estratégia de três pontos: "Governança Corporativa", "Sucesso junto aos Clientes" e "Crescimento Lucrativo". Coene introduziu uma nova estrutura de unidade de negócios para deixar a empresa menos hierarquizada (ver Estudo de Caso – Documento 4.3). As unidades de negócios eram orientadas para os clientes e construídas tendo em vista os diversos mercados têxteis. Ele queria que a Picanol operasse "mais perto de seus clientes para poder entender ainda melhor as necessidades deles e, depois, usar esse conhecimento como base para gerar novos produtos, sistemas e soluções completas. Essas soluções completas" deveriam "ajudar a suavizar a natureza usualmente cíclica do setor".

ESTUDO DE CASO - DOCUMENTO 4.3: A NOVA ESTRUTURA ORGANIZACIONAL CRIADA POR JAN COENE PARA A PICANOL N.V.

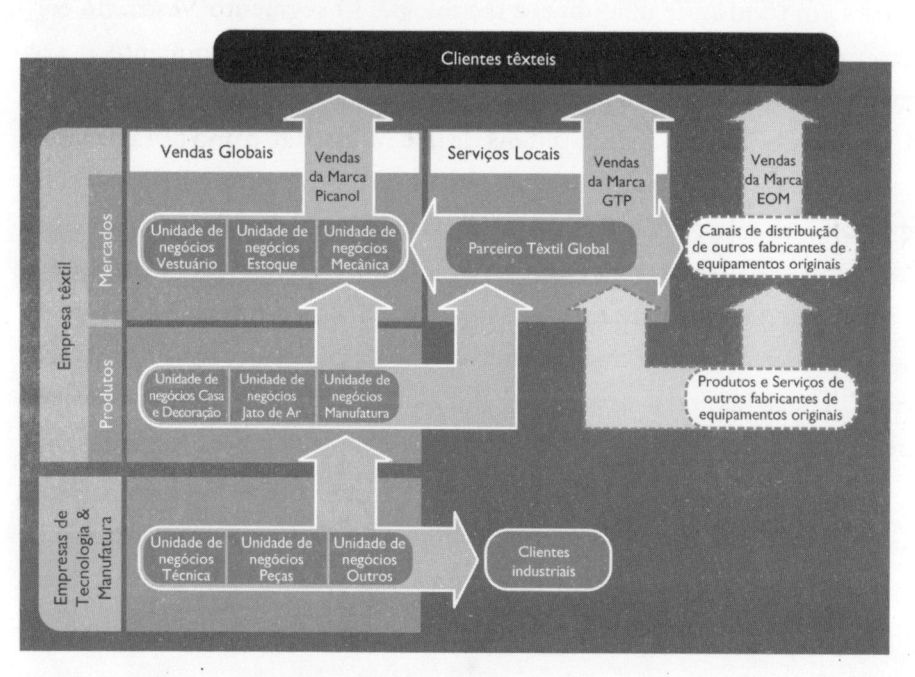

Nessa nova estrutura, cada unidade de negócios operava independentemente e era responsável por sua contabilidade de lucros e perdas. "O volume em si mesmo não é mais um objetivo. Visamos basicamente ao lucro antes de crescimento", disse Coene. "A Picanol deve desenvolver tecnologias e serviços voltados para o mercado e que capitalizem necessidades específicas dos clientes, como a atualização das máquinas existentes nas instalações dos clientes, controle de tecelagens, consultoria e atividades similares." O alto nível de autonomia garantia que as unidades de negócios permanecessem ágeis no mercado que mudava rapidamente. A operação em pequena escala tornava os custos mais transparentes e explícitos. Em áreas com potenciais significativos de sinergia, foi criada a função de *champion* para facilitar a cooperação entre as unidades de negócios.

As unidades de negócios Vestuário, Casa e Decoração, e Técnica voltavam-se principalmente a marketing e vendas. Nas vendas de máquinas de tecelagem, o entendimento dos detalhes técnicos e o conhecimento específico do setor eram cruciais. Portanto, o marketing foi organizado tendo como base os três segmentos de clientes, que tinham necessidades diferentes em termos de máquinas e tecnologia. O segmento Vestuário concentrava-se principalmente em têxteis para vestuário, enquanto o segmento Casa e Decoração operava com têxteis residenciais e para decoração. O segmento Técnica abarcava itens de uso industrial, como fibra de vidro, tecidos *cord*, tecidos automotivos, *airbag*, roupas de proteção, gaze, paraquedas, e assim por diante. Cada uma das três unidades de negócios tinha um gerente de Marketing e um especialista em tecnologia que trabalhavam juntos na *Ieper* para fornecer suporte individual e focado no segmento, como consultoria técnica, fornecimento de cotações e apoio à manufatura. Todas as três operavam globalmente para suprir as diversas necessidades dos clientes.

A unidade de negócios Global Textile Partner (GTP — Parceiro Têxtil Global) era a única que operava localmente e visava ao oferecimento de soluções de serviço completas aos clientes. Isso podia incluir o fornecimento de produtos e serviços de outros fabricantes de equipamentos originais.

As outras três unidades de negócios — Estoque, Jato de Ar e Peças — eram unidades de desenvolvimento de produtos e de fabricação que operavam globalmente. Eram os fornecedores internos para as três unidades de negócios de marketing e para a GTP. Cada unidade de negócios era especializada em uma tecnologia específica, e era responsável por fabricar as máquinas que suprissem as necessidades dos clientes. Por fim, Mecatrônica, Manufatura e Proferro eram unidades de negócios que funcionavam como fornecedores para as três unidades de negócios de produção e para outros clientes.

Coene considerava que o RH era crucial para seu sucesso. A estrutura de unidades de negócios, além de sua justificativa comercial, tinha também o objetivo de criar um ambiente de empreendedorismo. Sua meta era estimular os empregados a agir de modo orientado para resultados e a ter senso de responsabilidade. Coene contratou um executivo de recursos (CRO) para transformar os RH em um grupo plenamente funcional. Esse executivo criou um conjunto de procedimentos sofisticados para orientar a seleção, o treinamento e o desenvolvimento, e também a avaliação de desempenho e a promoção dos empregados.

Coene também reconheceu que sua equipe de administração não era diversificada. O perfil tradicional da Picanol era o de um engenheiro belga. Coene comentou que precisava incluir mais mulheres e pessoas oriundas de outros países. Por esse motivo, a Picanol criou o programa "Mentor Reverso", que buscava ativamente empregados que não se encaixavam no perfil típico para trabalhar de perto com um membro da equipe de administração. Os empregados eram incentivados a questionar os padrões enraizados da Picanol e a oferecer novos modos de pensar. Com esse esforço, a Picanol visava transformar-se em "uma entidade multicultural em todo o mundo, nos diversos departamentos e em todos os escalões".

Em termos de controle financeiro, Coene indicou um novo executivo financeiro (CFO). O departamento financeiro desenvolveu alguns instrumentos para ajudar as unidades de negócios a monitorar mensalmente seu desempenho. O quadro financeiro media o desempenho puramente financeiro, como a receita e o lucro líquido. O *Balanced Scorecard* continha cerca de 20 parâmetros para avaliar o desempenho que não podia ser medido diretamente, em termos de euros. Todas as medidas eram objetivas e baseadas em fatos. Os exemplos incluíam a taxa atingida de cotações ou se cada empregado gerara uma nova ideia. O departamento financeiro também introduziu gradativamente as normas IAS (International Accounting Stardards), com o objetivo de usá-las no relatório externo, em 2004. Como parte da estratégia de "governância corporativa", muita atenção foi dada ao relatório financeiro externo para fornecer em tempo hábil informações qualitativas aos acionistas.

Coene também criou o "Código de Ética" da Picanol. "A ética é realmente o mais importante ao fazer negócios. Ela determina o modo como tratamos os outros." Segundo Coene, uma boa ética corporativa leva à alta qualidade. "Qualidade não significa apenas obter todo tipo de certificado, mas também se refere ao modo com que se atende ao telefone ou recebe alguém." Além disso, Coene também formalizou uma série de linhas de ação que orientavam as atividades de P&D, qualidade, gerência de fornecedores, meio ambiente e questões de saúde e segurança. Todas essas linhas de ação foram publicadas no *Manual de Políticas* da empresa, fornecendo diretrizes claras a serem seguidas por gerentes e funcionários.

Apesar de todas as mudanças e interrupções provocadas pela reorganização, o desempenho financeiro da Picanol foi bom. Em 2001, o primeiro ano em que Coene comandou a empresa, a Picanol N.V. registrou um movimento de vendas de 402,6 milhões de euros e um lucro líquido de 11,6 milhões de euros. O movimento de vendas e o lucro aumentaram, respectivamente, 21,6% e 51,7% em relação ao ano 2000.

Picanol N.V. na China

Como a maioria das empresas estrangeiras, a Picanol só estabeleceu operações na China no início dos anos 1980, quando o país abriu suas portas para o mundo. Inicialmente, todos os negócios eram feitos por meio da "China Textile Machine Trade Corporation" (Corporação de Comércio de Máquinas Têxteis da China), em Beijing, um órgão do governo que controlava centralmente a quantidade e o preço das compras. Nessa época, a maioria dos setores ainda se encontrava sob o sistema de economia de planejamento central. Inicialmente, a Picanol enviou apenas algumas pessoas para efetuarem vendas ao órgão do governo. Mas as condições dos negócios mudaram no final dos anos 1980. A China abriu as portas para as empresas estrangeiras e acabou com muitos órgãos centrais. A Picanol descobriu que seria preciso contatar diretamente as tecelagens, que chegavam a centenas de milhares no setor têxtil chinês.

O setor têxtil sempre havia sido importante na economia chinesa. Segundo dados públicos e internos da Picanol, havia cerca de 20.800 empresas que empregavam 7,6 milhões de pessoas no setor têxtil da China, em 2001. O setor registrou 67 bilhões de dólares de receita em 2001, dos quais 53 bilhões vinham de exportações, o que transformava a China no maior fabricante e exportador mundial de têxteis e vestuário. As exportações de têxteis representavam 15% do volume total de exportações em dólares, em 2001. Esperava-se que o acesso da China à OMC desse um novo impulso ao setor têxtil. Em 2005, os membros da OMC liberaram todas as cotas de mercadorias têxteis da China. Esperava-se que o setor crescesse 375% depois de seu acesso à OMC. A Picanol tinha consciência do grande potencial do mercado chinês e decidiu investir pesadamente no país.

No final dos anos 1980, a Picanol começou a usar distribuidores situados em Hong Kong para vender no mercado chinês. Ela também criou um Posto de Assistência Técnica em Xangai que fornecia apoio técnico, treinamento e peças de reposição para os clientes na China. Mas o volume de negócios logo cresceu o bastante para justificar a abertura de escritórios de representação. Em 1992, a Picanol estabeleceu escritórios de vendas em Beijing e em Guangzhou. O terceiro escritório de vendas foi aberto em Xangai, em 1996. Os três escritórios formavam a Picanol China e mantiveram cerca de 15 funcionários durante vários anos. A Picanol designou um gerente geral nacional para supervisionar as atividades de venda e de serviços, que, desde 1999, é Hans de Gusseme. A venda de máquinas na China passa por ciclos, como ocorre no resto do mundo, mas as vendas têm mantido uma tendência de crescimento rápido. A taxa composta de crescimento anual de 1999 a 2002 foi de 173% (ver Estudo de Caso – Documento 4.4).

ESTUDO DE CASO - DOCUMENTO 4.4:
VENDAS DA PICANOL CHINA (1999-2002)

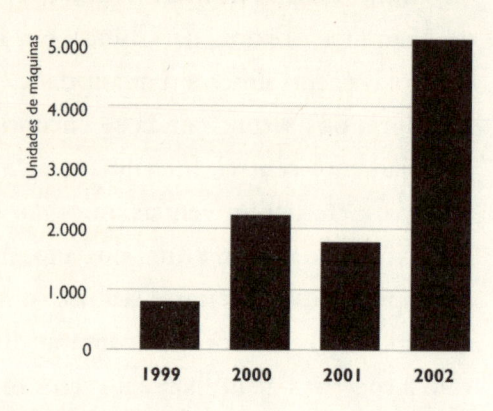

A Picanol Suzhou Textile Works (PST) foi a primeira instalação fabril da Picanol no exterior e foi aberta em 1994. Situava-se em Suzhou, uma cidade 130 km ao norte de Xangai. Muitas empresas estrangeiras criaram instalações fabris em Suzhou devido à sua mão de obra com alto nível educacional, à proximidade de Xangai e aos incentivos do governo local. A PST foi construída para se antecipar às mudanças da política de ausência de impostos da China sobre as máquinas têxteis importadas. A fábrica também diminuiu os custos de produção dos modelos Picanol de modo que pudessem competir com os produtos nacionais de baixo preço. Por esse motivo, a PST produziu apenas modelos mais simples e baratos para suprir os segmentos inferiores. Os modelos de alta tecnologia ainda eram produzidos na Bélgica. A PST empregava cerca de 200 funcionários e era dirigida por Wang Jicheng, que passara oito anos em P&D na sede da Picanol na Bélgica.

Hans de Gusseme

Hans de Gusseme formou-se na Universidade de Ghent, na Bélgica, em 1991, como engenheiro eletrônico. Depois da formatura, ele trabalhou como gerente global de vendas para uma empresa eletrônica durante quatro anos.

Nesse período, de Gusseme viajou para 46 países. Entrou para a Picanol em 1996 e tornou-se o diretor gerente da unidade da empresa na Turquia. Em 1999, foi transferido para a China como gerente geral de vendas e assistência técnica.

Tendo ocupado cargos de gerente em diversos países, Hans de Gusseme comentou sobre essa sua experiência. Como europeu, de Gusseme colocava muita ênfase no trabalho em equipe:

> É preciso ter bom relacionamento com os membros da equipe e criar um bom espírito de equipe, se quiser fazer algo na Europa. As pessoas gostam de ter autonomia e flexibilidade. Quando você lhes atribui determinada tarefa, as pessoas costumam ser confiáveis e cumprir os prazos. É preciso confiar nas pessoas e lhes dar muito espaço para fazerem o trabalho. As pessoas ficarão desmotivadas, se você as pressionar demais.

De Gusseme passou mais de três anos na Turquia. Foi lá que ele teve sua primeira experiência internacional em um cargo de gerência. O estilo de administração era bem diferente:

> A cultura na Turquia é mais hierárquica do que na Europa; as pessoas esperam receber ordens. É preciso ser mais autoritário para ser eficaz e a supervisão precisa ser bem mais próxima. Por exemplo, eu tinha de controlar a programação de viagem dos vendedores. Caso contrário, sempre havia a possibilidade de eles fazerem a viagem por questões pessoais em vez de irem a negócios da Picanol. Ter um emprego era algo necessário para eles, mas não era sua prioridade de vida. Algumas vezes eu tive até de ensinar os vendedores a se comportarem diante dos clientes. Minha experiência na Turquia é que a comunicação cara a cara com os funcionários é crucial. É preciso estar por perto para que eles sintam a pressão e a urgência de fazer seu trabalho. Mas é preciso ser

absolutamente correto e conhecer seus limites. Ser autoritário não significa desrespeitá-los.

Antes de chegar à China, de Gusseme esperava encontrar empregados "obedientes e submissos". Como muitos ocidentais, ele tinha alguns estereótipos dos orientais. Mas ele teve uma surpresa. Os funcionários chineses importavam-se com o desempenho da empresa e não hesitavam em dar sugestões construtivas à gerência. Eles eram automotivados e gostavam de ter autonomia; possuíam conhecimentos valiosos sobre as peculiaridades do mercado da China. Orgulhavam-se desse conhecimento e desejavam que ele fosse reconhecido. "Eles são recursos valiosos e podem ajudá-lo de muitas formas. Mas é preciso primeiro ganhar sua confiança e seu respeito."

De Gusseme fez um grande esforço para entender os trabalhadores chineses. Quando chegou à China, fez rondas de vendas e acompanhou os vendedores chineses para aprender com eles. "O *guanxi*[6] é muito importante na China. Não só é preciso ter bom *guanxi* com os clientes, mas também construir *guanxi* com seus empregados."

De Gusseme também estava preocupado com a comunicação. Seus conhecimentos do idioma chinês, em suas próprias palavras, estavam no "nível de sobrevivência". Embora os empregados chineses que trabalham em empresas ocidentais costumem ter bons conhecimentos de inglês, a comunicação precisa e eficiente em um idioma estrangeiro ainda é um desafio para muitos. Devido a diferenças culturais, seu estilo de comunicação também podia ser diferente. Por exemplo, um belga em *Ieper* sentiu-se ofendido por uma curta mensagem de *e-mail* enviada por um funcionário chinês. O destinatário esperava uma resposta detalhada e considerou a mensagem breve uma irresponsabilidade. Mas os chineses simplesmente não entendiam o problema. "Os chineses não estão acostumados a fazer muitas perguntas, mesmo quando não entendem; você precisa sondá-los ativamente e esclarecer de imediato as ambiguidades." Assim que entendeu o estilo chinês e ganhou a confiança dos empregados, de Gusseme descobriu que podia se comunicar com seus funcionários de modo efetivo em inglês. "Depois de trabalhar de perto com o mesmo grupo de pessoas por algum tempo, algumas vezes existe compreensão mútua sem necessidade de palavras."

Outro grande desafio que de Gusseme enfrentou foi entender os mercados locais e o modo como os negócios eram feitos. Ganhar a confiança dos clientes era tão crucial na China quanto em qualquer outro lugar. Mas o problema era que existiam marcas demais para cada categoria de produto, e muito poucas haviam conseguido tornar-se conhecidas e confiáveis em todo o país. Além disso, não havia transparência nos preços, e diversos distribuidores e agentes podiam estar envolvidos no processo de venda. Devido à falta de clareza no mercado, os clientes voltavam-se para as relações pessoais em busca de confiança. A comunidade de negócios era formada ao redor de vários "laços" firmes estabelecidos entre pessoas da mesma região geográfica ou setor. Um vendedor tinha de passar muito tempo construindo essas redes de relacionamentos. De Gusseme descobriu que a importância das relações pessoais era incomumente grande no ambiente empresarial da China.

Empregados chineses na Picanol China

Os funcionários chineses vinham de diversas áreas. Por exemplo, um dos engenheiros de vendas fora um professor assistente de mecânica em um colégio têxtil, e estava na empresa desde a criação do escritório de Xangai. Outro engenheiro de vendas estudou comércio e economia, trabalhou como um agente para a empresa de distribuição de Hong Kong que a Picanol usava, no final dos anos 1980 e no início dos 1990, e foi convidado a trabalhar na Picanol China. A maioria dos vendedores na Picanol China estava na empresa há bastante tempo, em geral há mais de seis anos. A idade média dos vendedores era de 40 anos.

De modo geral, as pessoas gostavam da estabilidade da empresa e da simplicidade de uma operação relativamente pequena na China. Os funcionários estavam bem adaptados às suas posições. Demorava bastante para que um vendedor construísse uma base sólida de conhecimento técnico sobre as máquinas de tecelagem específicas e demorava ainda mais para construir uma rede de relacionamentos para vender as máquinas. Os vendedores haviam investido muito tempo e esforço em seu trabalho. Se mudassem para outras empresas, teriam de recomeçar do zero, a menos que vendessem máquinas de tecelagem similares. Mas essa opção não estava disponível. Havia apenas seis empresas de máquinas de tecelagem de classe mundial: Tsudakoma e Toyoda do Japão, o Grupo Radici e a Panther da Itália, Dornier da Alemanha e a Picanol N.V. Embora os concorrentes tivessem escritórios de representação na China, os salários dessas empresas não eram muito melhores do que o oferecido pela Picanol. Os fabricantes locais de máquinas tinham menos tecnologia e não podiam oferecer os mesmos salários. Os vendedores tinham 40 ou 50 anos e muitos não desejavam mudar e ter de se esforçar muito para recomeçar. Suas raízes já estavam firmadas nos mercados regionais em que trabalhavam.

Os vendedores da Picanol orgulhavam-se da empresa e de seu papel pioneiro nos projetos de máquinas de tecelagem. Eles conheciam bem os mercados locais e seus territórios, e tinham extensas redes de relacionamento que lhes forneciam indicações de vendas. Eles achavam muito útil ter um gerente que se comunicava com a sede de modo efetivo em nome deles. O engenheiro Zhao Yue Sun comentou:

É muito importante que nos comuniquemos efetivamente com a sede. As necessidades dos clientes chineses diferem das necessidades dos clientes que estão na Europa, e precisamos fazer com que a equipe da sede entenda a diferença. Algumas vezes existe um conflito com *Ieper* em relação ao preço ou à manufatura. E eu sinto que estou acuado, entre a cruz e a espada. Os clientes são como a cruz: sempre querem o melhor produto e o melhor serviço pelo preço mais baixo. E *Ieper* pode ser a espada, se não explicarmos bem a situação. Sei lidar com a cruz, mas preciso de alguém que me apoie e lide com a espada. Um gerente geral estrangeiro que consiga convencer a sede pode nos ajudar muito. Um gerente geral chinês provavelmente não serviria de ponte entre nós, mesmo que tenha mais experiência e conhecimento do mercado local.

Eles também falaram sobre alguns gerentes que aceitavam tudo que vinha de *Ieper*, sem levar em conta as condições locais. Os chineses sentiam-se muito frustrados ao trabalhar com eles.

Organização da Picanol China antes da chegada de Coene

Na época, a organização da Picanol China tinha três escritórios de representação gerenciados por de Gusseme (ver organograma no Estudo de Caso – Documento 4.5). Ele também influenciava muito o posto de assistência técnica. Muitas vezes, as vendas pediam à assistência técnica que fornecesse peças gratuitamente para facilitar as vendas. Isso refletia a ênfase nas vendas na antiga organização.

Os territórios de venda eram divididos geograficamente entre os nove vendedores. Um engenheiro de vendas era responsável por todas as vendas de equipamentos em uma região definida. Isso permitia que um vendedor criasse um sólido *guanxi* com os clientes e explorasse plenamente essa rede de relacionamentos. Isso também ajudava a economizar tempo e dinheiro

ESTUDO DE CASO - DOCUMENTO 4.5: ORGANOGRAMA ANTIGO DA PICANOL CHINA

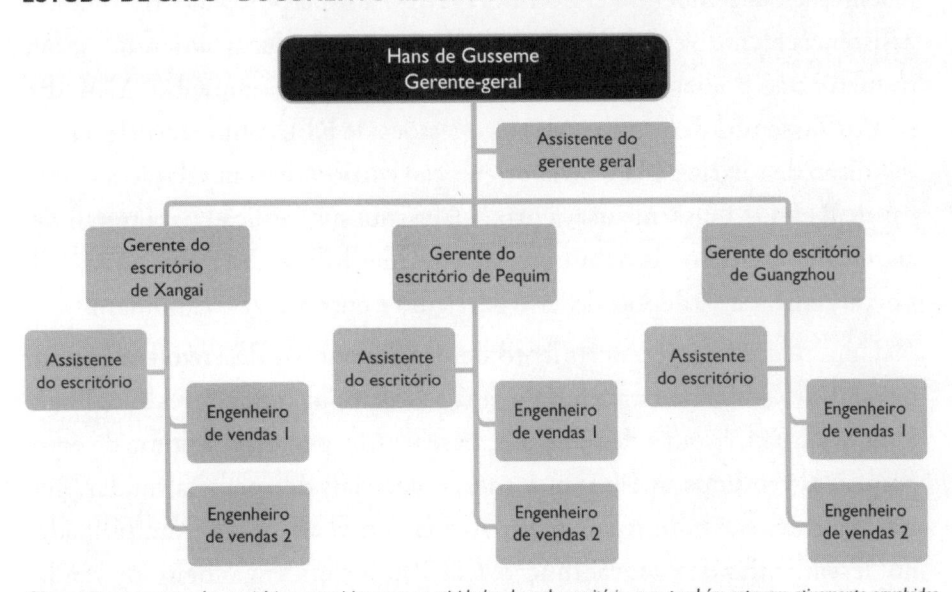

```
                    Hans de Gusseme
                    Gerente-geral
                           |
                           +------ Assistente do
                           |       gerente geral
        _____|_____
       |                   |                   |
  Gerente do          Gerente do          Gerente do escritório
  escritório          escritório          de Guangzhou
  de Xangai           de Pequim
       |                   |                   |
  Assistente          Assistente          Assistente
  do escritório       do escritório       do escritório
       |                   |                   |
  Engenheiro          Engenheiro          Engenheiro
  de vendas 1         de vendas 1         de vendas 1
       |                   |                   |
  Engenheiro          Engenheiro          Engenheiro
  de vendas 2         de vendas 2         de vendas 2
```

Observação: os gerentes dos escritórios supervisionavam as atividades de cada escritório, mas também estavam ativamente envolvidos nas atividades de vendas.

em viagens, pois os vendedores cuidavam de clientes agrupados em uma região. Os empregados estavam acostumados com a estrutura geográfica, pois era clara e direta. Os maiores concorrentes da Picanol também usavam essa estrutura geográfica na China.

A Picanol havia usado essa distribuição geográfica por 20 anos. Os vendedores recebiam um salário fixo, que era aumentado anualmente com base no tempo de trabalho na empresa. Não havia nenhum sistema de bônus ligado ao desempenho individual ou do escritório. O motivo era proteger os empregados diante da natureza cíclica das vendas de equipamentos no setor têxtil. Mas alguns funcionários achavam que um sistema de bônus aumentaria a motivação.

Na antiga estrutura, de Gusseme tinha um alto grau de autonomia na administração da operação na China. Suas principais responsabilidades eram facilitar todos os negócios entre a Picanol e os clientes na China, o que incluía fechar contratos, estabelecer preços e fazer relatórios para o vice-presidente de vendas na sede. Havia um orçamento, mas de Gusseme não era limitado por ele. Desde que ele vendesse equipamentos em número suficiente, seu desempenho era ótimo. Devido à superposição entre vendas e assistência técnica, era difícil alocar os lucros a cada departamento. Assim, os lucros não podiam ser usados para avaliação de desempenho. Além disso, de Gusseme lidava com todas as questões de RH, como recrutamento e definição de salários. Não havia orientação corporativa em relação às práticas de RH. De Gusseme usava principalmente sua intuição para tomar decisões. Por exemplo, ele demorou cerca de duas horas para tomar uma decisão de contratação depois de ler o currículo e entrevistar o candidato.

Com relação ao gerenciamento de desempenho e desenvolvimento de pessoal, de Gusseme estabelecia metas e avaliava os vendedores anualmente. A avaliação, como a de seu chefe, baseava-se apenas no volume de equipamentos vendidos. A Picanol fornecia materiais de apoio às vendas, mas não realizava nenhum treinamento formal. Os vendedores eram treinados no desempenho da própria função. Cai Zhi Jie, um engenheiro de vendas no escritório de Xangai, comentou: "Você tem de aprender a nadar quando é jogado em uma piscina. De outro modo, você se afoga". Como esses funcionários percebiam que seu valor estava vinculado aos territórios demarcados, não esperavam nenhuma promoção, além do aumento anual de salário. "Eu seria inútil se mudasse de área", comentou Zhao Yue Sun.

A nova organização esperada na China

Quando de Gusseme foi informado sobre o novo projeto de Coene, soube o que tinha de fazer, mas questionou se a nova estrutura seria a mais eficiente no mercado chinês. Segundo o novo projeto recebido da sede, Hans esboçou um novo organograma para a Picanol China (ver Estudo de Caso – Documento 4.6). Sua operação seria dividida em três unidades de negócios: Vestuário, Casa e Decoração e Técnica. De Gusseme tinha de decidir em qual unidade de negócios desejava ficar e como encontraria dois gerentes regionais para as outras unidades de negócios. De Gusseme achava que os três gerentes dos escritórios atuais não possuíam habilidades de administração suficientes para serem promovidos. Também seria um desafio político escolher dois gerentes entre três empregados. Mas se os gerentes dos escritórios não fossem escolhidos, eles seriam "rebaixados" para a função de engenheiros de vendas comuns. Embora seus salários não fossem alterados, isso ainda seria considerado uma "humilhação".

Além do mais, cada um dos três engenheiros de vendas seria designado para um segmento de clientes: Vestuário, Casa e Decoração e Técnica. Isso criaria um desequilíbrio significativo na carga de trabalho. Vestuário era responsável por 80% dos negócios, enquanto Casa e Decoração e Técnica representavam respectivamente apenas 18% e 2% dos negócios. Além disso, não havia uma distinção clara entre os segmentos de vestuário e de casa e decoração na China. Cerca de 20% das tecelagens produziam os dois tipos de tecidos e podiam mudar rapidamente o foco de vestuário para casa e decoração, dependendo da demanda do mercado.

Outro grande problema seriam as relações com os clientes. Muitos clientes haviam criado laços de amizade com seu engenheiro de vendas

ESTUDO DE CASO - DOCUMENTO 4.6: NOVA ESTRUTURA ESPERADA DA PICANOL CHINA

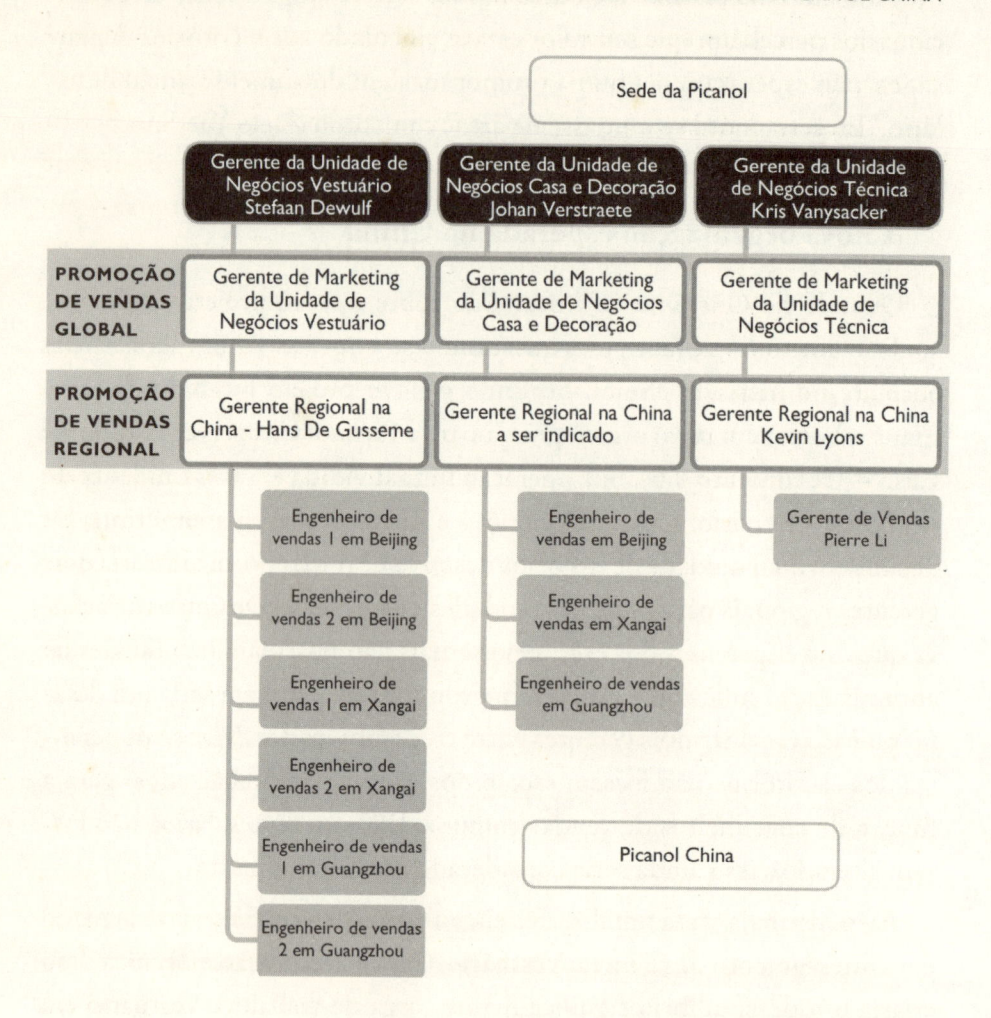

```
                                    Sede da Picanol
                                          │
        ┌─────────────────────────────────┼─────────────────────────────────┐
  Gerente da Unidade de          Gerente da Unidade de            Gerente da Unidade
  Negócios Vestuário             Negócios Casa e Decoração        de Negócios Técnica
  Stefaan Dewulf                 Johan Verstraete                 Kris Vanysacker
```

PROMOÇÃO DE VENDAS GLOBAL	Gerente de Marketing da Unidade de Negócios Vestuário	Gerente de Marketing da Unidade de Negócios Casa e Decoração	Gerente de Marketing da Unidade de Negócios Técnica
PROMOÇÃO DE VENDAS REGIONAL	Gerente Regional na China - Hans De Gusseme	Gerente Regional na China a ser indicado	Gerente Regional na China Kevin Lyons
	Engenheiro de vendas 1 em Beijing	Engenheiro de vendas em Beijing	Gerente de Vendas Pierre Li
	Engenheiro de vendas 2 em Beijing	Engenheiro de vendas em Xangai	
	Engenheiro de vendas 1 em Xangai	Engenheiro de vendas em Guangzhou	
	Engenheiro de vendas 2 em Xangai		
	Engenheiro de vendas 1 em Guangzhou	Picanol China	
	Engenheiro de vendas 2 em Guangzhou		

específico e ficariam perturbados ao ter de lidar com um rosto estranho em vez de seu contato usual. O setor têxtil na China era relativamente antiquado, em termos das práticas de administração. Quase todas as empresas eram estatais ou pequenas empresas privadas. Esses clientes ainda seguiam o modo tradicional de fazer negócios com base em relacionamentos pessoais. Seria extremamente difícil explicar a estratégia de "sucesso com o cliente" de Coene e os benefícios que a atenção focalizada em segmentos específicos poderia trazer.

Havia também o desafio de treinar seus funcionários. Esses vendedores estavam à vontade e apegados aos seus territórios geográficos, haviam criado raízes. Agora teriam de cortar muitas de suas ligações e estabelecer novas. Além disso, teriam de passar mais tempo viajando. Embora Coene tivesse enviado uma carta bem escrita explicando as mudanças, de Gusseme duvidava de que seus funcionários se convencessem. Afinal de contas, Coene estava longe e tinha um conhecimento limitado sobre as condições de trabalho na China.

De Gusseme também precisava compreender as mudanças em suas responsabilidades. A principal mudança era a nova estrutura hierárquica. Em vez de se reportar a um único vice-presidente de vendas, de Gusseme teria de se reportar a três gerentes de unidade de negócios em *Ieper* (pelo menos temporariamente, até que encontrasse dois outros gerentes). De repente, ele ficou imaginando se conseguiria trabalhar com três chefes ao mesmo tempo. O sistema de controle financeiro também seria mais rígido. De Gusseme teria de fazer uma previsão exata para as três unidades de negócios.

Era bastante difícil obter dados exatos na China, pois o mercado era bastante fragmentado e não havia fontes confiáveis de estatísticas. Além do mais, de Gusseme teria de suportar mais pressão para obter lucros. Além do volume de equipamentos vendidos, ele também seria avaliado em relação às margens de lucro e aos lucros totais de todas as unidades de negócios. Todo o trabalho relacionado à assistência técnica seria direcionado para a GTP, uma unidade de negócios independente. De Gusseme não podia mais pedir "favores" em peças ou serviços gratuitos. Do ponto de vista operacional, teria menos liberdade para tomar decisões.

O novo sistema de RH da Picanol

A reforma de Coene também incluía um grosso manual de políticas empresariais. Em especial, de Gusseme achou que o sistema de RH teria um grande impacto em sua operação. Logo depois da indicação do CRO na sede, o departamento de RH criou um processo de seleção sofisticado. Diversos testes deviam avaliar se o candidato se encaixava na empresa e em um cargo específico, e incluíam orientação de carreira, testes de QI, testes quantitativos, testes de inglês e perfis psicológicos. Consultores específicos de RH trabalhavam com os gerentes contratantes para definir os testes pertinentes. Todos os candidatos tinham de passar por eles para serem qualificados. Para levar em conta a diferença cultural, alguns testes foram adaptados ou localizados. Na China, os de cunho psicológico eram realizados pela filial local de uma agência internacional de testes.

De Gusseme não tinha certeza se valeria a pena ter tanto trabalho para contratar um engenheiro de vendas. Já era difícil encontrar as pessoas certas. Ele precisava de alguém com experiência e conhecimento sólidos sobre o setor têxtil. Além disso, os candidatos precisavam ter bom inglês e personalidade para vendas. O setor têxtil, por ser maduro e de baixa tecnologia, não era especialmente atraente para o último grupo. A maioria de seus vendedores havia cursado faculdades de tecnologia têxtil, mas, mesmo quando encontrava alguém que satisfazia os critérios mencionados, não havia garantias de que a pessoa teria bom desempenho no mundo real. O que de Gusseme podia fazer, se um candidato ideal (em sua opinião) não passasse nos testes?

Coene queria que sua equipe gerencial fosse profissional e tivesse habilidades sofisticadas. De Gusseme pensou que seria ideal contratar formandos das principais escolas de negócios, com experiência no setor têxtil, para coordenar as duas unidades. Mas ele descobriu que isso era um desafio. Embora a Picanol fosse uma ótima empresa e estivesse indo bem na China, os formandos das principais escolas não achavam interessante trabalhar em uma operação relativamente pequena em um setor maduro. Preferiam trabalhar para nomes famosos, como a GE e a Microsoft. Picanol era apenas um nome desconhecido entre milhares de pequenas empresas estrangeiras operando na China. A competição pelos talentos era uma questão crucial para muitas dessas empresas estrangeiras.

A contratação de novos funcionários mostrou-se tão difícil quanto de Gusseme esperara. Em um coquetel, ele conheceu Pierre Li, que estava inscrito em um programa de MBA em período integral. Os dois conversaram brevemente e trocaram cartões de visita. De Gusseme teve uma boa impressão de Li: ele parecia um estudante de MBA típico, entusiasmado e extrovertido; falava inglês fluentemente e tinha uma boa compreensão da cultura ocidental. E ainda o mais importante, Li havia trabalhado durante oito anos para um grupo têxtil situado em Hong Kong, antes de se mudar para Xangai.

Quando Li, mais tarde, expressou seu interesse pela Picanol, de Gusseme convidou-o de imediato para uma entrevista formal, pois desejava ter a autoridade para fazer uma oferta para Li na hora, como antigamente. Mas tinha de seguir o procedimento da empresa e o encaminhou para testes. De Gusseme estava preocupado:

> Se os resultados dos testes de Li não fossem adequados ao exigido pela Picanol, eu não poderia contratá-lo. A empresa havia contratado especialistas para planejar os testes. Talvez haja algo que eu não consiga perceber por meio de currículos e entrevistas.

Outra parte do novo sistema de RH eram os programas de treinamento planejados pelo escritório central. Os vendedores gostaram deles, mas logo descobriram que esses programas não estavam adaptados às suas necessidades específicas. Cai Zhi Jie disse:

> Achei que o treinamento comercial foi esclarecedor, mas não estava diretamente relacionado ao meu trabalho. As aulas eram dadas por professores europeus e os assuntos eram interessantes, mas as táticas talvez não possam ser aplicáveis aqui. Há dez anos, quase todos

os meus clientes eram fazendeiros. Embora estejam comprando equipamentos avançados, seu nível de educação e sua visão da cooperação nos negócios continuavam a ser elementares. Além disso, às vezes, as negociações podem ser brutais. Nem sempre seguimos negociações racionais. Não creio que essa situação pudesse ser esperada por um europeu, que não esteja familiarizado com o mercado chinês.

Além disso, os vendedores também acharam difícil comparecer a longos programas de treinamento. Zhao Yue Sun certa vez teve um conflito de agenda entre um grande contrato e uma grande reunião de vendas da empresa. De Gusseme orientou-o a ficar e completar o contrato.

Primeira reação da equipe chinesa às mudanças

Os funcionários chineses leram sobre Coene e suas iniciativas na *Picanol News*, a revista trimestral da empresa. Inicialmente, as pessoas não achavam que a mudança teria um impacto significativo sobre eles. Cai Zhi Jie admitiu:

> Não senti a mudança intensamente no princípio. Talvez fosse porque estávamos muito distantes. Se houvesse mudanças, elas seriam gradativas. Então, enquanto pessoas como de Gusseme estiverem aqui, eu não me preocupo.

Mas quando de Gusseme divulgou a nova estrutura, as pessoas expressaram várias preocupações, como ele esperava. Ele começou explicando em detalhes a estratégia e a nova estrutura de Coene:

> Jan Coene é um CEO muito capaz e planejou esta estrutura para toda a empresa com uma perspectiva global. Vocês nunca viram algo assim, tampouco eu. Tenho as mesmas preocupações que vocês, mas

não sabemos se irá funcionar ou não. Todos estamos aprendendo. Temos de experimentar essa novidade.

Os vendedores concordaram em experimentar a nova operação, mas logo surgiram os problemas. Um engenheiro de vendas de Casa e Decoração foi a uma tecelagem em Wuxi, Jiangsu, uma cidade muito envolvida com o setor têxtil. Depois da visita, o departamento de compras mencionou que a tecelagem ao lado precisava de algumas máquinas. "Eu lhes disse que tinha de passar o contato para alguém de Vestuário", disse o vendedor. "As pessoas em Wuxi pensaram que eu estava louco."

Na província de Shangdong, onde os relacionamentos pessoais eram especialmente importantes para os negócios, um engenheiro de vendas ficou bravo por perder alguns de seus clientes para outros. E alguns clientes também reclamaram. Como a maioria deles estava na categoria Vestuário, os engenheiros de vendas de Vestuário ficavam assoberbados de trabalho em alguns momentos. Também se sentiam constrangidos por tirar os clientes de seus colegas.

De Gusseme foi quase imediatamente colocado diante do dilema de seguir o novo sistema ou de perder oportunidades de contrato. Preocupava-se por não haver modo de alcançar as duas metas e sua intuição dizia que ele não devia perder vendas. Mas será que *Ieper* entenderia e aceitaria a concessão?

Encontro com Coene

Em junho de 2003, Coene convidou de Gusseme a visitar a sede na Bélgica para discutir a situação na China; ele não estava gostando da demora na implementação da nova estrutura organizacional. Ele esperava que de Gusseme tivesse bons motivos. Por outro lado, de Gusseme desejava que alguém o ajudasse a resolver as questões que tinha em mente. Em função do pequeno porte da Picanol China, ele deveria implementar rigidamente a nova estrutura ou ser flexível? O novo plano iria provocar mais desvantagens do que vantagens? Como ele poderia convencer seu CEO sobre as condições especiais na China?

Apêndice: histórico do gerenciamento da Picanol

1973: Bernard Steverlynck tornou-se o CEO da Picanol. Era um professor universitário de Química e, obviamente, estava mais interessado nas atividades acadêmicas. Ele gerenciava a operação interna da Picanol, mas deixava as questões externas para seu irmão Emmanuel Steverlynck.

1976: Emmanuel Steverlynck assumiu o cargo principal. Ele seguia uma linha paternalista e tomava decisões pessoais. Apesar de seu estilo aparentemente autocrático, era muito inteligente e consultava todas as partes antes de tomar uma decisão. Emmanuel também acreditava que uma organização forte depende de funcionários dinâmicos e dedicados. Criou "dias de seleção coletiva de funcionários" nos quais um grupo de empregados atuais entrevistava os candidatos. Muitas vezes, Emmanuel presidia essas sessões.

1980-1986: Patrick Steverlynck foi assistente do CEO. Ele começara a carreira na Picanol, no Departamento de Assistência ao Cliente.

1986: Patrick Steverlynck tornou-se Presidente do conselho de administração. Na verdade, ele funcionava como CEO da empresa e supervisionava atividades de negócios cotidianas.

1989: Herwig Bamelis, que tinha sido o coordenador de Finanças, foi indicado como gerente geral de TI e Finanças — o gerente geral "Econômico". Ao mesmo tempo, Eckhard Thometscheck foi indicado como gerente geral para P&D e Produção — o gerente geral "Técnico".

1992: Patrick contratou Walter de Reuse para dar novo impulso a Vendas e Assistência Técnica.

1995: Herwig Bamelis tornou-se membro do conselho de administração e Walter De Reuse tornou-se o gerente geral "Econômico". Walter

De Reuse e Eckhard Thometscheck formaram a estrutura de "gerenciamento duplo", de 1995 a 2001.

1996: Patrick iniciou o conceito de uma "empresa de assistência técnica" para a Picanol quando Jan Coene entrou para o conselho de administração da empresa.

2001: Jan Coene impressionou Patrick Steverlynck com uma proposta detalhada para levar adiante a ideia da "empresa de assistência técnica". Patrick decidiu convidar Jan Coene para assumir o cargo de CEO.

Comentários de caso

COMENTÁRIO 1
WILLEM P. BURGERS
PROFESSOR DE MARKETING E ESTRATÉGIA
CÁTEDRA BAYER HEALTHCARE EM ESTRATÉGIA E MARKETING
CHINA EUROPE INTERNATIONAL BUSINESS SCHOOL (CEIBS)

Este estudo de caso parece uma tragédia grega. Podemos ver o desastre chegando, mas os atores não têm a mínima ideia, e não há modo de lhes contarmos. Você está na plateia, gritando, mas eles não o ouvem.

Jan Coene é um pouco como uma caricatura: a personificação de uma abordagem de manual que fugiu ao controle. Ele é um ideólogo, um homem que encontra boas ideias e depois dá a elas uma importância enorme. Em uma empresa tradicional e, supostamente, inflexível, ele se tornou o mais inflexível e tradicional de todos. A única diferença é que ele segue outra tradição: os mantras da mais recente moda em administração. Imagina-se como o líder cosmopolita que tem a missão de trazer o interior flamengo para o novo século; pensa que a gerência da Picanol não é diversificada porque os gerentes são todos flamengos. Em outras palavras, imagina que todos os flamengos são iguais. Ele deve achar que todos os chineses também são iguais e, portanto, rearranjar os territórios geográficos não é problemático.

Existem muitas Chinas: todas diferem na cultura, no desenvolvimento econômico, na história, no idioma, na culinária e no povo. A diversidade é, pelo menos, tão grande quanto aquela encontrada na Europa. Será que Coene designaria um engenheiro de vendas flamengo para atender clientes valões? Talvez sim, mas eu imagino que, se tudo o mais for igual, será mais fácil um valão vender para outro valão.

Uma reorganização por necessidades dos clientes em vez de segundo a geografia deles ou sua rede de *guanxi* faz muito sentido. Mas é aconselhável não nos adiantarmos muito à história e nos lembrarmos que operamos nosso sistema atual com pessoas que se ajustam às premissas e aos métodos do sistema atual. Elas podem florescer no novo sistema? Podem ser substituídas? Essas são perguntas importantes e que não foram feitas. Coene descobrirá aquilo que todo ideólogo descobre mais cedo ou mais tarde: as pessoas são um grande obstáculo à ideologia.

Hans de Gusseme é um homem dividido. Ele é um representante da sede da Picanol em operação na China, ou é um representante da operação na China na sede da Picanol? Naturalmente, seu ambiente diário o pressiona a agir como defensor dos interesses locais. No entanto, o interesse de sua carreira o relembra de que trabalha para a Picanol.

Além de estar dividido entre a sede da Picanol e a Picanol China, ele também deve pesar o dano imediato, que pode advir da implementação das ideias de Coene *versus* os benefícios futuros presumidos. O dano no curto prazo será considerado como sua responsabilidade, enquanto seu sucessor poderá receber os elogios pelos benefícios de longo prazo. Quanto tempo mais de Gusseme espera permanecer na China? Se ele ficar apenas por mais um ou dois anos, a atitude mais inteligente, em termos pessoais, seria implementar no mínimo as reformas de Coene.

É natural que haja oposição local diante das iniciativas de reforma globais. As organizações locais, naturalmente, tentam otimizar sua própria operação e não estão interessadas no argumento de que o aperfeiçoamento de todas as diversas operações locais de uma organização global levaria à subotimização para a organização como um todo. As reclamações sobre o treinamento de vendas são típicas. Enquanto os vendedores na China reclamam que ele não se adéqua à realidade chinesa (às muitas realidades chinesas), provavelmente nossos vendedores no Brasil se preocupam com a realidade brasileira, e os mexicanos se preocupam com a realidade mexicana. Se a Picanol tentasse adaptar seu treinamento de vendas a todas as diferentes realidades ao redor do mundo, poderia não haver nenhum treinamento de vendas.

O desafio que de Gusseme enfrenta é convencer Coene de que sua implementação lenta não é motivada por uma reação automática diante da mudança, por considerações de carreira pessoal nem por uma tendência a sacrificar os interesses da Picanol diante dos interesses locais, mas sim impelida pelo desejo de fazer com que as reformas sejam bem-sucedidas. Porém, antes que de Gusseme tente convencer Coene, ele precisa examinar suas próprias motivações e decidir quais reformas e ideias:

* merecem uma implementação rápida;
* precisam aguardar;
* precisam ser modificadas;
* não fazem sentido.

Tanto a estratégia de "sucesso do cliente" como o conceito de "empresa de assistência técnica" provavelmente fazem sentido na Bélgica, onde a tecnologia tem uma influência competitiva menor e onde abundam concorrentes de baixo custo. Pelo mesmo motivo, ela deveria fazer sentido também na China. A implementação pode ser mais difícil na China, ou poderia ser mais fácil.

Os testes de RH podem ser úteis, mas quais são as provas de sua utilidade? Esses testes foram feitos na Bélgica? Na China? De Gusseme deveria destacar para a sede que a Picanol é um grande nome na Bélgica, mas não na China, e que talentos com experiência em gerenciamento internacional não são tão raros na Bélgica, mas são certamente difíceis de achar na China. Se Pierre Li está disposto a passar pela humilhação de fazer todos esses testes a fim de conseguir um emprego na Picanol, talvez isso demonstre que existe algo de errado com ele.

A separação de trabalho relacionada à assistência técnica em uma unidade de negócios isolada é uma receita clássica para o desastre. Como a GTP irá estabelecer os preços? Quando a GTP aumentar os preços, isso será muito bom para seus lucros, mas não tão bom para a venda de equipamentos. Os preços da GTP serão definidos de modo a maximizar os lucros e, assim, irão reduzir as vendas e os lucros da Picanol. Por seu lado, os vendedores de equipamento irão subestimar a necessidade de qualquer tipo de assistência técnica. Esse é um exemplo de reforma planejada para facilitar a vida da sede, tornar a empresa mais fácil de administrar, fazer apresentações mais impressionantes em PowerPoint e mandar embora os clientes.

Nesse caso, é fácil cair na armadilha de pensar que Coene é um ideólogo insensível, um elefante em uma loja de cristais, por assim dizer, e que, portanto, nenhuma de suas reformas faz sentido. No entanto, algumas de suas iniciativas parecem razoáveis e oportunas, tanto na Europa quanto na China. Algumas delas — a de RH, talvez — são duvidosas. A separação de trabalhos relacionados à assistência técnica em uma unidade de negócios isolada decididamente não faz sentido. Em todos os casos, a implementação não pode ignorar o tecido de relações entre as pessoas, tanto dentro quanto fora da empresa, que serve para dar sustentação a essa e a qualquer empresa, tanto na Europa quanto na China.

COMENTÁRIO 2
HANS-PETER BOUVARD
DIRETOR DE DESENVOLVIMENTO DE NEGÓCIOS DA NORTHERN ASA REICHLE + DE-MASSARI FAR EAST (PTE) LTD.

A situação dentro da organização da Picanol N.V. China não é um caso desconhecido para muitos de nós. Várias empresas que investem em novos mercados e ultrapassam o tamanho crítico estão confrontando desafios organizacionais similares — organizações funcionais *versus* um tipo de organização em matriz.

A meta de longo prazo da Picanol é romper a natureza cíclica dos negócios de máquinas, ampliando a gama de negócios. Sem deixar de lado as competências nucleares de uma empresa, isso pode ser alcançado com mais facilidade ao se agregar valor, como assistência técnica e manutenção, ao portfólio de produtos, criando uma solução completa para os usuários finais. A assistência técnica e a manutenção são também um modo de criar relacionamentos de longo prazo com os clientes, além de ser famosa por ter margens mais altas que se espalham por todo o ano e que não têm ciclos.

A decisão tomada por Patrick Steverlyncks de contratar Jan Coene como o novo CEO apoia fortemente essa necessidade, e foi um bom movimento. A experiência profissional de Coene por quase uma década na ABB Service Worldwide deu-lhe o melhor histórico que alguém poderia ter. A ABB, que foi por muitos anos uma empresa orientada para produtos, durante a última década passou a ser uma empresa orientada para serviços, vendendo soluções e não produtos. Coene deve ter vivenciado nesses anos o que isso significa para uma empresa multinacional e qual resistência isso poderia provocar no campo.

Esse fato nos leva a Hans de Gusseme, até então uma pessoa orientada para produtos, com uma formação em engenharia e com experiência de vendas de produtos em todo o mundo. Devido ao seu histórico e à sua experiência profissional, eu esperaria que ele tivesse boa sensibilidade cultural; isto é, em países como a China, uma ideia de kit de "sobrevivência cotidiana". No decorrer dos anos em que vem coordenando a Picanol na China, ele conseguiu conquistar a confiança de sua equipe. Em 2000, aproximadamente um terço das novas máquinas de tecelagem produzidas era vendido na China. Isso mostra a importância do mercado local para a Picanol, e tenho certeza de que Coene deve ter percebido isso rapidamente, assim que entrou para a Picanol N.V.

Por outro lado, muitas estruturas novas tendem a realizar vendas mais fáceis com a organização mais enxuta e capaz de agir do modo mais rápido e flexível possível. Muitas empresas que começam a operar na China abrem inicialmente escritórios de representação em Beijing, Xangai ou Guangzhou. Então, depois de alguns anos de experiência, aumentam sua exposição mudando a estrutura legal para uma filial ou uma entidade legal. São abertos também escritórios em outras cidades para ampliar a cobertura no país e para dar apoio aos clientes locais. Muitas empresas pequenas e médias têm uma estrutura similar e obtêm muito sucesso com isso.

O sucesso, porém, pode ser um modo de perder a flexibilidade. Mais funcionários precisam de melhores formas de comunicação, mais controle e sistemas de direção melhores para serem bem-sucedidos por mais tempo. A Picanol China atingiu essa fase e precisa reelaborar e repensar sua estratégia de médio e longo prazos no mercado local.

Muitos diretores de organizações chinesas enfrentam essa situação, pois se sentem incompreendidos pela sede — às vezes, reclamam que o maior desafio não é a luta constante no mercado, mas sim a luta constante com a sede.

De Gusseme tem três opções:

1 RESISTÊNCIA (TAMBÉM CHAMADA DE "NÃO")

De Gusseme poderia resistir às orientações da sede e tentar explicar por que a nova organização não iria funcionar na China. Poderia usar fatos históricos para defender sua posição. Em primeiro lugar, os bons números obtidos na venda de máquinas de tecelagem, no passado, foram obtidos com a organização antiga. O *guanxi* que foi construído no decorrer dos últimos anos estaria em perigo com a nova organização focada no cliente, pois outras pessoas iriam assumir o atendimento ao cliente. Muitos clientes na China estão acostumados a receber "assistência técnica" gratuitamente; essa separação interna na Picanol China dificultaria a oferta desses serviços gratuitos, ou a impossibilitaria, e isso teria um grande impacto sobre os resultados das vendas. Existem muitas outras razões para isso, como necessidade de mais empregados e maiores custos, além de custos adicionais de viagem devido à menor cobertura.

2 INTEGRAÇÃO TOTAL (TAMBÉM CHAMADA DE "SIM, MAS")

A integração total seria o modo que tornaria a reunião mais fácil para de Gusseme. Há vantagens óbvias, como cálculos de lucratividade mais claros que podem ser feitos para cada cliente e cada segmento de produtos. Essa visibilidade pode ajudar a identificar os produtos e mercados de alta lucratividade no setor têxtil chinês, e pode garantir que os investimentos de longo prazo sejam feitos no local correto.

O perigo é que necessidades específicas de mercado na China, como as relações pessoais de longo prazo, não sejam levadas suficientemente em consideração e que de Gusseme as identifique como: "Sim, isso poderia funcionar, mas (...)". Todas as estruturas locais de uma empresa precisam se adaptar aos costumes locais do mercado e esse pode ser o ponto fraco de uma integração total.

3 CONCESSÃO (TAMBÉM CHAMADA DE "POR QUE NÃO?")

As pessoas que agem ao estilo "por que não?" movem o mundo e criam coisas novas. De Gusseme deve considerar essa nova organização como uma chance para construir algo mais coerente e sólido para o futuro na China. De modo geral, a Picanol China ainda é de pequeno porte e tem o potencial para vir a ser algo mais importante.

De Gusseme pode, então, mostrar a Coene que entendeu a mensagem principal da empresa — mudaria o máximo possível, mas deixaria algum espaço para as adaptações locais na China.

Em primeiro lugar, ele deve ver a organização em unidade de negócios como uma chance para fortalecer e aumentar a penetração no mercado. Funcionários mais dedicados e especializados podem identificar melhor as necessidades do cliente e dos produtos, além de criar estratégias de marketing e de vendas no médio e longo prazos. Para manter o *guanxi* que já existe na China, ele também pode recomendar a criação de uma organização em matriz. Os gerentes dos escritórios precisam ser mantidos para assumir a responsabilidade regional sobre o mercado regional geral e para medir as despesas operacionais e as vendas líquidas totais. Isso ajudaria a evitar confusões na organização das vendas e entre os clientes, com base em relacionamentos. Outro aspecto importante é que isso os manteria motivados, pois não perderiam sua posição. De alguma forma, os três gerentes dos escritórios seriam responsáveis conjuntamente pela unidade de negócios mais holística da GTP, buscando soluções de assistência técnica completas para os clientes.

Por outro lado, de Gusseme deveria construir a "organização em unidades de negócios", acrescentando um gerente de unidade de negócios responsável por Vestuário, um para Casa e Decoração e outro para Técnica, que assumiriam a responsabilidade pelas vendas líquidas e pelo lucro líquido. Um deles já existe. Pierre Li iria se ajustar bem na nova organização; poderia coordenar a tecnologia e estratégia na Promoção de Vendas Global, mas se reportar a de Gusseme em relação às atividades cotidianas. A vantagem dessa matriz seria permitir que a Picanol China extraísse o melhor das duas estruturas — por um lado, estratégia e tecnologia globais, e, por outro lado, mercado local e conhecimento do cliente. A assistência técnica gratuita poderia, então, ser acrescentada ao orçamento de marketing dos gerentes dos escritórios e ainda estaria disponível, quando necessário. Instrumentos de direção para os engenheiros de vendas, como o *Balanced Scorecard*, poderiam ser decididos pelos gerentes dos escritórios juntamente dos gerentes de unidades de negócios. Os processos de treinamento e avaliação poderiam ser adaptados aos diversos níveis.

Porém, nunca existe uma organização perfeita, existem apenas seres humanos que podem fazer com que qualquer organização viva ou morra. O novo desafio que de Gusseme pode propor poderia sobreviver, pois combina o melhor do Ocidente e do Oriente, pelo menos até que a Picanol China atinja o próximo patamar.

COMENTÁRIO 3
GARY AN
GERENTE GERAL
AMPHENOL EAST ASIA ELECTRONIC TECHNOLOGY (SHENZHEN) CO., LTD.
AMPHENOL COMMERCIAL PRODUCTS (CHENGDU) CO., LTD.

O desafio com que Hans de Gusseme, gerente geral de vendas e assistência técnica da Picanol, se defronta é bastante comum em muitas subsidiárias de multinacionais na China. As mudanças organizacionais na sede requerem a mesma abordagem. Isso será o certo para a China? Devemos experimentar alguma abordagem diferente? O que será melhor para o desenvolvimento da empresa no longo prazo: centralização ou descentralização?

A picanol é uma empresa familiar tradicional europeia, na qual os gerentes não são avaliados apenas por seu desempenho financeiro. A empresa tem um orçamento, mas os gerentes das subsidiárias não estão presos a ele, como no caso de De Gusseme.

Jan Coene, presidente e CEO da Picanol, fez uma grande mudança. Ele implementou uma estrutura de unidade de negócios na empresa com a meta de obter aumento de receita e de lucros no longo prazo. Cada unidade de negócios operava independentemente e era responsável por seus lucros e perdas, focando-se em mercados e produtos específicos. O alto nível de autonomia garantia que as unidades de negócios permanecessem ágeis no mercado, que mudava rapidamente. Essa organização descentralizada típica permite clara responsabilização para indivíduos e organizações. A avaliação de desempenho torna-se mais direta, em todos os níveis, criando um ambiente de empreendedorismo e podendo trazer maior crescimento e retorno.

Essa profunda mudança estrutural será benéfica para a empresa no longo prazo, mas seu início será bastante difícil. A responsabilidade clara é crucial para o crescimento dos lucros e para um retorno maior da participação acionária. Responsabilidades claras e orientadas para resultados podem ser uma enorme motivação para o desenvolvimento dos negócios.

É fácil compreender a preocupação de De Gusseme, devido ao impacto das mudanças nos negócios chineses. Na China, a competição é muito feroz. O *guanxi* tem um importante papel nas relações com os clientes. Muitos clientes têm demandas diversificadas e requerem várias linhas de produtos que ultrapassam as divisões entre os mercados. Eles precisam demonstrar flexibilidade para satisfazer esses clientes.

De Gusseme ainda pode implementar a estratégia vinda da sede, apesar das dificuldades, mas ele precisa fazê-las de um modo flexível. Ele poderia distribuir seus recursos segundo o volume de negócios e segundo as diferentes regiões da China. Como Vestuário representa 80% da receita total, ele precisa alocar a maior parte de seus recursos nesse mercado: 10 pessoas do total de 15 funcionários que se reportam a ele. No que diz respeito a Casa e Decoração, esse é um segmento que poderia crescer rapidamente com o desenvolvimento econômico de curta duração. De Gusseme precisa estar pronto para isso. Ele poderia colocar um funcionário para esse mercado em cada um dos escritórios de vendas, reportando-se ao gerente de marketing. Enquanto isso, devido ao tamanho limitado do mercado do segmento Técnica na China, uma pessoa poderia cuidar dele em todo o país. Conforme os negócios aumentarem, de Gusseme poderia acrescentar mais recursos a esse segmento. Em cada escritório de vendas, um coordenador de vendas, atuando como gerente administrativo, deveria se reportar a ele. No caso de clientes com demandas diversificadas de produtos, ele poderia nomear um gerente de contas.

Outro fator importante é a ausência de um sistema de bônus na Picanol, o que é uma grande desvantagem no mundo dos negócios. Um plano de comissões poderia ser estabelecido para motivar os vendedores, e precisa refletir as necessidades de todos os níveis.

> De Gusseme precisa treinar sua equipe para entender plenamente por que a empresa está implementando essa nova estrutura, como o desempenho individual será reconhecido e como é importante manter uma base razoável para permitir que a empresa cresça ainda mais. As dificuldades situam-se no curto prazo. Se o desempenho da equipe for bom, a empresa poderia se desenvolver muito mais rapidamente na China e no mundo.

NOTAS

1. Ohmae, Kenichi, *The Bordless World*, Nova York, Harper Business, 1991.

2. "The Return of the Country Manager", *McKinsey Quarterly*, n.2, 1996.

3. Esta revisão foi preparada pelo professor Juan Antonio Fernandez, da CEIBS. O caso original foi escrito por Wei (Wendy) Liu (Darden MBA 2003), sob a supervisão dos professores Fernandez e James G. Clawson, de Darden. O caso foi preparado como base para uma discussão em aula, e não para exemplificar a gestão eficaz ou ineficaz de uma situação administrativa. Alguns nomes e outras informações de identificação podem ter sido alterados para proteger a confidencialidade. Originalmente publicado pela CEIBS, em 2004, e revisado em 2006. Publicado com permissão.

4. Alguns dados nesta seção foram extraídos do relatório anual, de 2001, da Picanol N. V. e do website da empresa, disponível em <http://www.picanol.be>.

5. Extraído do relatório anual de 2001 da Picanol N.V. e do website da empresa, disponível em <http://www.picanol.be>.

6. *Guanxi*: palavra chinesa para redes de relacionamento pessoal. O *guanxi* tem um grande papel na vida diária de todos. Quase todos os chineses estão acostumados a construir e a usar o *guanxi*, que pode ser construído por meio de amizades ou de concessão de favores. As pessoas apoiam-se em seu *guanxi* para alcançar mais do que poderiam por si mesmas.

Capítulo 5
Falsificadores na China: Prenda-me se for capaz[1]

CONTEÚDO

Estudo de caso: GM China *versus* Chery
Comentário 1: Gerald E. Fryxell
Comentário 2: Doug Ho Song

Introdução

"**Se você não tem problema com falsificação**, não tem produtos de sucesso." Essa frase descreve uma situação paradoxal para muitas empresas que operam na China. Se não conseguir oferecer bons produtos, você terá de fechar sua empresa por falta de negócios. Mas se seus produtos forem bons, eles serão copiados. A pior consequência é que você irá fechar, de qualquer maneira. Não se pode negar que os direitos de propriedade intelectual são uma questão extremamente importante para a maioria das empresas que operam nesse mercado, sejam elas chinesas ou estrangeiras, pois todas são igualmente vítimas.

Por ser uma atividade clandestina, é difícil estimar precisamente a escala da falsificação na China. O que certamente podemos dizer é que o desrespeito aos direitos de propriedade intelectual afeta praticamente todos os setores, em especial os de *software*, mídia, equipamentos eletrônicos e artigos de luxo. Entre os atingidos, incluem-se alimentos e bebidas, têxteis, vestimentas, couro, medicamentos, produtos químicos, maquinário industrial, cosméticos, produtos de limpeza, e muitos mais. Produtos com altos níveis de impostos, como cigarros e álcool, também são alvos ideais de falsificação. Os falsificadores geralmente se concentram em setores com baixo investimento de capital e processo de produção relativamente simples. A maioria dos fraudadores é de indivíduos ou pequenas e médias empresas. A venda direta é seu canal de distribuição tradicional, mas outros canais também têm sido usados, como feiras comerciais e Internet.

A falsificação é um negócio em rápido desenvolvimento e está ficando cada vez mais sofisticada; aldeias em áreas remotas, no interior da China, são utilizadas como sua base de produção, e, por isso, são mais difíceis de detectar. Além disso, os falsificadores podem se mudar rapidamente de um local para outro, quando as autoridades fecham suas operações. Suas atividades também estão se expandindo internacionalmente com um número crescente de exportações, principalmente para a África e o Oriente Médio. Em resumo, a falsificação está ficando mais bem organizada e cresce em escala internacional.

Depois de a China entrar para a OMC, em dezembro de 2001, esperava-se que os falsificadores fossem reprimidos rapidamente. Essa esperança não se concretizou, apesar dos esforços sérios feitos pelo Governo Central Chinês. Por que a falsificação é tão difícil de combater? Entre os motivos mais importantes estão o sistema legal chinês relativamente fraco, o protecionismo das autoridades locais e alguns fatores histórico-culturais.

O sistema legal chinês

Embora a China tenha adotado agressivamente novas leis e normas para proteger os direitos de propriedade intelectual, a aplicação da legislação em vigor ainda permanece questionável. Com frequancia, os casos passam por longos procedimentos judiciais antes que uma sentença seja pronunciada. Essa situação é agravada pela falta de juízes profissionais, principalmente nas áreas menos desenvolvidas do país.

Têm sido feitos mais esforços para punir os infratores. Por exemplo, o limiar para abertura de processo criminal contra falsificadores individuais foi baixado de um valor de US$ 12 mil em mercadorias para 6 mil de uma mesma marca, e US$ 3,6 mil de duas ou mais marcas. Porém, as sanções econômicas ainda são fracas demais para deter os falsificadores. Em média, as multas são inferiores a 10 mil *yuans*. Além disso, apenas cerca de 1,1% das vítimas foi indenizada em julgamentos e somente 2,3% dos réus foram condenados (DRC[2] 2004). Surpreendentemente, os equipamentos usados para falsificação foram, algumas vezes, devolvidos pelas autoridades aos falsificadores.

Proteção das autoridades locais

Embora o governo central esteja bastante decidido a combater a falsificação, os governos locais às vezes agem na direção oposta. As empresas geralmente têm dificuldade em obter apoio dos governos locais para perseguir os que infringem os direitos de propriedade intelectual. A razão é simples: os falsificadores, às vezes, são a principal fonte de emprego e de recursos econômicos nessas aldeias. As autoridades do governo local fazem de conta que não veem a falsificação ou até mesmo cooperam ativamente com os falsificadores. Não é raro que os agentes da lei locais recebam subornos, mas, algumas vezes, eles simplesmente têm medo da retaliação das organizações criminais, se realizarem investigações sobre as atividades ilegais.

Fatores histórico-culturais

Outro fator que contribui para a situação são as atitudes sociais gerais permissivas em relação aos direitos de propriedade intelectual. O público chinês, em geral, não tem consciência dos direitos de propriedade. Ainda hoje, muitos chineses, principalmente em áreas rurais, não têm ideia do que são os direitos de propriedade intelectual. Essa situação possui algumas raízes histórico-culturais. Sob o regime comunista, a propriedade privada foi totalmente banida; nessa época, as empresas eram incentivadas a revelar abertamente suas tecnologias. Em 2004, pela primeira vez, a China incluiu a proteção da propriedade privada em sua Constituição. Além disso, a educação chinesa tem enfatizado historicamente a aprendizagem por meio da imitação dos melhores.

O que as empresas fazem nessas circunstâncias? Em primeiro lugar, devem começar por uma auditoria de propriedade intelectual para identificar suas áreas vulneráveis. Depois de essas áreas terem sido identificadas, diversas medidas devem ser implementadas. Seguindo os famosos 4Ps do Marketing (produto, preço, posição e promoção), criamos os 4Ps dos direitos de propriedade intelectual: produto, processo, pessoas e prevenção.

DOCUMENTO 5.1: PROTEÇÃO DOS DIREITOS DE PROPRIEDADE INTELECTUAL

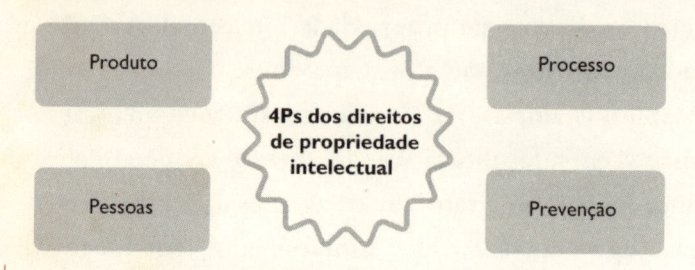

- Produto
- Processo
- Pessoas
- Prevenção

4Ps dos direitos de propriedade intelectual

Produto reporta-se ao uso das medidas necessárias para proteger o produto, ao aplicar os mecanismos que impedem os concorrentes de terem acesso à sua tecnologia. *Processo* refere-se a proteger o *know-how* do processo de produção. Nesse sentido, é importante estabelecer relacionamentos de longo prazo com fornecedores e distribuidores, de modo a criar confiança na cadeia de suprimentos. Um conselho frequente é evitar o uso de tecnologias centrais na China. Caso isso seja necessário, divida a tecnologia em vários elementos para que seus empregados não tenham acesso ao quadro completo. Com *pessoas*, geralmente, referimo-nos aos funcionários. Inclua o comportamento ético como um elemento a considerar no processo de seleção de novos empregados, crie um código de ética e ofereça treinamentos de ética e de direitos de propriedade intelectual em sua organização. Por último, *prevenção* refere-se à aplicação de mecanismos legais, que incluem patentes, registro de marcas, cláusulas de não concorrência em contratos, e assim por diante. Certifique-se de que sua casa esteja em ordem, verificando que todas as suas patentes, marcas registradas e documentos de direitos autorais tenham sido registrados na China.

Não é raro que alguns de seus antigos fornecedores ou parceiros se transformem em seus "melhores" falsificadores. A New Balance, uma empresa de calçados esportivos, com sede em Boston, descobriu que seu fornecedor chinês produziu secretamente dezenas de milhares de tênis de corrida. A Unilever descobriu que um de seus fornecedores vendia o excedente de estoque de sabão diretamente para seus varejistas, sem informar à empresa. Um especialista explicou: "Existem duas posições em um relacionamento comercial chinês: a porta da frente e também a porta dos fundos". Algumas empresas chinesas usam a porta dos fundos para fazer negócios sem que você saiba. Portanto, você deve verificar o histórico e os registros dos parceiros de negócios, de seus principais funcionários e de seus fornecedores mais importantes. Certifique-se de que sejam honestos. Não é uma tarefa fácil, mas vale a pena tentar.

Outras medidas para proteger seus direitos de propriedade intelectual são educar os clientes sobre métodos especiais para identificar mercadorias falsificadas, criar uma linha direta para incentivar denúncias de atividades de falsificação e trabalhar de perto com a polícia e os agentes de impostos. Use seus empregados, fornecedores e distribuidores como seus olhos e ouvidos para identificar mercadorias falsificadas.

A participação em associações empresariais também é uma prática recomendada. A criação do Quality Brand Protection Committee — QBPC (Comitê de Proteção a Marcas e Qualidade) foi um avanço nesse aspecto. Criado em março de 2000, com 12 membros, agora já possui a participação de mais de 100 empresas estrangeiras. Nos últimos anos, o Comitê de Proteção a Marcas e Qualidade tem trabalhado com muita eficiência para promover a proteção aos direitos de propriedade intelectual. Reuniões com autoridades do governo central, como a vice-primeira ministra Wu Yi, têm sido frequentemente organizadas; promovem conferências; realizam campanhas publicitárias; comunicam as práticas recomendadas entre as empresas participantes; defendem a revisão de leis e normas junto ao governo; e treinam autoridades e juízes chineses. É importante evitar confrontos com as autoridades do governo central, pois, se forem criticados, não irão cooperar.

Esteja preparado para alocar recursos suficientes a fim de lutar contra a falsificação e proteger sua propriedade intelectual. Louis Vuitton gastou mais de US$ 16 milhões, em 2004, com investigações e taxas legais[3]. Já a Anheuser-Busch, para superar as cervejas Budweiser, começou a usar em suas garrafas um lacre metálico importado e caro, difícil de ser encontrado na China, impedindo, assim, as falsificações. Além disso, você deve contratar profissionais para ficarem atentos a qualquer infração em potencial. Embora esse tipo de investimento aumente seus custos, ele acabará por se revelar econômico. Ainda que a vitória completa seja inatingível, as multinacionais terão de lutar por seus direitos de propriedade intelectual.

Apesar de as infrações aos direitos de propriedade intelectual serem generalizadas na China, a situação da indústria automobilística é um tanto especial, por vários motivos. Em primeiro lugar, os fabricantes chineses independentes de automóveis são novos demais para possuírem as tecnologias necessárias para esse tipo de produção, usando apenas seus próprios recursos. Em segundo lugar, os fabricantes de automóveis geralmente fazem grandes investimentos e são considerados empresas estratégicas na província em que se localizam, e até mesmo nacionalmente. Assim, desfrutam de atenção especial e de proteção, se necessário, de todos os níveis de governo. Por último, o governo ainda exerce controle estrito sobre os fabricantes estrangeiros de carros e, sendo assim, tem muita influência sobre eles. As disputas de direitos de propriedade intelectual (DPI) são comuns na indústria automotiva da China; diversas montadoras de automóveis também têm aberto processos relativos a casos de transgressões.

No estudo de caso a seguir, GM China *versus* Chery, a General Motors ficou presa em uma difícil disputa de direitos de propriedade intelectual. A Chery, fabricante nacional de automóveis na China, lançou um novo modelo de minicarro, o QQ, em julho de 2003 — diversos meses antes da data prevista para o lançamento do novo minicarro da General Motors (GM), o Chevrolet Spark. O QQ era muito parecido com o Chevrolet

Spark, mas muito mais barato. A GM afirmou que ele era uma cópia não autorizada do Matiz, um modelo de propriedade da GM Daewoo. Contudo, foi um grande sucesso entre os consumidores, enquanto as vendas do Chevrolet Spark foram muito mais baixas do que o esperado. Para piorar as coisas para a General Motors, a Chery estava se expandindo agressivamente para outros países nos quais a GM atuava.

A General Motors tinha muito a resolver: era preciso competir diretamente com a Chery no mercado, enquanto decidia quais ações deveria adotar em relação à transgressão de DPI. Assim, consideraram as seguintes opções: (1) solicitar a mediação do governo chinês; (2) negociações particulares; (3) processar a Chery na China; (4) ir aos tribunais em outros países.

Depois do estudo de caso, você encontrará dois comentários: o primeiro de Gerald Fryxell, professor de Administração na CEIBS; o segundo de Doug Ho Song, diretor administrativo do Doosan Leadership Institute, Doosan Group. Os dois comentaristas fazem uma análise abrangente das disputas e depois oferecem soluções a partir da perspectiva da General Motors. Ambos também destacam as lições a serem aprendidas com este caso pelas multinacionais que desejam vencer na China.

Estudo de caso

GM CHINA *VERSUS* CHERY,
DISPUTA DE DIREITOS DE PROPRIEDADE INTELECTUAL[4]

"A pirataria é parte tão integrante da vida na China, que as pessoas ficam surpresas quando um filme, software ou bolsa comprada lá não é uma falsificação. Agora podemos acrescentar os carros de passageiros à lista de mercadorias falsificadas." (*Forbes*[5])

Em julho de 2003, a SAIC-GM-Wuling Automobile Co. Ltd. (SAIC[6]-GM-Wuling) realizou uma conferência especial em Xangai juntamente com a GM China. A conferência — "Insights sobre a P&D do Chevrolet Spark" — visava à promoção do modelo Chevrolet Spark, que devia ser lançado em dezembro de 2003. Inesperadamente, a GM China alertou o público sobre os perigos ocultos de projetar e produzir carros simplesmente copiando-os. O aviso dirigia-se diretamente ao SAIC Chery Automotive Co. (SAIC Chery), um concorrente que havia conseguido abocanhar, com o lançamento do QQ, o segmento de mercado que era o alvo do Chevrolet Spark, dois meses antes. O QQ era mais do que um pouco parecido com o Chevrolet Spark. Na verdade, ambos se baseavam no modelo Matiz, de propriedade da GM Daewoo Auto & Technology Company (GM-Daewoo). Para complicar ainda mais a situação para a Chevrolet, o QQ custava 6 mil dólares, muito menos do que o preço previsto de 7,5 mil dólares no varejo para o Spark. Alguns jornalistas, intrigados na conferência, perguntaram a Phil Murtaugh, o CEO da GM China: "Qual é o original, o Chevrolet Spark ou o Chery QQ?". Ao confrontar essa situação, a GM China considerou imperativo agir. Porém, não tinham certeza de qual seria o melhor método para apresentar as provas nem de quais providências deveriam tomar.

História da GM China

A General Motors Corp., fundada em 1908, era a maior fabricante de veículos no mundo. A empresa empregava aproximadamente 325 mil pessoas e estava presente em mais de 200 países e regiões em todo o mundo. Em 2003, a GM vendeu 8,6 milhões de veículos, sendo responsável por 15% do mercado global.

A General Motors entrou no mercado chinês no início dos anos 1990. Depois de vencer sua rival americana, a Ford, em uma concorrência pública, estabeleceu a maior *joint venture* na China com a SAIC, em 1997, e posteriormente começou a fabricar Buicks, em 1999. No final de 2003, a General Motors havia lançado as marcas Cadillac, Buick, Chevrolet, SAAB, Opel e AcDelco, no mercado chinês, somando 11 mil funcionários no país. A General Motors participava de cinco *joint ventures* automotivas e de um centro técnico em *joint venture*, além de ter duas subsidiárias próprias na China. A General Motors planejava conquistar diferentes segmentos do mercado automotivo com esses cinco empreendimentos conjuntos. Mais especificamente, a Xangai General Motors Co. focava-se em veículos de padrão médio ou elevado; a Xangai GM Dongyue Motors Co. concentrava-se em carros econômicos; a Jinbei General Motors Automotive Co. fabricava essencialmente veículos multipropósitos e voltados ao trabalho; e a SAIC-GM-Wuling tinha em vista o mercado de miniveículos. O Estudo de Caso – Documento 5.1 apresenta uma lista completa das subsidiárias da GM China.

ESTUDO DE CASO - DOCUMENTO 5.1: SUBSIDIÁRIAS DA GM CHINA

Fonte: www.gmchina.com.

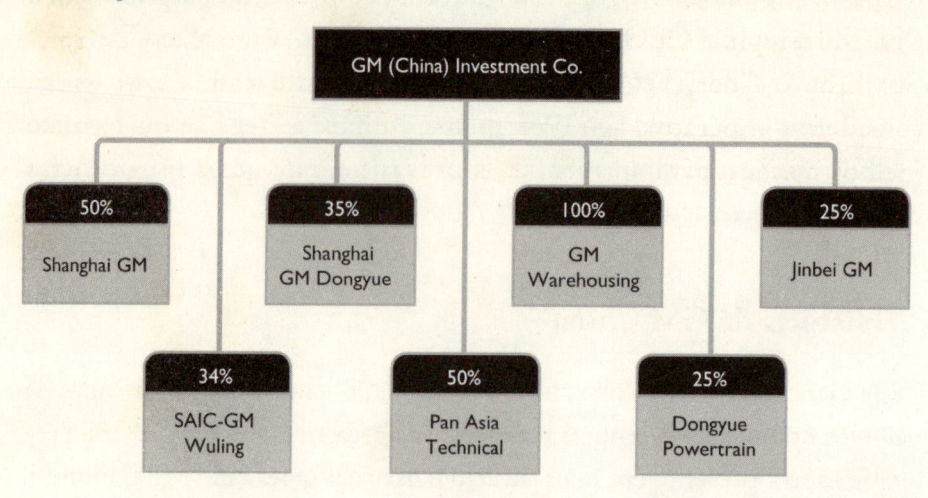

- GM (China) Investment Co.
  - 50% Shanghai GM
    - 34% SAIC-GM Wuling
  - 35% Shanghai GM Dongyue
    - 50% Pan Asia Technical
  - 100% GM Warehousing
    - 25% Dongyue Powertrain
  - 25% Jinbei GM

A General Motors reconhecia cada vez mais a importância do mercado chinês para sua estratégia global e sua perspectiva no longo prazo. Em junho de 2004, Rick Wagoner, o CEO, anunciou um investimento adicional de 3 bilhões de dólares em seu empreendimento conjunto com a SAIC para expandir seus negócios na China, e mudou a sede da General Motors' Asia Pacific de Singapura para Xangai, China.[7] Em abril de 2004, a General Motors havia dominado 11% do mercado automotivo da China, atrás apenas dos 26% de participação no mercado obtidos pela Volkswagen, outra importante parceira da SAIC. O setor automotivo chinês era muito mais lucrativo que o da América do Norte, como demonstrado pelos lucros da General Motors, de 437 milhões de dólares nas vendas de 386 mil carros na China, em comparação com os lucros de 811 milhões de dólares nas vendas de 5,6 milhões de carros na América do Norte.[8]

Chery

A Chery estava situada na cidade de Wuhu, na província de Anhui, no Leste da China, uma província no interior do país, a cerca de quatro horas de carro de Xangai. A empresa que a antecedeu era a Anhui Automotive Parts Co.

Fundada em 1997, a Chery era um pilar da economia local, sendo responsável por cerca de 44% do PIB de Wuhu. Zhan Xialai, presidente do conselho de administração da Chery, era também o secretário do Comitê do Partido Comunista da China, em Wuhu. Começando a produzir automóveis, em maio de 2000, com uma capacidade de produção anual de 300 mil carros, a empresa obteve a certificação ISO 9001, em fevereiro de 2001. Além disso, foi a primeira fabricante de automóveis local a alcançar a certificação TS16949, que era considerada o sistema de certificação mais estrito do mundo.

Embora criada em 1997, a Chery só obteve permissão para fabricar carros de passageiros em janeiro de 2001. Nesse ano, a empresa vendeu 30 mil carros e aumentou esse número para 50 mil, no ano seguinte. Ao contrário da maioria dos fabricantes chineses de automóveis, que fabricava carros por meio de empreendimentos conjuntos com fabricantes estrangeiros, a Chery estava determinada a agir de modo independente. Sua estratégia era ser uma montadora independente de automóveis, integrando recursos mundiais e servindo a mercados domésticos e internacionais.

Um casamento forçado entre a SAIC e a Chery

A fundação da Chery, em 1997, foi feita sem a aprovação formal do governo central da China. No final de 2000, mais de 1,7 bilhão de *yuans* havia sido investido na empresa; no entanto, a Chery ainda teve dificuldade para obter uma qualificação legal formal. Seguindo a mediação dos governos central de Anhui e de Xangai, o governo Wuhu decidiu transferir 20% do patrimônio da Chery para a SAIC sem custos, com a condição de ela estar excluída dos pagamentos de dividendos e da administração. Foi por meio desse acordo que os carros da Chery foram incluídos na National Auto List (Lista Nacional de Carros) e puderam ser vendidos no mercado chinês.

O crescimento da SAIC Chery, depois disso, tornou-se quase lendário. Apesar de sua curta história, a SAIC Chery vendeu 90 mil carros localmente, em 2003, e exportou 1.200 carros, sendo responsável por 50% de todos os automóveis chineses exportados naquele ano. A velocidade com que a SAIC Chery entrou nos mercados internacionais surpreendeu seus concorrentes locais. Em maio de 2003, a empresa anunciou a criação de uma *joint venture* no Irã para fabricar 50 mil carros por ano. Com preços baixos e modelos atraentes, a SAIC Chery emergiu como uma representante das marcas nacionais chinesas. Depois da participação inicial de 20% na Chery, em 2000, continuou a tentar aumentar seu investimento patrimonial na SAIC Chery, mas encontrou relutância por parte do governo de Wuhu. A SAIC e a SAIC Chery continuaram a ter um relacionamento apenas formal. Embora a primeira auxiliasse a segunda em produtos e tecnologias, a SAIC Chery mantinha sistemas de vendas e de produção separados. Além do mais, a SAIC não era sequer informada sobre as reuniões do conselho de administração da Chery; assim, o casamento entre ambas era apenas de interesses formais.

Setor automobilístico na China

O setor automotivo estava em plena expansão na China e continuava a atrair novas empresas. No período de 1992 a 2002, o crescimento médio da produção foi de 15% ao ano (ver Estudo de Caso – Documento 5.2). A diminuição das taxas de importação, o aumento das opções de modelos e a maior disponibilidade de empréstimos para aquisição de automóveis provocaram um grande aumento na demanda por carros. Em 2003, a China fabricou 4,44 milhões de veículos, com um aumento de 35% na produção em relação ao ano anterior, e passou a ser o quarto país na fabricação de automóveis no mundo. Os carros de passageiros representavam 45% de todos os veículos fabricados, ou cerca de 2,02 milhões de automóveis. Como estimado por J. D. Power & Associates, havia apenas oito veículos para cada mil residentes na China *versus* 940 veículos nos Estados Unidos e 584 veículos na Europa Ocidental. Não é de surpreender que tantos gigantes da indústria automotiva vissem a China como um campo de batalha para a liderança global do setor.[9]

A China estabeleceu restrições estritas para que empresas estrangeiras investissem em seu setor automotivo, das quais a mais notável era um máximo de 50% de participação no patrimônio das *joint ventures*. No final dos anos 1980, a Volkswagen AG tornou-se a primeira empresa estrangeira a entrar no mercado chinês. No final da década seguinte, muitas outras gi-

ESTUDO DE CASO - DOCUMENTO 5.2: O CRESCIMENTO RÁPIDO DO SETOR
AUTOMOTIVO NA CHINA

Fonte: Xu Xiaofeng, "Research Report on the Automotive Industry". Tequ Securities Research Institute, 17 de junho de 2002.

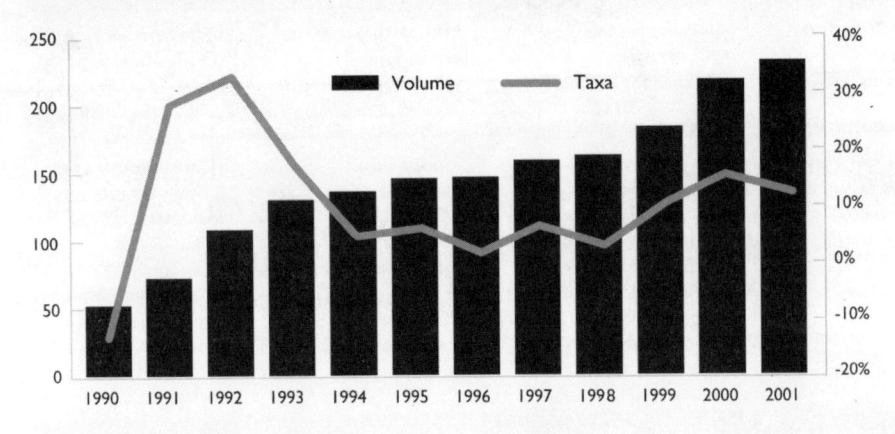

gantes do ramo automotivo apressaram-se para entrar na China. Atualmente, quase todos os principais atores do mercado mundial de automóveis estão presentes nesse país. Veja o Estudo de Caso – Documento 5.3 que apresenta o processo de abertura da indústria automobilística na China. A maioria dos principais fabricantes de carros lá era formada por *joint ventures* (ver Estudo de Caso – Documento 5.4 que informa os dez principais fabricantes de carros na China, em 2003).

Tanto o Chery QQ quanto o Chevrolet Spark eram classificados como minicarros. A categoria de minicarros abrange automóveis com menos de quatro metros de comprimento e com um motor de menos de 1.3L. Por muito tempo, a Tianjin Xiali Automobile Co. e a Chongqing ChangAn Auto Co. dominaram o mercado de minicarros na China, cada uma com uma produção de 100 mil carros por ano. Porém, as duas empresas estavam tendo problemas com projetos obsoletos e aparência antiquada. Em 2001, Geely, um novo fabricante nacional de automóveis, foi bem-sucedido ao entrar nesse segmento e, assim, aumentou o interesse dos outros concorrentes. Segundo o *China Automotive Industry News*, 227.340 minicarros foram vendidos entre janeiro e julho de 2003, um aumento de 141,5% em relação ao mesmo período do ano anterior. Essa taxa de crescimento foi muito mais elevada do que a dos segmentos de carros médios e de luxo.

ESTUDO DE CASO - DOCUMENTO 5.3: EVOLUÇÃO DO SETOR AUTOMOTIVO DA CHINA

Fonte: McKinsey, New Horizon: MNC's Investment in Developing Countries — An Overview of China's Automotive Industry, www.mckinsey.com.

Completamente fechado (antes de 1985)	Participação estrangeira limitada (1985-1997)	Mais participação estrangeira (1998-2001)	Entrada na OMC (desde 2001)
Fatores externos			
• Sem importações nem investimentos estrangeiros	• *Joint ventures* limitadas, aprovadas pelo governo • Altos impostos sobre importações e cotas de importação • Poucas dificuldades para entrada de empresas locais devido ao protecionismo	• Incentivo ao investimento estrangeiro • Condições de porcentagem no patrimônio e proporção de produção local • Distribuição controlada pelo governo	• Tarifa reduzida para 25% e extinção das cotas • Extinção das restrições ao investimento estrangeiro em distribuição e financiamento de automóveis
Dinâmica do setor			
• Três grandes estatais automotivas • Economia planejada	• A Volkswagen tornou-se o primeiro investidor estrangeiro e dominou o mercado por cerca de dez anos	• Mais modelos de carros • Quatro *joint ventures* dominavam o mercado • Integração vertical	• Concorrência acirrada, preço mais baixo e qualidade mais elevada • Mais exportações de peças automotivas
Desempenho			
• Tecnologia ultrapassada, poucos modelos, tecnologia da URSS • Produção por compra do governo	• Preço alto, extremamente lucrativo • Subsetores pouco desenvolvidos, resultando em custos elevados	• Maior produtividade • Lucros elevados	• Guerra de preços diminuindo os lucros, mas economia de escala auxilia a diminuir a queda dos lucros • Investimento contínuo resultando em capacidade ociosa

ESTUDO DE CASO - DOCUMENTO 5.4: 10 MAIORES FABRICANTES DE CARROS NA CHINA

Fonte: China Association of Automobile Manufacturers.

Posição	Empresa	Produção de 2003	Produção de 2002	Aumento (%)
1	Shanghai Volkswagen	405.252	278.890	45.31
2	FAW Volkswagen	302.346	191.695	57.72
3	Shanghai GM	168.991	111.623	51.39
4	FAW Xiali	166.721	89.920	85.41
5	Guangzhou Honda	117.178	59.080	98.34
6	Dongfeng	105.475	84.378	25.00
7	ChangAn Automobile	102.083	67.846	50.46
8	SAIC Chery	101.141	50.398	100.68
9	Guangzhou Aeolus	66.134	39.047	69.37
10	Beijing Hyundai	55.113	0	–

Disputa em relação ao Chery QQ

ESTUDO DE CASO - DOCUMENTO 5.5:
O MODELO MATIZ DA GM DAEWOO
Fonte: SINA Auto.

Tanto o Chery QQ como o Chevrolet Spark pareciam muito similares ao GM Daewoo Matiz (ver Estudo de Caso – Documento 5.5). O Matiz era um minicarro muito popular que lançou moda entre os automóveis urbanos, ao ser lançado, em 1998. Ele atingiu o recorde de vendas de um único modelo durante seu primeiro ano no mercado, na Coreia do Sul. Produzido nas fábricas da Daewoo na Índia, Romênia e Polônia, além de ter sucesso nas vendas, o Matiz recebeu muitos prêmios, entre eles o de "Mais Belo Automóvel do Mundo", em 1998, o de "Melhor Modelo de Minicarro", no Salão Internacional de Carros, no Reino Unido, em 1998, e o de "Mais Belo Minicarro do Mundo", em 2002.

O Chevrolet Spark era a versão chinesa do GM Daewoo Matiz, exceto pelo acréscimo de um bagageiro. Além da semelhança na aparência (ver Estudo de Caso – Documento 5.6), o Chery QQ e o Chevrolet Spark também tinham vários parâmetros técnicos comuns (ver Estudo de Caso – Documento 5.7, que apresenta uma comparação entre ambos). Em termos de tamanho, o Chery QQ era um pouco maior do que o Chevrolet Spark, mas isso não era fácil de perceber.

ESTUDO DE CASO - DOCUMENTO 5.6:
QQ E CHEVROLET SPARK
Fonte: www.qianlong.com.

QQ

Spark

O sucesso imediato do QQ pode ser atribuído à sua aparência nova e às inovadoras táticas de marketing da empresa. Com um preço de varejo de 6 mil dólares por carro, a Chery tornou quase impossível que seus concorrentes competissem em relação ao preço. Além disso, a empresa conseguiu atrair muitos fãs jovens e estabeleceu o QQ como um símbolo de estilo desse público por meio de uma série de esforços de marketing denominados "Amor de QQ", que incluíam questionários *online*, promoções e competições de redação.

ESTUDO DE CASO - DOCUMENTO 5.7: COMPARAÇÃO DE PARÂMETROS ENTRE O QQ E O CHEVROLET SPARK
Fonte: Chengdu Qiche Web, www.auto028.com.

Dimensão do veículo	QQ	Chevrolet Spark
Comprimento	3,550 mm	3,495 mm
Largura	1,508 mm	1,495 mm
Altura	1,491 mm	1,485 mm
Distância entre os eixos	2,348 mm	2,340 mm
Eixo dianteiro	não disponível	1,315 mm
Eixo traseiro	não disponível	1,280 mm
Diâmetro mínimo de curva	9,5 m	9,2 m
Distância do solo	125 mm	130 mm
Ângulo de aproximação	21 graus	21 graus
Ângulo de partida	33 graus	33 graus
Peso do veículo	880 kg	840 kg
Carga máxima	não disponível	1,215 kg
Capacidade do tanque de combustível	não disponível	35L
Capacidade do porta-malas	190-1308L	180–1300L
Motor		
Modelo	não disponível	Daewoo M-Tec
Tipo	L4, OHC	L3, SOHC 6 válvulas SOHC6
Deslocamento	1.051 mL	769 mL
Potência máxima	38.5kw/5,200 rpm	37.5kw/6,000 rpm
Torque máximo	83Nm/3,000 rpm	68.6Nm/4,600 rpm
Compressão	9.1	9.3
Diâmetro X curso	65.5mm X 78mm	não disponível
Sistema de direção	FF	não disponível
Transmissão		
Tipo	5 marchas manual	5 marchas auto/manual
Suspensão		
Dianteira	Braços McPherson	Braços McPherson
Traseira	Dependente	Barra estabilizadora
Direção		
Tipo	não disponível	Pinhão e cremalheira, direção hidráulica
Sistema de freios		
Dianteiros/traseiros	Disco/tambor	Disco ventilado/tambor
Rodas e pneus		
Rodas	13" alumínio	4,5 x 13" alumínio
Pneus	175/60 R3	155/65 R13
Desempenho		
Velocidade máxima	140 km/h	140 km/h
Parâmetros de economia		
Consumo de combustível	4,4L/100 km, a 60 km/h constantes	4L/100 km, a 90 km/h constantes
Emissão	Euro II	Euro II

Discussões amargas

Segundo a General Motors, a GM Daewoo havia autorizado formalmente a SAIC-GM-Wuling a fabricar e a vender o Chevrolet Spark. Nenhuma outra empresa jamais fora autorizada a usar nenhuma das patentes ou tecnologias do Matiz na China. Portanto, questionou os processos de P&D da Chery. De modo geral, o processo de P&D de um novo carro era complexo, com 15 etapas que levavam 40 meses para serem concluídas. Porém, a SAIC Chery levou apenas dois anos na P&D para seu modelo QQ. Li Zhenfan, o executivo responsável pelo desenvolvimento do Matiz 150 na GM Daewoo, comentou:

> Levamos 51 meses e gastamos 200 milhões de dólares para aperfeiçoar o Matiz do primeiro modelo lançado para o segundo. O desenvolvimento do motor do Matiz custou várias centenas de milhões de dólares adicionais.[10]

Zhang Jie, diretor de interiores dos carros no Centro Técnico Automotivo para a Ásia, alertou:

> Processos de fabricação não padronizados podem resultar em sete perigos: dificuldade em dirigir; cor que desbota facilmente, quando exposta ao sol; falha em peças automotivas; vulnerabilidade do material sob temperaturas extremas; desempenho ruim do veículo; desempenho ruim ao tratamento antierosão do veículo e das peças; e menos segurança (ibid).[11]

Apesar desses questionamentos, a SAIC Chery tinha muita confiança em seu processo de P&D. A empresa investiu 700 milhões *yuans*, incluindo 500 milhões *yuans* para constituir seu instituto. Ela recrutou diversos especialistas do setor, entre eles Xu Min, que fora diretor do

Instituto de Engenharia Automotiva da Chery, tinha experiência anterior na Delphi e na Visteon, como especialista de motores e como vice-presidente, e que havia sido considerado o "Melhor Projetista de Carros" de 2003, na China. Seiscentas pessoas trabalhavam no instituto, inclusive 35 especialistas estrangeiros da Ford, General Motors e outras empresas do ramo automotivo. Em 2004, a SAIC Chery foi nomeada como a única empresa automobilística entre as 153 bases nacionais para a transformação no "Plano 863" da China.[12] Xu Min estava, obviamente, orgulhoso com essas realizações e fez a seguinte observação:

> A Toyota, como uma retardatária no setor automobilístico mundial, pode alcançar os concorrentes apenas com esse modelo. Então, por que os chineses não podem encontrar um novo modo de desenvolvimento caracterizado por mais eficiência, qualidade e tecnologia?[13]

Um artigo escrito para os líderes governamentais descreve vividamente os detalhes da P&D da Chery:

> Algumas empresas de automóveis decidiram apoiar-se apenas em suas *joint ventures* e planejavam demitir os funcionários de seus centros técnicos. Portanto, essas pessoas (cerca de 20) esperavam trabalhar para outras empresas e a SAIC Chery convidou-as (...) Para demonstrar sua capacidade, eles trabalharam incansavelmente e conseguiram projetar o Oriental Son e o QQ em apenas oito meses.[14]

Sun Yong, diretor de vendas, SAIC Chery, acrescentou:

> O QQ obteve 25 patentes nacionais em relação à aparência, ao acabamento interior e estrutura. Assim, é ridículo dizer que violamos os Direitos de Propriedade Intelectual (DPI) dos outros.[15]

Chen Jiangang, professor da Universidade Xangai Jiaotong, tem outra opinião:

> Embora o Matiz não tenha registrado patentes para seu projeto, sua aparência deveria ser automaticamente protegida segundo as leis de copyright.[16]

Embora a SAIC Chery negasse firmemente essas acusações, havia uma frase interessante em seu *website*:

> Em certo ponto do desenvolvimento, absorvemos algumas vantagens dos produtos de nossos rivais.[17]

Um jornal em Beijing considerou que as disputas de direitos de propriedade intelectual eram uma trama das multinacionais:

> Depois que o Chery Flagcloud foi lançado no mercado, a Volkswagen comprou um veículo e levou-o para sua sede, na Alemanha, para ser estudado. Para sua surpresa (...) era um ótimo carro vendido a preços baixos. (...) Então, em maio de 2002, a Volkswagen pediu que a SAIC apresentasse sua sugestão de compra da SAIC Chery (...) A SAIC Chery rejeitou a oferta sem hesitação (...) Em julho de 2002, a Volkswagen afirmou que a SAIC Chery havia violado DPIs (...) Reconhecidamente, o QQ e o Oriental Son podem ter imitado alguns aspectos do Matiz e do Magnus, ou foram inspirados pelos conceitos dos outros modelos de carros, mas nada foi feito contra a lei.
>
> A GM ficou brava com a Chery por dois motivos. Em primeiro lugar, a GM simplesmente não acreditava que uma empresa tão jovem pudesse criar dois modelos novos por si mesma e em um período tão curto (...) A Chery tinha desenvolvido os dois modelos por meio de engenharia reversa (...) A engenharia reversa é uma prática comum no ramo automotivo, e é legal. Em segundo lugar, o QQ destruiu o sonho que a Chevrolet tinha para o Spark (...) Enfrentando grandes perdas financeiras, não era de sur-

preender que as multinacionais reclamassem amargamente das empresas chinesas que detinham seus próprios direitos de propriedade.[18]

Em abril de 2003, a General Motors contratou um agente para investigar o Chery QQ mais detalhadamente. Descobriu-se que a estrutura do veículo, a aparência externa, o projeto interior e as principais peças do Chery QQ e do Chevrolet Spark eram praticamente os mesmos. Surpreendentemente, a maioria das peças podia ser usada em ambos os modelos.[19]

Um problema comum para as empresas estrangeiras de automóveis

A General Motors não foi a primeira empresa estrangeira de automóveis com problemas de direitos de propriedade intelectual na China. A Daimler Chrysler havia acusado a Geely Automobile Co. de copiar partes de seus veículos. Porém, a Geely venceu o caso, em novembro de 2003, porque possuía as patentes relevantes. Em fevereiro de 2003, a Toyota acusou a Geely de copiar sua marca registrada e enganar os consumidores. A Geely usou a marca registrada TOYOTA e a frase "Automóvel Meiri[20], Motor Toyota" em seus anúncios. O processo da Toyota foi arquivado pelos tribunais, em novembro de 2003. A Volkswagem ameaçou processar a SAIC Chery. Como alguns fornecedores da Xangai Volkswagen[21] também forneciam para a SAIC Chery, algumas peças dos automóveis Chery eram iguais às do Santana, o principal modelo da Xangai Volkswagen. Depois da mediação de seu parceiro em comum, a SAIC, a SAIC Chery concordou em indenizar a Volkswagen em aproximadamente 18 milhões de dólares.[22] A Nissan processou a Great Wall Automobile Holding Co. por copiar um modelo SUV Nissan vendido no mercado americano. A Honda também entrou com diversos processos e venceu o caso contra o Grupo Chongqing Lifan, que vendia motores com a marca HONGDA. O Grupo Lifan recebeu ordens de indenizar a Honda em aproximadamente 180 mil dólares. Além disso, a Honda também processou a Shuanghuan Automobile por copiar seu modelo CR-V.

A ambição internacional da SAIC Chery

As disputas de direitos de propriedade intelectual na China não abalaram a ambição da SAIC Chery de se expandir nos mercados internacionais. Assim, ela fez um movimento muito estratégico ao decidir penetrar primeiro nos mercados considerados menos importantes pelas multinacionais. Em outubro de 2001, a empresa começou a exportar carros para o Oriente Médio; negociou com empresas no Paquistão, Egito, Síria e em outros países para estabelecer *joint ventures*. Em outubro de 2004, a fábrica da SAIC Chery no Irã começou a produzir carros. Além disso, ela estabeleceu 21 concessionárias na Síria, que venderam 3 mil automóveis Chery. Foi dito que a SAIC Chery até planejava transferir algumas tecnologias para empresas estrangeiras. Um fabricante europeu de carros abordou-a para discutir a possibilidade de um fabricante de equipamentos originais. Mesmo com esses movimentos pioneiros e seu sucesso inicial, a SAIC Chery ainda enfrentou dificuldades nos mercados internacionais devido à sua marca relativamente desconhecida, à falta de pessoal talentoso, bem como a outros fatores-chave.

Escolhas da GM

Em 8 de novembro de 2003, o primeiro Chevrolet Spark saiu da linha de montagem; as vendas foram muito mais baixas do que se esperava. Em agosto de 2004, apenas 365 carros Spark haviam sido vendidos. Em 22 de setembro de 2004, a SAIC Chery declarou que o novo QQ EZDrive logo estaria disponível. No dia seguinte, a SAIC-GM Wuling anunciou uma redução de 1.932 dólares no preço do Spark com 0.8L e transmissão manual, que passou a ser vendido por 5.531 dólares. Por sua vez, o preço do Spark com transmissão automática teve um corte de 13,7% e passou a 7.584 dólares. Esse corte de até 26% nos preços estabeleceu um novo recorde para os minicarros nacionais. Em 10 de outubro, a SAIC Chery começou a vender o novo QQ EZDrive a apenas 1 *yuan* a mais do que o

Spark. Em 2004, o volume de vendas do QQ e do Spark foi estimado em uma proporção de 6 para 1 (ver Estudo de Caso – Documento 5.8). O corte no preço foi uma decisão dolorosa para a SAIC-GM-Wuling, conforme descrito em relatório:

> O corte no preço representou grandes perdas para a SAIC-GM-Wuling (...) Parecia que a SAIC-GM-Wuling tinha poucas alternativas. Ela precisava diminuir seus estoques e, ainda mais importante, competir de igual para igual com a Chery QQ (...) A SAIC-GM-Wuling lucrou apenas 16,7 milhões de dólares no ano passado (...) Depois de um corte tão significativo no preço, a SAIC-GM-Wuling ainda tinha de manter um sistema de assistência técnica pós-venda, o que era um grande desafio (...) A única razão possível para tal ação era liquidar o estoque do 0.8L Spark para abrir caminho para o 1.0L Spark, que será lançado em novembro. O 1.0L Spark será a nova esperança da SAIC-GM-Wuling.[23]

Segundo Rick Wagoner, CEO da General Motors: "Sempre existe um risco quando se investe em um mercado emergente. Mas o maior risco é não estar presente nele"[24].

Mesmo antes de as disputas relativas ao Chery QQ e ao Chevrolet Spark serem resolvidas, outro modelo SAIC Chery causou problemas de direitos de propriedade intelectual. No início de dezembro de 2003, a GM China acusou o Oriental Son da SAIC Chery, que fora lançado no mercado em julho de 2003, de ser uma cópia do Magnus da GM Daewoo. Mais uma vez, a SAIC Chery defendeu-se, dizendo que o Oriental Son havia sido desenvolvido de modo independente pela SAIC Chery, estava protegido por muitas de suas próprias patentes e não violava nenhum direito de propriedade intelectual. Em 3 de dezembro de 2003, um vice-ministro de Relações Internacionais disse, em uma entrevista coletiva, que o Ministério de Comércio da China havia realizado reuniões com a GM China a fim de encontrar uma solução para as disputas entre a General Motors e a SAIC Chery.

Diante das ações agressivas da SAIC Chery, tanto na China como internacionalmente, a General Motors precisava fazer mais do que simplesmente cortar preços. Em primeiro lugar, a empresa precisava encontrar um modo de proteger seus interesses na China. Em segundo lugar, a General Motors precisava decidir qual seria o melhor modo de lidar com o governo chinês. Será que a General Motors deveria atacá-lo, tentar um acordo privado sem interferência dele ou usá-lo como mediador? A General Motors questionou suas chances de vencer o caso, se resolvesse ir à justiça. Como deveria reagir, se o governo central apoiasse a SAIC Chery? Era muito importante que a General Motors não colocasse em risco seu relacionamento com o governo. Por fim, a empresa tinha de considerar se não seria melhor simplesmente tomar providências contra a Chery fora da China.

ESTUDO DE CASO - DOCUMENTO 5.8: VOLUME DE VENDAS DO QQ E DO CHEVROLET SPARK (JAN-JUL 2004)

Fonte: Accuracy Automotive, CAND Weekly Digest, September 6-10, 2004.

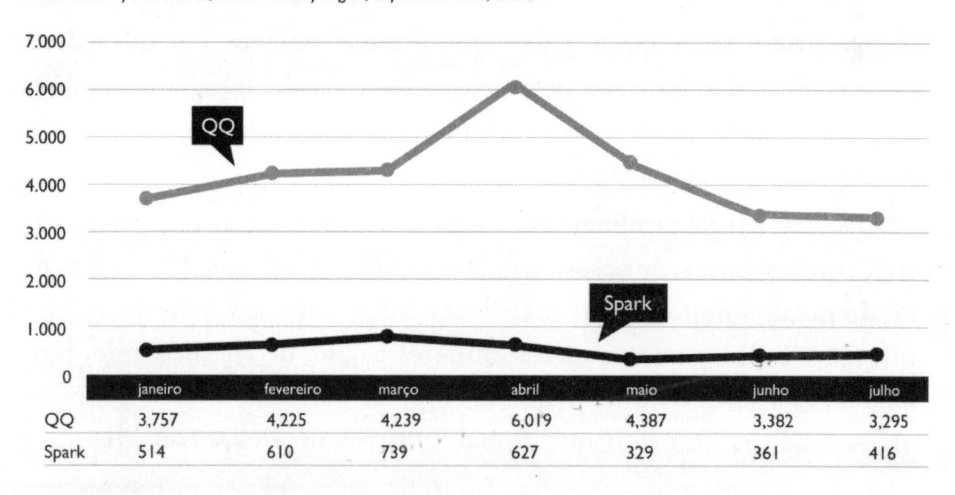

	janeiro	fevereiro	março	abril	maio	junho	julho
QQ	3.757	4.225	4.239	6.019	4.387	3.382	3.295
Spark	514	610	739	627	329	361	416

Comentários de caso

COMENTÁRIO 1
GERALD E. FRYXELL
PROFESSOR DE ADMINISTRAÇÃO
CHINA EUROPE INTERNATIONAL BUSINESS SCHOOL
(CEIBS)

O caso coloca a seguinte questão: o que a GM China deveria fazer em relação à imitação suposta e evidente de seu modelo "Matiz" da GM-Daewoo?

A GM China deveria considerar as seguintes ações:

• Parece aconselhável que a General Motors tente alguma forma de processo contra a Chery (...) embora o mais provável seja perder o caso. Deve-se lembrar que o sistema judiciário na China não está muito maduro e que pode parecer que existam diferenças suficientes entre o QQ e o Spark para que não fique óbvio ser o QQ uma clara violação dos direitos de propriedade intelectual da GM. Assim, seria ingênuo que a General Motors esperasse que a "letra da lei", conforme ocorre nas operações no mundo "desenvolvido", fosse aplicada de modo firme e coerente. Por um lado, a própria ideia de direitos de propriedade intelectual é relativamente nova na China, e a sociedade chinesa continua a aceitar bastante a ideia de "cópia", em todas as suas formas.

O sistema legal também está ainda se desenvolvendo e, seguindo as tradições culturais chinesas, os juízes tendem a ser mais flexíveis e, de modo geral, a impor penas mais leves. Além do mais, a General Motors deve esperar que os juízes chineses sejam, de algum modo, tendenciosos a favor de uma pequena empresa nacional que esteja sendo pressionada por uma gigante global. Outro ponto a ser considerado é que esse processo pode ser visto de modo negativo pelo público, em razão do mesmo motivo. De qualquer modo, a General Motors ainda é o jogador com os bolsos mais cheios e precisa enviar um sinal para que a Chery pense duas vezes antes de copiar ostensivamente seus produtos. O leitor também deve lembrar que a Chery parece ter a intenção de liderar os fabricantes chineses de automóveis nos mercados de exportação. Em algum desses locais, talvez a General Motors possa ter mais chances em um processo.

♦ A General Motors também deveria fazer o que puder para tentar impedir o possível fluxo de informações para os concorrentes. Isso pode ser realizado principalmente por meio de segurança mais rígida em relação a informações e ao se certificar de que os detalhes sobre os modelos estejam suficientemente dispersos, de tal modo que seja difícil "roubar" planos e projetos. Por outro lado, há pouco que a General Motors possa fazer para se proteger contra a prática de "engenharia reversa" (a desmontagem e a cópia de peças específicas depois que um produto está disponível no mercado). É preciso lembrar que a Chery foi formada a partir de uma empresa que, anteriormente, fabricava autopeças e, provavelmente, era muito habilidosa nisso.

Além disso, o fato de a SAIC ser parte de *joint ventures* com os dois concorrentes também é problemático. Embora o caso pareça indicar que a SAIC tinha pouca influência direta sobre a Chery, algumas pessoas nessa empresa, sem dúvida alguma, tinham muitas informações, e isso, certamente, podia provocar um conflito de interesses. Assim, a General Motors deveria obrigar a SAIC a deixar a aliança com a Chery. Tanto a Chery quanto a cidade de Wuhu parecem ter pouca resistência em relação a isso.

♦ O mais fundamental, contudo, é que a General Motors *não* deveria estar no mercado de minicarros e deveria renunciar aos seus interesses no empreendimento conjunto SAIC-GM-Wuling como uma linha de produtos na qual não está bem posicionada no mercado. Ela deve encarar a realidade de que será muito difícil competir com um concorrente local

— e aparentemente muito ágil — em um segmento de mercado no qual os consumidores são muito focados nos preços, no qual a General Motors tem pouca identidade de marca preexistente, e a velocidade de desenvolvimento de produtos e as conexões com o governo são essenciais. Sem dúvida, considerando-se os últimos pontos, é admirável o modo como a Chery superou a General Motors, lançando seu produto oito meses antes (supostamente depois de um início tardio, caso tenham roubado o projeto). Isso, juntamente do conhecimento do marketing local, literalmente esvaziou as vendas do Spark, provocando drásticos cortes em seus preços, simplesmente para comercializar os estoques indesejados. A estrutura da *joint venture*, por si mesma, provavelmente desacelerava o ciclo de projeto e lançamento do produto, e, globalmente, a General Motors tinha a reputação de ser lenta no lançamento de seus projetos. Assim, ela não devia nem podia competir com o preço de um fabricante local como a Chery. Sua maior esperança está em produzir um carro de boa qualidade com tecnologia avançada nos segmentos de mercado superiores e menos focados no preço.

Esse estudo de caso serve para lembrar as empresas estrangeiras de que é importante proteger seus direitos de propriedade intelectual, mas também de que será difícil fazer isso na China. As multinacionais devem fazer todo o possível para proteger seus direitos de propriedade intelectual. Isso inclui pontos básicos, como registrar os direitos de propriedade intelectual e patentes (algo que, infelizmente, a General Motors não fez antes que fosse tarde demais), além de manter boas relações com o governo de modo a obter a cooperação das autoridades na aplicação desses direitos. As empresas na China também precisam inovar de outros modos; isso pode incluir embalagens especiais, criação de "linhas diretas" para tentar descobrir onde se situam as operações de falsificação, ou contratar agentes especiais que trabalhem nessa área. O essencial é que as empresas posicionem estrategicamente seus produtos e marcas, de modo a não ser vulneráveis à concorrência dos falsificadores.

COMENTÁRIO 2
DOUG HO SONG
DIRETOR ADMINISTRATIVO
DOOSAN LEADERSHIP INSTITUTE
DOOSAN GROUP

É óbvio que existe falsificação. A Chery vendeu 90 mil carros, em 2003, e exportou 1.200 carros, sendo responsável por 50% de todos os automóveis chineses exportados naquele ano. O resultado pode ser considerado lendário. Ao contrário da maioria dos fabricantes chineses de automóveis, a estratégia da Chery era ser um fabricante independente de automóveis.

Como a Chery pode alcançar esse enorme crescimento? Como fez isso, mesmo sendo um dos últimos fabricantes a surgir no mercado de automóveis da China, que é caracterizado por ter uma competição feroz? Ser independente pode ser recompensador no longo prazo, mas não explica o sucesso. Em minha opinião, eles foram criativos.

O Chery QQ tem aparência muito similar à do Matiz, o modelo original para o Chevrolet Spark. Segundo o estudo da General Motors, as peças de ambos os modelos são intercambiáveis. Supostamente, o QQ foi desenvolvido em tempo extremamente curto e a custo muito baixo. A Chery levou apenas dois anos na P&D para seu modelo QQ, enquanto os outros fabricantes de carros médios precisam de 40 meses para completar todo o processo de um protótipo de carro. A GM Daewoo gastou 200 milhões de dólares para aperfeiçoar o Matiz do primeiro modelo, lançado para o segundo. Mas a Chery gastou apenas 200 milhões de *yuans* (25 milhões de dólares) para desenvolver um modelo do zero.

Outro fato crucial é que o Oriental Son da Chery é, supostamente, uma cópia do Magnus da GM Daewoo. Tanto o Chery QQ quanto o Oriental Son foram projetados como cópias do Matiz e do Magnus, e ambos são produzidos pela mesma empresa. Isso não pode ser uma coincidência. Em minha opinião, esse é o segredo do sucesso do QQ da SAIC. Isso explica como uma empresa independente, sem experiência anterior e com capital limitado, está se saindo tão bem em um mercado tão difícil.

Como a GM China deve agir em relação a disputas de direitos de propriedade intelectual?

O mercado chinês é muito atraente para todos os fabricantes de automóveis do mundo. A GM China deve proteger seu interesse nesse mercado e não pode ficar calada em relação ao comportamento da Chery. Porém, não é fácil determinar até onde a GM China deve ir com relação à disputa. Pode haver consequências negativas, se a GM China tentar fazer com que a Chery pare de vender o QQ e o Oriental Son.

O mais provável é que a Chery tenha estudado todas as leis e normas aplicáveis antes de lançar o QQ. Eles até podem ter elaborado uma estratégia para contra-atacar a General Motors em disputas de direitos de propriedade intelectual. Embora a GM China possa obrigar a Chery a parar de vender o QQ, o custo seria muito alto em termos de dinheiro e de imagem pública.

Então, no início das ações, é muito importante que a GM China defina claramente seu objetivo. Essa definição de meta é a decisão mais importante a ser tomada pela empresa. Por um lado, a General Motors pode criar alguma agitação, se usar a mídia para pressionar a Chery. No máximo, a General Motors pode seguir o caminho judicial e tentar obrigar a Chery a parar de vender o QQ e a pagar indenizações à GM China. A GM China deve decidir qual o caminho adequado a seguir, depois de considerar cuidadosamente os riscos e custos.

Qual deve ser a preocupação da GM China?

Parece óbvio que a Chery copiou o carro da General Motors. Porém, o sucesso dela no mercado chinês não pode ser explicado apenas por esse fator — certamente, a empresa tem alguns pontos fortes. A GM China deveria estudá-la e aprender com ela. A Chery vende o QQ a um preço muito baixo, mas com bom lucro, significando que usa seus recursos de modo mais efetivo do que a GM China. Além disso, o marketing da Chery é bem-sucedido, pois entende muito bem os consumidores chineses. Essa é outra lição para a General Motors.

A Chery pode demorar um pouco para atingir o mesmo patamar de tecnologia, mas, quando o fizerem, eles irão se tornar um concorrente muito sério não só na China, mas também no mercado global. Esse pode ser o desafio real para a GM China.

NOTAS

1. Título de um filme no qual Leonardo di Caprio faz o papel de um falsificador de dinheiro e de cheques que sempre conseguia escapar do FBI.

2. DRC refere-se ao Centro de Pesquisa e Desenvolvimento sob o Conselho Estatal da China.

3. Frederik Balfour et al. 2005, "Fakes!", *BusinessWeek*, 7 de fevereiro, p. 46-53.

4. Este caso foi preparado pelo dr. Shengjun Liu, sob a supervisão do professor Juan A. Fernandez, da CEIBS, usando fontes públicas, preparado como a base para uma discussão em aula, e não para exemplificar a gestão eficaz ou ineficaz de uma situação administrativa. Alguns nomes e outras informações de identificação podem ter sido alterados para proteger a confidencialidade. Originalmente publicado pela CEIBS, em 2005. Publicado com permissão.

5. John Muller, "Stolen Cars", *Forbes*, 16 de fevereiro, 2004.

6. SAIC refere-se à Xangai Automotive Industry Corporation.

7. Sua região do Pacífico Asiático consistia em 14 países, inclusive Índia e Nova Zelândia. Foi nessa região que a GM mais cresceu no mundo.

8. Em 2002, os negócios na China representavam 80% dos lucros da Volkswagen.

9. David Welch, Dexter Roberts e Gail Edmondson, "GM: Gunning It in China", *BusinessWeek*, 21 de junho, 2004.

10. "QQ and Spark: Chevrolet and Chery Compete in Mini Car Market", *Sichuan Online*, 1º de outubro, 2003.

11. Ibid é a abreviação de *ibidem*; em latim, no mesmo lugar já citado.

12. Também chamado de Programa Nacional de Desenvolvimento e Pesquisa de Alta Tecnologia.

13. Zhu Hong, "What Does the Going Abroad of National Brands Mean?", *Auto Weekly, Xinhua Daily News*, 11 de novembro, 2004.

14. Jin Lvzhong, "Chery Uncovered Two Legends of China's Automotive Industry", China *Engineering Science*, setembro de 2004.

15. Zhou Guangjun, "A Face-to-Face Competition between QQ and Spark", *Beijing Entertainement Newspaper*, 30 de maio, 2003.

16. "Inside Story of GM-Chery IPR Disputes", *21st Century Business Herald*, 17 de setembro, 2004.

17. Wang Ning, "QQ Case Not Ended, Oriental Son Got into Trouble Again", *Beijing Modern Business Newspaper*, 13 de novembro, 2003.

18. Fu Weiyan, "Why Do MNCs Hate Chinese Enterprises Which Have Their Own IPRs?", *Beijing Modern Business Newspaper*, 8 de maio, 2004.

19. "GM Daewoo Finally Accused Chery of Unfair Competition", *SINA Auto*, 16 de dezembro, 2004.

20. Em chinês, *meiri* significa "Estados Unidos e Japão".

21. A Xangai Volkswagen é um empreendimento conjunto da Volkswagen e da SAIC.

22. A SAIC pagou uma indenização.

23. Li yuan, "Wuling Fight to Win or Die, Chery Conquers International Market Alone", *Southern Weekend*, 15 de outubro, 2004.

24. David Welch, Dexter Roberts e Gail Edmondson, "GM: Gunning It in China", *BusinessWeek*, 21 de junho, 2004.

Capítulo 6
Consumidores chineses: os garotos novos na vizinhança

CONTEÚDO

Estudo de caso: A Mercedes-Benz e o
Parque de Animais Selvagens de Wuhan
Comentário 1: Dongsheng Zhou
Comentário 2: Yufeng Zhao

Introdução

A população chinesa, que é a maior do mundo, já se traduz como o maior mercado para muitos produtos. No momento, a China é líder nos setores de telefonia celular, em televisivos e muitos outros. O país se tornará o principal mercado de cerveja, medicamentos, automóveis, computadores e viagens aéreas, sem mencionar a sua sede sem limites por recursos naturais. Naturalmente, nenhuma multinacional pode se dar ao luxo de perder a oportunidade de ouro que a China representa.

Por outro lado, a China não é um mercado fácil. Segundo dados da Câmara Americana de Comércio, cerca de um terço das empresas americanas está perdendo dinheiro por lá (ver Documento 6.1)[1]. O veloz crescimento econômico chinês é acompanhado por rápidas mudanças e por incertezas no comportamento do consumidor. Como diz um ditado, "na China tudo é possível, mas nada é fácil". As multinacionais que desejam vencer nesse país precisam, antes de mais nada, entender os consumidores chineses.

Quais são as principais características desses consumidores? É difícil discerni-las, principalmente quando seus costumes e necessidades estão se alterando tão rapidamente. A seguir, apresentaremos algumas das características que consideramos importantes.

DOCUMENTO 6.1: A LUCRATIVIDADE DAS EMPRESAS AMERICANAS NA CHINA (2002-2004)
Fonte: Câmara Americana de Comércio, R.P. da China, Um Guia de Casos para Líderes Empresariais na China — White Paper 2005.

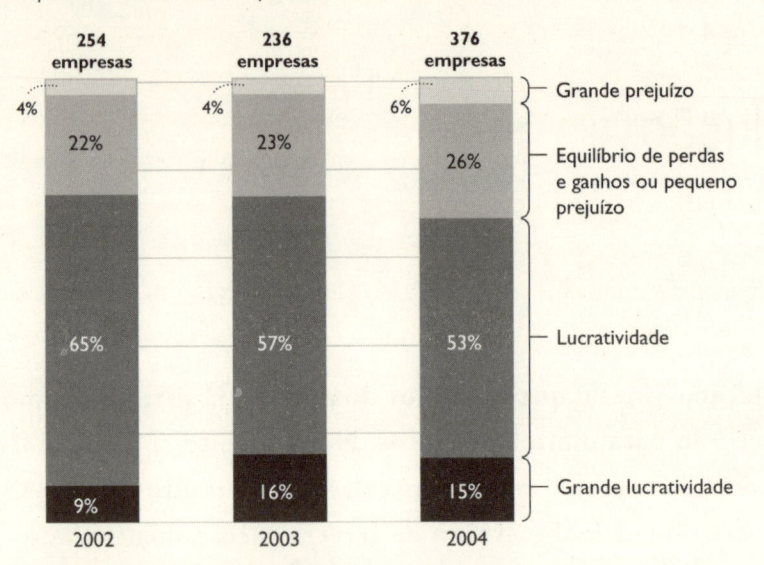

	254 empresas (2002)	236 empresas (2003)	376 empresas (2004)
Grande prejuízo	4%	4%	6%
Equilíbrio de perdas e ganhos ou pequeno prejuízo	22%	23%	26%
Lucratividade	65%	57%	53%
Grande lucratividade	9%	16%	15%

Características chinesas de comportamentos do consumidor

Por meio de pesquisas, torna-se claro que as diferenças no comportamento do consumidor estão intimamente ligadas aos sistemas de valores, em diversas culturas (Hampton & Gent, 1984; McCort & Malhotra, 1993). O comportamento dos consumidores chineses é fortemente marcado pela singular cultura da China, bem como por sua longa história. Mais que tudo, o povo chinês é profundamente influenciado pela doutrina de Confúcio, que inclui respeito pela autoridade, desejo de harmonia, conservadorismo, tolerância e piedade filial. Outro importante aspecto da cultura chinesa é o conceito de "aparência", que tem como significado ser sensível às expectativas e aos comentários de outras pessoas. Uma excelente ilustração de "aparência" é o fato de os chineses pedirem um número excessivo de pratos quando levam amigos a um restaurante — a intenção é impressioná-los, mais do que alimentá-los.

Por milhares de anos, os chineses se habituaram a julgar as pessoas pelo que elas vestiam, e não é de se admirar que produtores de mercadorias de luxo, como Louis Vuitton, estejam se envolvendo apaixonadamente com o mercado chinês continental. Segundo um relatório publicado pela empresa Goldman Sachs, em 2006, a China já é o terceiro maior mercado mundial de bens luxuosos e sua demanda está crescendo a uma taxa anual de 25%[2]. Tal característica significa que a publicidade tem papel extremamente importante nas decisões de compra. Às vezes, as pessoas adquirem algo não porque gostam, mas sim em decorrência do poder das campanhas de marketing. Para exemplificar essa propriedade, na China, muitos produtos para a saúde alardeiam resultados espantosos, quase mágicos, e, apesar da abundância de resultados negativos entre eles, os consumidores chineses ainda são presas fáceis da propaganda. Na verdade, a diferença real entre os diversos produtos nessa área reside em seu marketing, e não em seu efeito. Nesse sentido, portanto, os chineses ainda são consumidores ingênuos.

No entanto, os chineses estão agora se dando conta de que, quando o assunto é comprar, quem manda são eles. No período que antecedeu a reforma e a abertura, a população da China sofreu séria carência de bens de consumo. Os produtores não precisavam se preocupar em vender o que produziam, mesmo que fossem artigos de baixa qualidade; os consumidores chineses compravam tudo. Quando Zhang Ruimin, CEO do Grupo Haier, destruiu refrigeradores de qualidade inferior, no início da década de 1980, em frente a seus empregados, estes acharam que o patrão havia enlouquecido. No entanto, devido à emergência das empresas privadas e à invasão das multinacionais, o mercado chinês deixou de ter vendedores à frente e passou a ser comandado pelos compradores. A partir daí, se quisessem vender, os produtores deveriam constantemente melhorar a qualidade e reduzir os preços, apenas para poderem permanecer no mercado. Ao mesmo tempo, novas leis entraram em vigor para proteger os consumidores, como a Associação dos Consumidores da China, criada em 1984. Em 1993, o país sancionou sua Lei para a Proteção do Consumidor.

Os consumidores chineses estão aprendendo a se valer de recursos legais e dos meios de comunicação para terem seus direitos protegidos. O caso Mercedes-Benz, descrito neste capítulo, é apenas um exemplo do modo como os consumidores podem formular suas queixas de maneira explícita. No entanto, eles são ainda, em geral, muito mais tolerantes do que os ocidentais e muitos ainda não estão cientes de seus direitos. Além disso, o que desestimula os processos judiciais são a ineficiência dos tribunais locais e as pequenas indenizações que os queixosos geralmente recebem. Em alguns casos, porém, a frustração por não receber o esperado pode levar a reações desmesuradas, como no caso Benz.

Com essa abertura da China para o mundo, embora o país disponha de uma cultura profundamente enraizada, de longa história, seu povo mostra preferência por produtos e estilos de vida ocidentais. Isso se aplica particularmente aos jovens chineses, que preferem filmes americanos e marcas ocidentais, e chegam até mesmo a comemorar datas do Ocidente, como o Dia das Bruxas. Os jovens chineses têm agora maior paixão pelo Natal do que pelo Ano-Novo Chinês. A *Starbucks* está vivenciando um impressionante sucesso em um país que é famoso pela cultura do chá, e, presumivelmente, isso não se deve ao sabor do café, mas ao estilo de vida que a empresa representa. Os chineses têm certo respeito pelas marcas estrangeiras, pois, em sua visão, elas representam qualidade e confiança.

De modo geral, os consumidores da China dão às marcas estrangeiras grande valor. Seu primeiro contato com elas ocorreu na primeira década do século 20; os mais idosos ainda se referem aos fósforos como "fósforos estrangeiros". Como diz um ditado chinês, "em terra estrangeira, a lua brilha mais do que na China". Para eles, as marcas estrangeiras representam não somente moda e qualidade, mas são também um símbolo de *status* social. Mesmo no caso de aparelhos domésticos, setor dominado por empresas chinesas, marcas estrangeiras como Sony e Philips ainda são consideradas as melhores, desfrutando por isso de certo ágio nos preços.

Esse fenômeno se verifica em muitos ramos, como de vestuário, automóveis, *notebooks*, celulares, hotelaria e outros mais. Um ponto interessante é que as empresas locais também se beneficiam dessa preferência por produtos estrangeiros. Por exemplo, um fabricante de vestuário adotou o nome Metersbonwe, que soa como uma palavra estrangeira, e contratou astros e estrelas de Taiwan e Hong Kong para seus anúncios. Foi um tremendo sucesso. Muitos clientes, na maioria adolescentes, ainda não sabem que Metersbonwe é uma marca local. Quando se percorre a famosa Estrada de Nanjing Ocidental, em Xangai, é possível ver muitas lojas que promovem artigos de vestuário anunciando-os como "venda nacional de mercadorias originalmente produzidas para exportação". Essa alta expectativa sobre as marcas estrangeiras é, porém, uma faca de dois gumes, como veremos no caso Benz.

Na China, a única regra que permanece é que todas as regras estão mudando. Apesar da longa história do país, a economia de mercado é um fenômeno muito recente. Com sua abertura para o resto do mundo e com as progressivas reformas de mercado, os consumidores chineses também estão aprendendo velozmente. Como resultado, o que funcionava ontem pode se revelar inadequado hoje. Em um ambiente tão dinâmico, as empresas estrangeiras não podem meramente repetir o que funcionava no passado. Em vez disso, elas precisam adaptar produtos, estratégias e procedimentos de marketing, em ágil resposta às mudanças nas exigências dos consumidores.

Outro elemento que se soma à velocidade das mudanças vem dos concorrentes locais, que estão rapidamente se equiparando aos rivais estrangeiros. Mesmo na indústria automobilística, anteriormente monopolizada por marcas estrangeiras como Audi e Volkswagen, fabricantes locais de veículos como Chery and Geely vêm alcançando sucesso extraordinário. Já a Volkswagen, que outrora dispunha de uma fatia de mercado abrangendo mais de metade do mercado chinês de automóveis, está cedendo frente a empresas locais e a outras marcas estrangeiras.

No ramo de computadores, a Lenovo tinha posição irrisória frente a gigantes como a IBM ou a HP, já que era apenas a décima da China nesse setor, em 1995. Hoje, a Lenovo é a líder do ramo na China; ironicamente, acabou adquirindo o setor de computadores pessoais da IBM, em 2004. De maneira semelhante, a Whirlpool, ex-líder mundial em fornos de micro-ondas, acabou sendo superada pela Galanz, que agora responde por um terço do mercado global desses aparelhos.

Algumas empresas estrangeiras imaginaram que a China fosse um mercado subdesenvolvido e, por isso, trouxeram produtos obsoletos ao país. A Volkswagen foi um bom exemplo disso. No início da década de 1980, a empresa estabeleceu por lá duas *joint ventures*. Graças ao forte subsídio de governos locais e à falta de concorrentes, a Volkswagen passou a dispor de quase metade do mercado chinês de automóveis — o Santana e o Audi foram amplamente utilizados por funcionários do governo e pelo setor de táxis. O enorme sucesso, porém, tornou a Volkswagen cega à crescente concorrência de outras empresas estrangeiras e nacionais. Hoje, comparada com rivais como a Honda e a General Motors, tem modelos já considerados ultrapassados na China. Não é de se admirar que os consumidores chineses tenham gradualmente abandonado a Volkswagen, já que o leque de opções é agora muito maior. Em 2005, a fatia de mercado da empresa havia caído, vertiginosamente, para 19%. Enquanto isso, seus lucros na China diminuíram de cerca de 700 milhões de euros, em 2003, para 220 milhões, em 2004, contando até com prejuízos em 2005[3].

A experiência da Volkswagen demonstrou a natureza dinâmica e desafiadora do mercado na China continental. As empresas estrangeiras também tendem a subestimar a rapidez com que ele pode crescer. Por exemplo, lá o número de usuários de celulares explodiu de 24,48 milhões, em 1999, para 339,79 milhões, em 2005 – um crescimento de 1.288%. A indústria automobilística da China experimentou um crescimento similar na década passada.

O orgulho nacional é outro perigo para as multinacionais. Em sua história moderna, a China foi invadida por muitos países ocidentais e pelo Japão. Com sua ascensão pacífica, o orgulho nacional também tomou impulso. Na verdade, a China, como Império do Centro, foi outrora muito mais poderosa no mundo do que os Estados Unidos de hoje. O povo chinês está se tornando cada vez mais sensível a questões ligadas à dignidade nacional. Devido à postura do Japão com relação às guerras passadas, as empresas japonesas são particularmente vulneráveis a esse orgulho reemergente. Nos últimos anos, muitos automóveis japoneses foram danificados durante protestos de rua cada vez que seu primeiro-ministro visitava o Santuário dos Heróis de Guerra. Outro exemplo é um anúncio da Toyota em que um leão se curva frente a um automóvel dessa marca. Houve irritação por parte do público chinês, pois o leão, que representa a China, está se curvando frente à Toyota, que representa o Japão. Assim sendo, a propaganda fez com que se relembrasse a terrível invasão japonesa da Segunda Guerra Mundial.

Em resumo, os consumidores chineses são vistos por muitas empresas ocidentais como "os garotos novos na vizinhança". Eles "abraçam" produtos ocidentais ao mesmo tempo que exibem forte orgulho nacional. São tolerantes, mas estão endurecendo. Confiam em produtos estrangeiros, mas têm reações intensas, quando se sentem ludibriados. O marketing na China é uma interessante aventura, e as empresas estrangeiras precisam ser flexíveis, responsáveis e receptivas para poderem ganhar o coração e o bolso desses consumidores.

Na China "nada é fácil; tudo é possível". Por vezes as pessoas não confiam nos tribunais ou em negociações demoradas, particularmente quando as empresas reagem de modo aparentemente burocrático. O caso a seguir,

DOCUMENTO 6.2: PROPAGANDA DA TOYOTA NA CHINA

Fonte: Li Jia, "Why the Lion Salutes to Toyota: An Analysis of Toyota's Advertisement Crisis", Beijing Star Daily, 3 de dezembro de 2003.

envolvendo a Mercedes-Benz e o Parque de Animais Selvagens de Wuhan, ilustra muitos dos pontos discutidos neste capítulo.

Na manhã de 25 de dezembro de 2001, muitas pessoas em Wuhan, uma grande cidade no Centro da China, viram com surpresa um cupê esporte Mercedes SLK230 sendo arrastado por um búfalo em plena rua. No dia seguinte, o veículo foi destroçado por cinco homens no Parque de Animais Selvagens de Wuhan (WWAP) a mando do proprietário, humilhando publicamente a Mercedes. Após o fracasso das negociações entre o WWAP e a Mercedes, o WWAP ameaçou destruir outro veículo do mesmo fabricante. O que levou a um incidente tão terrível? O que leva o proprietário de um veículo a uma reação tão extrema? Como a Mercedes deveria lidar com tal situação? A empresa poderia impedir que o incidente se repetisse? A Mercedes teria de agir rápido.

Após a exposição do caso, serão apresentados dois comentários: o primeiro é de Dongsheng Zhou, professor de Marketing da Escola de Negócios Internacionais China-Europa (CEIBS); o segundo, de Yufeng Zhao, gerente geral da empresa Progress Strategy Consulting Co., Ltd. Ambos os comentaristas abordam o que seriam as respostas corretas a serem dadas pela Mercedes-Benz, além de também oferecerem elementos que permitem compreender os pontos-chave de um gerenciamento de crise.

Estudo de caso:
MERCEDES-BENZ E PARQUE DE ANIMAIS SELVAGENS DE WUHAN[4]

Parecia que a turbulência de inverno prosseguiria com todo vigor para os gerentes da Mercedes-Benz, que tentavam resolver a queixa de um cliente em Wuhan, na China (ver Estudo de Caso – Documento 6.1). Em 27 de fevereiro de 2002, o proprietário de um Mercedes S320 ameaçara destruir seu veículo a golpes de marreta no Parque de Animais Selvagens de Wuhan (Wuhan Wild Animal Park – WWAP), na presença do público e jornalistas. Se a ação fosse levada a cabo, esse seria o segundo automóvel Mercedes-Benz destruído no parque em um período de três meses. O primeiro veículo – de propriedade do WWAP – havia sido destruído em dezembro a mando de gerentes do parque, que se queixavam da baixa qualidade e do serviço de manutenção deficiente.

O episódio criou forte impressão no público quanto às queixas do WWAP, mas também fez eclodir um debate sobre a pertinência das atitudes dos gerentes do parque. Parte do público enxergou a destruição como um ato extremo e improdutivo, especialmente tendo-se em vista as repetidas tentativas da Mercedes de encontrar uma solução, ainda que às próprias custas. Outra parte do público se solidarizou com os gerentes, considerando a Mercedes insensível às necessidades dos consumidores chineses. Para encontrar uma solução satisfatória para o problema, a gerência teria de levar

ESTUDO DE CASO - DOCUMENTO 6.1: MAPA DA CHINA

em conta tanto as opiniões do público quanto dos funcionários descontentes. Frente à iminente ameaça de destruição de mais um veículo, seria preciso agir rápido.

Discórdia entre a empresa e os clientes

A situação atraiu ampla atenção pela primeira vez em 25 de dezembro de 2001, quando Wang Sheng, Presidente do Conselho de Administração do WWAP, fez com que seu cupê esporte Mercedes SLK230 fosse arrastado por um búfalo pelas ruas de Wuhan, em protesto, por considerar insuficientes os serviços de atendimento prestados a um produto defeituoso. O veículo havia sido adquirido por 700 mil *yuans*[5] no Centro de Vendas Automobilísticas Bingshi de Beijing (Bingshi), em 19 de dezembro de 2000, e era um dos quatro automóveis Mercedes de propriedade do parque. Sheng alegou que os repetidos reparos não bastaram para resolver um problema no sistema de combustível do veículo. Em protesto, ele escreveu sobre o carro, em letras garrafais: "Sem qualidade, sem serviço" e "Isso é Mercedes. Merece um pontapé". Então, fez o veículo ser puxado pelas ruas da cidade sob a mira de fotógrafos e jornalistas.

No dia seguinte, Sheng deu uma entrevista coletiva na entrada do parque em que o veículo estava estacionado. Os jornalistas foram informados de que os problemas haviam começado poucas semanas após a aquisição. Embora os técnicos da Bingshi houvessem viajado a Wuhan repetidas vezes para reparos, Sheng dizia que os problemas persistiam. Como a garantia do veículo expirara em 19 de dezembro daquele ano e havia relutância de uma associação de consumidores em prestar auxílio[6], Sheng considerou que um evento público seria o único recurso possível[7]. Assim, encerrada a entrevista coletiva, deu ordens para que homens especialmente contratados golpeassem o veículo com marretas e porretes até que a carroceria ficasse desfigurada. Os jornalistas adoraram os meandros e implicações da história; a partir do dia seguinte, a imprensa e a televisão divulgaram imagens do carro sendo puxado e, por fim, estraçalhado.

O WWAP informou ter enviado inúmeras mensagens por fax ao revendedor e ao fabricante antes do vencimento da garantia, pedindo a substituição ou devolução do veículo e alertando sobre ações drásticas em caso de recusa. Para justificar tal exigência, os gerentes do parque citaram certa "lei do abacaxi" dos Estados Unidos (ver Estudo de Caso – Documento 6.2), que permitia aos consumidores a substituição de um veículo, caso algum problema persistisse após três tentativas de reparo[8].

A Mercedes, porém, discordou das alegações de má qualidade feitas pelo WWAP e, em vez disso, atribuiu os problemas ao uso de combustível inferior, de baixa octanagem, que não correspondia às especificações. Assim, a solução oferecida ao WWAP não cobria o ressarcimento integral nem a substituição do veículo. Os relatórios da empresa indicavam que os engenheiros de Beijing, que examinaram o tanque do carro, encontraram combustível de coloração escura e borras que entupiam o bico injetor[9], que havia sido trocado por conta da Bingshi, a um custo acumulado de mais de 100 mil *yuans*[10]. O veículo já havia sido reparado repetidamente. A Mercedes concluiu o seguinte: "As impurezas contidas no combustível afetaram o desempenho do veículo (...) não podemos substituir o veículo [quando os problemas se originam de] fatores externos, e não de um problema de qualidade proveniente do próprio veículo"[11]. Ainda assim, a empresa se propôs a limpar o sistema de combustível sem nenhum custo até o final de janeiro de 2002[12].

Apesar da ampliação do período de garantia para reparos, o WWAP recusou a oferta e, em 26 de dezembro, o carro foi estraçalhado. Somente o para-brisa, os faróis e o exterior da carroceria foram destruídos; o motor foi deixado intacto. Liu Yueling, a assistente de Sheng, disse aos repórteres que o dano se limitou à superfície externa do veículo para que as partes decisivas pudessem ser utilizadas como evidência em um futuro processo legal[13].

A imprensa chinesa alardeou amplamente o episódio (ver Estudo de Caso – Documento 6.3), em alguns casos publicando também editoriais e citações dos gerentes do WWAP, descrevendo os produtos e serviços da Mercedes em termos desfavoráveis e até inflamados. Em uma das reportagens, Liu Yueling declarou que "a Mercedes discriminou os consumidores chineses"[14]. A imprensa internacional, por sua vez, foi mais comedida e cautelosa, preferindo apresentar as avaliações sobre a qualidade dos produtos como sendo opiniões da gerência do parque, e não como fatos confirmados. As matérias publicadas também diferiram na descrição dos problemas do veículo que, em sua maioria, concentraram-se no sistema de combustível, embora algumas tenham mencionado problemas no computador e no sistema de direção. Uma reportagem informou que a gerência da Bingshi afirmara que o proprietário dirigindo o veículo "em velocidade excessiva [...], "de forma [...] demasiado", além de utilizar combustível de baixa qualidade[15].

ESTUDO DE CASO - DOCUMENTO 6.2: A "LEI DO ABACAXI" AMERICANA

Os princípios básicos da chamada "lei do abacaxi" dos Estados Unidos são os mesmos, embora com algumas diferenças de acordo com o Estado em que vigora. No Estado de Ohio, por exemplo, um carro é considerado um "abacaxi", se apresentar uma ou mais falhas incompatíveis com a garantia de qualidade. Os compradores que identificam problemas relacionados com desempenho, valor e segurança, durante o primeiro ano de uso ou nos primeiros 30 mil quilômetros, podem entrar em contato com o fabricante e requisitar uma solução. O veículo será considerado um "abacaxi", se o fabricante não puder resolver os problemas em tempo hábil. Nesse caso, o cliente tem direito a receber de volta o valor pago pela compra ou ter o veículo substituído por um novo.

ESTUDO DE CASO - DOCUMENTO 6.3: ALGUMAS DAS REPORTAGENS PUBLICADAS SOBRE O EPISÓDIO DE WUHAN

Guardas do parque em fúria estraçalham carro

Xing Bao, para o Xangai Star, 3 de janeiro de 2002
Reproduzido sob permissão

Cinco pessoas estraçalharam em público um Mercedes-Benz SLK230 em Wuhan, província de Hubei, em 26 de dezembro de 2001. O proprietário enfurecido, Parque de Animais Selvagens de Wuhan, informou que, em virtude de apresentar problemas após ser reparado por cinco vezes, ao longo de um ano, o carro foi destruído. Às 11 horas da manhã, o gerente geral do parque, Zhao Jun, gritou "Começar!" e cinco jovens empregados passaram a destraçar o luxuoso automóvel com picaretes e marretes, estilhaços de vidro voaram em todas as direções. A operação deixou a elegante carroceria irreconhecível.

Este é o primeiro caso registrado na China de um automóvel destruído após uma queixa sobre qualidade apresentada por um consumidor. "Tivemos de destruir o carro", justificou-se Zhao Jun. "Não tivemos outro recurso para nos queixar desse produto de má qualidade. Até a Associação dos Consumidores recusou-se a aceitar nossa queixa por referir-se a uma empresa privada."

O veículo foi adquirido em 19 de dezembro de 2000, na revendedora Bingshi, em Beijing. Com menos de três meses de uso, porém, já apresentava problemas diversos, incluindo vazamento nos condutos de combustível e aceleração deficiente. "O sistema computadorizado se descontrolou, fazendo a lâmpada de alerta [ficar] permanentemente acesa", informou Zhao. Os defeitos persistiram após uma quinta visita à oficina, em 12 de dezembro. A garantia expirou sete dias depois. Representantes da Mercedes-Benz disseram que as falhas não tinham relação com o veículo, mas sim com a gasolina de baixa qualidade utilizada.

O parque enviou diversos faxes à revendedora, bem como a dois escritórios da Mercedes na China, exigindo a devolução do veículo e do valor pago. Foi em um deles, de 11 de dezembro, que o proprietário furioso mencionou pela primeira vez sua intenção de destruir o carro em público, caso o ressarcimento não fosse atendido. Até 20 de dezembro, porém, a empresa ainda se recusava a ceder e continuava a afirmar que a qualidade do combustível era a razão dos múltiplos problemas do veículo.

Dois funcionários da Mercedes-Benz, incumbidos dos reparos, disseram não haver falado em nome da empresa, mas apenas ter exposto seus pontos de vista ao serem entrevistados, em 19 de dezembro. "Tal comportamento nos levou à decisão final de detonar o carro em público", revelou Zhao. Esse episódio atraiu uma multidão de curiosos.

O escritório de Beijing da Mercedes-Benz divulgou um comunicado, em 27 dezembro, reiterando que a razão básica do estado catastrófico do veículo era o fato de o comprador utilizar gasolina inadequada. "Já havíamos proposto fazer a limpeza do sistema de combustível", informou a empresa no documento. "Esse serviço estará à disposição até o fim de janeiro de 2002, mas eles recusaram nossa proposta. Lamentamos profundamente que tenham rejeitado nossas ofertas de atendimento", informava o documento.

Duan Zhigang, vice-gerente geral do parque, fez pouco caso da alegação sobre a qualidade do combustível: "Temos três outros Mercedes-Benz, todos usando o mesmo combustível, e nenhum deles apresentou problemas", informou. "Se a gasolina é ruim em Wuhan, por que razão vendem Mercedes-Benz na cidade? Eles não sabem respeitar os consumidores chineses?"

Nem todos os moradores da cidade aprovaram violência tão revolucionária contra o veículo defeituoso. Uma jovem disse a repórteres que achou "inacreditável" a atitude. Outra mulher, porém, opinou que a ação provavelmente mancharia a reputação da Mercedes-Benz. Yin Yan, advogado do Escritório Jurídico Jingyi de Beijing, alegou que reduzir o veículo a destroços foi atitude errada nessa situação. "Embora se tenha o direito de destruir as próprias posses, é preferível encontrar uma solução por meios legais, em consonância com a legislação", argumentou.

Mercedes-Benz lastima "encenação" destruidora

Mark O'Neill, para o South China Morning Post, 29 de dezembro de 2001
Reproduzido sob permissão

A Mercedes-Benz, ontem, acusou um homem que destruiu um de seus automóveis, como protesto contra defeitos na fabricação, de encenar propaganda negativa injustificada. Wang Sheng, presidente do Conselho de Administração do Parque de Animais Selvagens de Wuhan, contratou cinco homens para destruir o SLK230 que adquirira por 700 mil yuans (600 mil dólares de Hong Kong) um ano antes. A cena violenta em Wuhan, na província de Hubei, foi acompanhada por centenas de transeuntes e repórteres. Wang afirmou que o carro tinha sérios defeitos que obrigaram a diversos reparos, todos infrutíferos, e que o fabricante se recusou a substituir o veículo.

"Isso é manobra publicitária", disse uma porta-voz da Mercedes-Benz, empresa do grupo Daimler-Chrysler. "Cheira a sensacionalismo. Ele agiu sem fundamento. Foi um ato extremo e injustificado." A empresa declarou que os problemas foram causados pelo uso de combustível diferente do injetor.

"É lamentável que a China preferido recusar nossa boa vontade ao lhe propormos fazer a limpeza do sistema de combustível sem nenhum custo", informou a empresa. "Reiteramos que, na Mercedes-Benz, nos esforçamos em atender a todos os problemas e solicitações cabíveis de nossos clientes, com minuciosa atenção (...) e consideramos lamentável que, neste episódio, se haja optado por ações extremas e desnecessárias." A porta-voz disse ainda que a empresa se recusou a substituir o veículo porque o óleo e o combustível utilizados não eram os recomendados.

O Centro de Vendas Automobilísticas Bingshi de Beijing, onde Wang adquiriu o veículo, informou que seus engenheiros verificaram combustível de coloração mais escura que o recomendado no tanque, além resíduos acumulados, que bloquearam o bico injetor.

A Mercedes enfrenta agora dificuldades com os meios de comunicação na China, que também estão divulgando queixas semelhantes de compradores do Pajero da Mitsubishi. A imprensa tem veiculado reportagens sobre danos físicos que as vítimas atribuem a esse tipo de carro defeituoso, prejudicando a reputação do fabricante.

Em um artigo de primeira página, o *Diário da Juventude de Beijing* informou que, embora os consumidores tenham o direito de fazer o que bem quiserem com o que lhes pertence, a destruição do veículo certamente dificultará a resolução do litígio. Segundo o jornal, o comitê de consumidores da Associação Chinesa de Qualidade havia recebido uma queixa encaminhada por Wang.

Por que a Mercedes-Benz é dura com o cliente chinês?

Traduzido do Diário da Juventude de Beijing, 21 de janeiro de 2002
Reproduzido sob permissão

Ao fazer jogo duro com um cliente chinês, a Mercedes-Benz causou recentemente grande agitação no mercado automobilístico da China, levando um comprador enfurecido a destruir seu imprestável "Benz" em resposta à intransigência do fabricante. Nunca, nas diversas reportagens que cobriram conflitos sobre qualidade nos dias atuais, houve um fabricante tão intransigente e irredutível quanto a Mercedes-Benz, com seu modo tempestuoso de lidar com problemas de qualidade de um veículo. Podemos acompanhar estes três pronunciamentos feitos pela empresa:

Em 27 de dezembro de 2001: "Lamentamos profundamente a recusa do cliente à ajuda oferecida e a ação tão extrema e desnecessária por ele adotada".

Em 8 de janeiro de 2002, "a ação do proprietário do veículo é irracional e lastimável".

Em 17 de janeiro de 2002: A empresa simplesmente solicitou ao Parque de Animais Selvagens de Wuhan "uma carta pública de desculpas por sua ação desnecessária empreendida para prejudicar os direitos e interesses [da empresa]" e pediu que garantisse "uma cópia da carta para a divulgação de matérias correlatas [...] a cada um dos meios de comunicação".

Como pode a Mercedes-Benz ser tão rígida e não mostrar nenhum escrúpulo?

Em primeiro lugar, as práticas pregressas da empresa mostram que nenhum cliente chinês jamais venceu uma contenda. É evidente que um problema de qualidade corriqueiro não teria, desde o início, provocado tamanha reação da Benz ou de qualquer outro fabricante. Em 26 de dezembro de 2001, antes da destruição do veículo, seu proprietário deu uma entrevista coletiva em Wuhan, alertando o fabricante de que iria "acabar com seu Benz", caso o problema não fosse resolvido. Diferentes fabricantes recorreriam a meios amplamente distintos e variados para lidar com tal problema. Poderiam enviar funcionários para realizar reparos ou melhorar o relacionamento de modo a arrefecer os ânimos, medidas essas que já foram adotadas por fabricantes chineses e coreanos. As empresas japonesas agem de modo semelhante. Todos se desculpariam com sinceridade e, prontamente, enviariam mecânicos para atender a seus clientes. Outros, porém, adotariam medidas de adiamento, preocupando-se em manter a situação em suspenso e sem solução.

Os fabricantes alemães parecem não aplicar essas técnicas, uma vez que sua rigidez é uma intransigência inatas no trabalho excluem qualquer possibilidade de mudar seu posicionamento. Nas várias contendas sobre qualidade de que temos notícia, envolvendo a Mercedes-Benz, absolutamente nenhum cliente chinês saiu vitorioso.

Em segundo lugar, os carros de luxo fabricados pela Benz têm o maior índice de vendas entre as marcas mundiais. Em 2001, a empresa vendeu mais de 5 mil veículos de luxo na China, majoria sedãs, bem à frente de outras marcas. A única ameaça a seu mercado é a BMW. Por que as indústrias chinesas de automóveis, ou as da Coréia ou do Japão, não se atrevem a contrariar seus clientes quando há conflitos sobre qualidade? Em virtude de seu grande temor de prejudicar as vendas. Em outras palavras, um conflito de qualidade, como o do Benz defeituoso que foi destruído, não afetará de modo algum a imagem nem o mercado da Empresa. Isso é o que a torna insensível.

Em terceiro lugar, o poderio empresarial não se intimida frente a indivíduos que não dispõem de respaldo legal. A culpada, essencialmente, é a inexistência de leis chinesas que garantam a qualidade de veículos e se disciplinem sua venda. Divulgou-se que as instâncias centrais pertinentes estão, no momento, formulando leis e regulamentos específicos voltados à proteção legal dos consumidores.

Mas como ficará o caso do Benz defeituoso que foi destruído? Teríamos as seguintes alternativas possíveis:

A empresa explicitamente descarta a possibilidade de problemas de qualidade e exerce seu direito de réplica ao cliente. Evidentemente, de nada adiantará o esforço de seis meses empreendido pelo comprador, que, ademais, acaba tendo de levar de Beijing o veículo que destruiu. A chance de ocorrência desse evento é de 60%.

A empresa entra em acordo com o cliente após longa disputa e negociação. Um novo veículo é oferecido por trás dos panos, sem alarde pela imprensa. Há 40% de chance para esse final.

A empresa admite o problema de qualidade e se desculpa publicamente. Tal solução seria completamente inesperada.

239

As declarações oficiais da Mercedes à imprensa levantaram dois pontos importantes. O primeiro é que as ações do WWAP configuraram uma "manobra publicitária que cheira a sensacionalismo"[16]. De acordo com um porta-voz da Mercedes, o WWAP aumentou o preço do ingresso ao parque de 35 para 65 RMB, em 27 de dezembro, logo após a destruição do veículo. Houve, depois, a justificativa de que esse era um ajuste periódico, sem correlação com o incidente.

O segundo ponto é a insistência da Mercedes em que os problemas no sistema de alimentação eram decorrentes do uso de combustível inadequado, e não tinham a ver com qualquer deficiência intrínseca de qualidade. Um porta-voz declarou que "na China, em muitos dos postos de combustível mais antigos, há resíduos no reservatório e na bomba, e o combustível neles vendido é de qualidade inferior". Continuamente, seus clientes são aconselhados "a ficar atentos a isso"[17]. A empresa reafirmou sua "confiança de que o veículo não apresentava problemas de qualidade" e considerou "lamentável que o cliente tenha preferido recusar [sua] boa vontade [quando propuseram] fazer a limpeza do sistema de combustível sem custos". Frisou também que, na Mercedes-Benz, há esforços para "atender a todos os problemas e solicitações cabíveis [dos] clientes, com minuciosa atenção (...)". "Consideramos lamentável que, neste episódio, tenham optado por ações extremas e desnecessárias."[18]

Justificando suas próprias reclamações, o WWAP informou que possuía quatro automóveis Mercedes, mas que somente um apresentara o problema atribuído ao combustível. Os vendedores de combustível de Wuhan manifestaram apoio aos argumentos do WWAP. Um diretor da Empresa de Petróleo Hubei – proprietária de 80% dos postos da região – afirmou que a produtora nacional SINOPEC (Wuhan) estabeleceu padrões rígidos para a compra e o manejo de gasolina. Estima-se que a SINOPEC forneça 90% da gasolina e do diesel da região. O diretor alegou o seguinte: "Há muitos carros de luxo em Wuhan e minha empresa também tem dois Mercedes, todos em bom funcionamento". Um diretor da SINOPEC acrescentou que "a gasolina vendida no mercado chinês tem de satisfazer a um padrão de qualidade nacional, como qualquer outro produto, e aquela fornecida pela SINOPEC (Wuhan) atende a tal padrão"[19].

A reação pública foi ambígua. Cinco outros proprietários de veículos Mercedes-Benz, também insatisfeitos, solidarizaram-se com o WWAP e decidiram, em dezembro, formar a Associação das Vítimas de Qualidade da Mercedes (Association of Mercedes Quality Victims – AMQV). Até março, os associados do grupo já eram 23. Parte do público achou que, ao deixar de atender aos integrantes da AMQV, a Mercedes mostrou insensibilidade às necessidades dos consumidores chineses. Para alguns, ela foi arrogante. Por outro lado, muitos consideraram que o parque havia ido longe demais no episódio e defenderam a adoção de vias legais para alcançar uma solução. Uma opinião compartilhada por todos era a de que a China precisava fazer mais para assegurar os direitos dos consumidores e oferecer-lhes proteção.

O debate se acirra

No transcorrer de janeiro, as partes adversárias prosseguiam entrincheiradas em suas posições, cada uma aumentando sua aposta na disputa. A Mercedes assumiu uma postura firme, ameaçando adotar ação legal contra o WWAP por infligir danos a sua reputação. A empresa declarou o seguinte: "(...) a ação imprópria adotada pelo WWAP tornou impossível resolver construtivamente esse problema por vias normais (...) Reprovamos a conduta do sr. Wang e do WWAP por empreenderem ação tão irracional e desproposital (...) planejamos adotar a ação legal necessária"[20].

As reportagens informavam que a Mercedes pedira ao WWAP "(...) uma carta de desculpas por sua ação desnecessária empreendida para prejudicar os direitos e interesses" da empresa, estipulando também que a carta fosse amplamente divulgada nos meios de comunicação chineses[21]. Os especialistas jurídicos na China concordaram que a Mercedes dispunha de razões justas para alegar prejuízo a sua reputação, já que o WWAP se valera de um canal público para fazer afirmações sobre a qualidade e os serviços antes que a situação fosse legalmente avaliada[22].

O WWAP, nesse meio-tempo, buscou o apoio dos meios de comunicação na capital nacional, Beijing. Os gerentes do parque foram entrevistados pela

CCTV – a maior rede de televisão chinesa e a única com cobertura nacional – pouco antes do Dia do Consumidor Chinês. Os gerentes disseram aos jornalistas que outros canais de comunicações de Beijing estavam sendo contatados.

Enquanto isso, Liu Yueling, assistente de Sheng, trouxe o carro a Beijing para "verificar se os problemas se deviam ao combustível ou ao próprio veículo"[23]. Ela propôs testar o carro dirigindo em Beijing depois que o sistema de combustível fosse limpo e o veículo fosse abastecido com a gasolina especificada. No final do mês, porém, o WWAP abandonou esse plano e levou o carro de volta a Wuhan. Liu comentou: "A Mercedes não enviou nenhum funcionário para conversar comigo durante minha estada em Beijing"[24]. Além disso, Embora o WWAP pretendesse adotar uma ação legal contra a Mercedes, "nenhuma instituição poderia ajudar (...) a fazer o teste técnico com o veículo"[25].

Sem provas, os gerentes do parque pressentiram que uma reivindicação legal poderia se mostrar inócua. Optaram, assim, por mudar de tática. Os gerentes anunciaram: "O volume de visitantes no WWAP é superior a 500 mil ao ano, e o veículo será exibido aos visitantes até que o problema seja resolvido"[26].

Como até o fim de fevereiro não se havia chegado a nenhum acordo, o WWAP colocou mais lenha na fogueira, anunciando o seguinte: "O proprietário de um Mercedes em Beijing ofereceu seu veículo para ser destruído no WWAP, caso a Mercedes não ofereça ao WWAP uma resposta significativa"[27]. Permanecendo anônimo, o dono do carro informou ser amigo de Sheng e justificou sua atitude dizendo que, embora se orgulhasse de possuir um Mercedes, se sentia discriminado devido ao alto número de membros da AMQV que possuíam veículos com problemas. E acrescentou: "Não voltarei a dirigir um Mercedes (...) se o problema não puder ser resolvido na China"[28].

O mercado automobilístico chinês

O mercado automobilístico chinês passou por rápido crescimento no final da década de 1990 e início do novo milênio, com um aumento anual nas vendas de 300 mil unidades, em 1992, para mais de 1 milhão, em 2002 (ver Estudo de Caso – Documento 6.4, para o volume de vendas de 2000 a

2002). Os analistas previram, para 2010, vendas de 5 milhões de unidades, o que tornaria a China o terceiro maior mercado de veículos de passageiros no mundo, após Estados Unidos e Japão[29]. Maior renda, crédito mais disponível, melhorias nas estradas e pressões competitivas nos preços contribuíram para que as taxas de crescimento alcançassem dois dígitos, cuja manutenção é esperada para o futuro. Além disso, o comércio de carros importados estava destinado a contribuir dramaticamente com a vertiginosa redução das tarifas, em concordância com as exigências da OMC.

Dezenas de marcas internacionais de menor preço, produzidas no país e no exterior, ficaram estagnadas no país. A Volkswagen (VW) entrou cedo na faixa média do mercado, produzindo o popular Santana em uma *joint venture* com a Indústria Automobilística de Xangai (Xangai Automotive Industry – SAIC). Por muitos anos, o veículo havia sido o campeão de vendas entre os automóveis de passageiros na China, mantendo ainda sua forte liderança. Em 2002, porém, os resultados de um contínuo e significativo crescimento econômico já eram visíveis, com surgimento de um mercado para marcas de luxo e subluxo. A maioria dos principais fabricantes internacionais se preparava para atendê-lo, atualizando o perfil dos veículos produzidos localmente ou aumentando o dos importados.

A Xangai VW lançou o Passat, a General Motors fez uma parceria com a SAIC para produzir o Buick Regal e a Audi fabricou o sedã A6 em *joint venture* com a Primeira Indústria Automobilística (First Automotive Works – FAW), de Changchun. A BMW tinha planos para produzir modelos das séries 3 e 5 na China, em 2003, e a Toyota estava em negociações com a FAW para iniciar a produção de uma linha completa de produtos, incluindo marcas de luxo.

ESTUDO DE CASO - DOCUMENTO 6.4: TENDÊNCIAS DO MERCADO AUTOMOBILÍSTICO CHINÊS (UNIDADES)

	2000	2001	2002
Veículos de passageiros produzidos no país	607.445	703.525	1.092.762
Veículos importados (de passageiros e outros)	42 mil	72 mil	127 mil

Observação: os volumes de vendas se equiparam praticamente aos de produção e importação.

Para fabricar veículos utilitários esportivos (SUVs), sob a marca Beijing Jeep, a DaimlerChrysler, empresa-mãe da Mercedes-Benz, firmou parceria com a Indústria Automobilística de Beijing (Beijing Automotive Industry – BAIC). Estabelecida em 1984 como a primeira *joint venture* sino-estrangeira no ramo de automóveis, a Beijing Jeep já liderava as vendas de veículos *off-road*. A DaimlerChrysler também era uma das proprietárias da Mitsubishi, que vendia SUVs Pajero feitos no país e importados, e a DaimlerBenz produzia caminhões pesados e ônibus em diferentes combinações de *joint ventures*. No entanto, tal como muitos fabricantes de veículos de alto luxo, a DaimlerChrysler importava seus automóveis Mercedes-Benz, em vez de produzi-los nacionalmente.

Em 2002, a Mercedes detinha a maior fatia do mercado de marcas de luxo importadas na China, estimando-se que tinha 75 mil veículos em circulação[30]. Por outro lado, apenas cerca de 50 mil veículos da BMW circulavam no país naquela época[31]. Apesar do incidente no WWAP, no final de 2001, a Mercedes vendeu 870 carros nos primeiros dois meses de 2002 — um aumento de 40% em relação ao mesmo período do ano anterior[32]. O futuro parecia brilhante para as vendas de veículos de passageiros Mercedes.

A DaimlerChrysler dispunha de duas subsidiárias Mercedes na China. A primeira, Mercedes-Benz China Ltd., entrou em operação em 1986, sediada em Hong Kong. A empresa detinha a franquia de todos os veículos de passageiros Mercedes-Benz importados na China, em Hong Kong e em Macau. A segunda entidade, DaimlerChrysler China Ltd. (DCCL), foi criada em 2001 para respaldar os projetos de *joint ventures* e supervisionar o rumo do mercado de automóveis, vans e caminhões na China, em Hong Kong e em Macau. Além disso, três distribuidoras regionais na China e uma revendedora exclusiva em Hong Kong realizavam vendas e ofereciam serviços de pós-venda para veículos Mercedes-Benz. A Southern Star Motor Company, a Eastern Star (Xangai) Automobile Ltd. e a Northern Star (Tianjin) Automobile Ltd. cobriam respectivamente as províncias chinesas do Sul, do Norte e da costa Leste. A Zung Fu Company Ltd. cobria as Regiões Administrativas Especiais de Hong Kong e Macau[33].

Devido ao pequeno número de carros importados na China, os serviços de pós-venda de muitas marcas eram limitados, obrigando por vezes os proprietários a esperar por agendamento ou aguardar peças para reparo. Os fabricantes se esforçavam para manter um alto padrão de serviço, embora alguns empregados não dispusessem de habilidades ou de conhecimento suficiente do produto. Este último problema se tornou particularmente agudo no caso de modelos mais recentes. Para agravar, alguns proprietários de importados eram submetidos a longas viagens até as concessionárias de serviços, em virtude da enorme extensão geográfica do país. Em consequência, ouviam-se proprietários queixarem do alto custo da manutenção e da pouca praticidade dos serviços disponíveis. Os fabricantes enfrentavam dificuldades para equilibrar as necessidades desses clientes e os custos de atender a um mercado que continuava pequeno. Até março de 2002, a Mercedes-Benz China havia criado 23 Centros de Serviço no território continental e oito na Região Administrativa Especial de Hong Kong[34]. Esse número estava programado para dobrar até o final de 2004.

O consumismo e o ambiente normativo da China

As reformas econômicas da China trouxeram aos consumidores um crescente senso de poder, que os tomaram cada vez mais cientes de seus direitos, dispondo-se a buscar indenização quando uma aquisição se revelava insatisfatória. Em 1984, a Associação dos Consumidores da China (China Consumers' Association – CCA) foi criada em vinculação à Administração Estatal da Indústria e do Comércio (State Administration for Industry and Commerce – SAIC). A CCA protegia os interesses dos consumidores por meio de trabalhos educativos, orientação, assessoria e acompanhamento de casos. Ao longo dos anos, desempenhou um papel-chave promovendo a conscientização e o conhecimento dos consumidores a respeito de seus direitos, incentivando comportamentos mais responsáveis nos negócios e facilitando a adoção e revisão de normas e leis pelo governo.

Até 2001, a CCA ajudou a resolver mais de 6 milhões de queixas de consumidores em toda a China.

Para fortalecer ainda mais a proteção ao consumidor, em 1994, o país criou a Lei de Proteção aos Direitos e Interesses dos Consumidores. A lei era composta por nove direitos do consumidor, entre eles os de respeito, segurança e honestidade nos negócios, bem como ressarcimento no caso de violação desses princípios. Ao abrir a possibilidade de indenização, a lei proporcionou uma base para a ação legal e a resolução judicial de disputas entre compradores e vendedores. Mesmo assim, sua efetividade foi limitada por problemas de implementação. Havia dificuldade, por parte dos consumidores, em saber a quem processar judicialmente e identificar qual dos tribunais teria jurisdição sobre determinada queixa, em virtude de estruturas de propriedade das empresas serem, com frequência, pouco claras. Anteriormente, os consumidores eram impossibilitados, em alguns casos, de fazer com que uma empresa local recebesse uma citação judicial, quando esta afirmava ser legalmente independente da organização-mãe, à qual apontava como responsável pelo problema. Mesmo na melhor das situações, os consumidores tinham de dar entrada a documentos em um tribunal municipal e, então, aguardar enquanto os papéis percorriam os diversos escalões de tribunais superiores, repartições burocráticas e ministérios.

Frente a esses obstáculos, os consumidores chineses raramente buscavam ação legal para obter ressarcimento. Quando questionados sobre o modo como reagiam às violações a seus direitos, eles informaram mais frequentemente (1) não adotar nenhuma ação, (2) queixar-se à unidade vendedora ou ao fabricante, (3) buscar assistência em associações de consumidores ou em órgãos governamentais, (4) procurar os meios de comunicação e (5) fazer uso de ação legal. Em todas as pesquisas, o litígio foi o recurso menos utilizado[35].

O governo da China já vinha discutindo, por vários anos, as normas para o recolhimento e substituição de produtos defeituosos (*recalls*), mas, até o início de 2002, não havia ainda de nenhuma política oficial. A Administração Geral Estatal de Supervisão, Inspeção e Quarentena para a Qualidade

(State General Administration for Quality Supervision, Inspection, and Quarantine – AQSIQ) estava desenvolvendo minutas de normas que obrigariam as empresas que produzem, vendem, importam, locam ou reparam automóveis a recolher aqueles em que se constatassem defeitos. Os consumidores apoiaram as iniciativas, principalmente por considerarem, em sua maioria, que a ausência de leis excluía os clientes chineses dos *recalls* internacionais de produtos estrangeiros, ou não os ressarcia do mesmo modo[36]. Diversos *recalls* de produtos eletrônicos e automóveis importados suscitaram grande interesse nos meios de comunicação quando se descobriu haver discrepâncias entre o que era oferecido aos proprietários na China e em outros países. Em todos esses episódios, o fabricante argumentara que as diferenças nos produtos (por exemplo, modelos específicos ou época e local de produção) ou nas exigências legais de ressarcimento (que podiam variar nacional ou internacionalmente) eram a razão das diferenças nas políticas de *recall* nas várias regiões. Mesmo assim, a imprensa prontamente alegou haver discriminação racial nessas situações[37].

A China havia sido incluída em um *recall* da Mercedes-Benz, em 1999, mas foi excluída de outro realizado na Europa e no Oriente Médio, durante o verão de 2001, para corrigir um problema com o acionamento de *airbags*. A DaimlerChrysler declarou que nenhum problema havia sido detectado no mercado chinês desde o *recall* anterior, mas o *Diário do Povo* citou uma fonte da CCA que afirmava dispor de diversas queixas sobre produtos da Mercedes em seus registros[38]. O *recall* de 2001 da Mercedes-Benz não havia, porém, suscitado grande reação pública, já que a cobertura pela imprensa chinesa fora limitada. O atual problema com o WWAP era inteiramente diverso. Os jornalistas haviam divulgado ativamente o primeiro caso de destruição de um veículo e o público demonstrara um forte interesse.

Qual é o próximo passo?

O problema imediato para a gerência da Mercedes-Benz era formular uma resposta à ameaça de um segundo episódio de destruição de veículo.

Nem a oferta de serviços adicionais de reparo nem as ameaças de ação legal haviam bastado para abrandar a situação. Sem dúvida, o WWAP parecia disposto em ir em frente; os meios de comunicação haviam acompanhado o primeiro episódio muito atentamente. Uma repetição do evento serviria para manter o problema nas manchetes ou os jornalistas passariam a considerá-lo como notícia "batida"? Frente a essa última possibilidade, o WWAP empreenderia algo ainda mais drástico? As respostas, tanto do consumidor quanto da imprensa, pareciam difíceis de prever. Por outro lado, as vendas não pareciam ser afetadas pelo problema. Talvez fosse melhor não fazer nada.

Comentários de caso

COMENTÁRIO 1
DONGSHENG ZHOU
PROFESSOR DE MARKETING
CHINA EUROPE INTERNATIONAL BUSINESS SCHOOL
– CEIBS

Neste estudo de caso, ocorreu o pior dos desdobramentos possíveis: a Mercedes recebeu ampla publicidade negativa por sua insensibilidade às necessidades dos consumidores chineses e o WWAP perdeu um bem muito oneroso.

No entanto, a Mercedes-Benz acreditou ter feito todo o possível para atender a seu cliente, ao passo que o WWAP acreditou haver oferecido suficientes oportunidades para que o fabricante reparasse o veículo e recuperasse sua reputação. No final, a gerência do parque optou por destruir o produto "defeituoso". Como isso pôde ocorrer? A Mercedes-Benz poderia ter feito melhor?

A Mercedes-Benz pode fazer melhor

É possível que "os problemas tenham sido causados pelo uso de combustível inferior, de baixa octanagem, que não correspondia às especificações do veículo", mas o que a Mercedes-Benz fez nesse incidente, embora justificável, não esteve à altura de uma empresa de primeira linha no mundo.

Embora a empresa tenha, de fato, oferecido serviços extras (por exemplo, propor-se a limpar o sistema de combustível sem nenhum custo), de modo geral, tratou o incidente como um caso normal, lidando com ele de maneira bastante profissional, embora pouco cordial. A Mercedes concluiu que "as impurezas contidas no combustível afetaram o desempenho do veículo (...) [e que não é possível] substituir o veículo [quando os problemas se originam de] fatores externos, e não de um problema de qualidade proveniente do próprio veículo".

A Mercedes-Benz deveria separar o fator "quem foi responsável pelo problema" do fator "como melhor resolvê-lo". O receio da empresa pode ter sido de que, mesmo não sendo responsável pela falha, permitir a troca de um veículo (serviço este superior ao obrigatório) seria admitir um erro. Tal receio, no entanto, é desnecessário. Por ser uma das marcas mais bem cotadas na China, a Mercedes-Benz deveria ter dado um passo a mais para trazer satisfação a seus clientes.

Além disso, a Mercedes-Benz deixou de reconhecer o fato que o WWAP possuía nada menos que quatro veículos da marca! Quantos clientes na China já adquiriram quatro carros ou mais da Mercedes-Benz? Não muitos, provavelmente! Meu palpite é que esse número é inferior a 1%. O fato de que o WWAP possuísse quatro automóveis desse fabricante sugere que este seja um cliente muito fiel e que aprecia imensamente a marca Mercedes-Benz. Talvez seja precisamente essa profunda afeição para com a marca que tenha levado o WWAP a reagir com exagero ao modo como a Mercedes-Benz lidou com o incidente. O WWAP pode haver tratado a Mercedes-Benz como um velho amigo, mas a ausência de um comportamento "amigável" por parte do fabricante (pelo menos sob a ótica do WWAP) pode ter ofendido esse cliente, levando-o a sentir-se traído — aspectos que podem ter contribuído para a atitude extrema.

Embora seja importante diagnosticar a verdadeira causa do problema, é mais importante resolvê-lo. Quanto mais cedo resolvido, melhor (mais pessoas podem vir a aderir à AMQV, Associação das Vítimas de Qualidade da Mercedes, caso o incidente não seja prontamente resolvido).

Não é sensato nem benéfico para a Mercedes-Benz insinuar que o WWAP tenha se aproveitado do episódio para elevar o preço dos ingressos de 35 para 65 *yuans* e comentar que, "na China, em muitos dos postos de combustível antigos há sujeira no reservatório e na bomba, e o combustível vendido é de qualidade inferior". (Agindo assim, a empresa adicionou novos participantes ao incidente — o fornecedor de combustível —, complicando as coisas.)

A Mercedes-Benz deveria ter atendido ao WWAP, procedendo à troca do veículo, e o mais prontamente possível. Evidentemente, isso tem um custo — primeiramente, o chamado custo de oportunidade, presente na venda de um veículo novo. No entanto, embora o preço ao consumidor de um Mercedes-Benz novo esteja em torno de 700 mil *yuans*, o custo do veículo no caso de uma troca é o preço de aquisição pelo distribuidor, que é muito menor. Além do mais, o carro já usado pelo WWAP ainda tem algum valor. Assim, o custo real da troca é bem inferior a esse valor. Agindo assim, a Mercedes-Benz pode impedir uma ampla propaganda negativa (corrigir tal imagem negativa pode vir a custar milhões de *yuans*). O segundo custo possível da substituição do veículo é o fato de que outros clientes podem enveredar pelo mesmo caminho e fazer todo tipo de exigência descabida. A Mercedes-Benz pode evitar tais custos potenciais adotando a seguinte estratégia: frisar que essa é uma política de benefício exclusiva para clientes fiéis (por exemplo, qualquer cliente que tenha adquirido três ou mais Mercedes-Benz). Creio que a probabilidade de outros clientes seguirem pelo mesmo caminho e fazerem exigências descabidas é muito pequena, pois, afinal, os produtos Mercedes-Benz são de alta qualidade e muito respeitados.

Oferecer a substituição de um veículo do WWAP pode trazer muitos benefícios. Primeiro, o WWAP se tornará um cliente ainda mais fiel e divulgará, boca a boca, uma imagem positiva à comunidade. Segundo, ao propor a substituição do veículo, a Mercedes-Benz pode sugerir que o WWAP assine um contrato de longo prazo para que todos os quatro automóveis recebam manutenção em um parceiro oficial do fabricante. Como o problema atual decorreu principalmente da manutenção e do uso de combustível inadequado, o WWAP muito provavelmente concordará com o contrato. O terceiro ponto é a boa publicidade.

Nos últimos anos, houve na China muita propaganda negativa sobre multinacionais. As principais queixas foram de que essas empresas se mostravam insensíveis às necessidades dos consumidores chineses, ou de que elas não os tratavam do modo como o fazem em mercados desenvolvidos. Ao propor a troca do veículo, a Mercedes-Benz ganha destaque, oferecendo um raro exemplo de como uma importante multinacional não só é bastante atenciosa com os consumidores chineses, mas também deu um passo além para satisfazer um cliente, deleitando-o.

Muito embora as vendas da Mercedes-Benz na China não pareçam ter sido afetadas pelo incidente no WWAP, é crucial, em um mercado automobilístico cada vez mais competitivo, que a empresa mantenha uma boa imagem pública.

COMENTÁRIO 2
YUFENG ZHAO
GERENTE GERAL
PROGRESS STRATEGY CONSULTING CO., LTD.

O "incidente Benz" no WWAP foi uma famosa manobra publicitária de Relações Públicas, que se tornou manchete em muitos jornais. Depois de tantos anos, o episódio é ainda muito discutido e permite ver que uma crise de relações públicas pode ser complexa, repentina e, muitas vezes, ter um impacto significativo no público. Por outro lado, pode ser resolvida sem contratempos, se for bem conduzida.

Há muitos tipos de crise que afetam produtos e serviços: as que envolvem clientes, finanças e imagem pública, entre outras. No "caso Benz", podemos ver como um problema de serviços acabou ocasionando um mal-entendido com um cliente, evoluindo depois para uma crise com os meios de comunicação. Jornais do país e do exterior, programas populares de tevê e a Internet deram cobertura ao incidente. Houve também uma crise de serviços, parcialmente causada pela insuficiência no pós-vendas da Mercedes-Benz. A atenção e a atitude dos funcionários da empresa encarregados dos serviços tampouco foram satisfatórias. Ocorreu uma crise de âmbito judicial, uma vez que tanto a empresa quanto o proprietário do veículo ameaçaram recorrer aos tribunais. Tem-se aí também uma crise com o cliente, pois alguns clientes da Mercedes-Benz criaram a AMQV, buscando influenciar outros usuários de veículos Benz.

Há seis princípios básicos para lidar com tal crise de relações públicas:

- Ter um objetivo claro;
- Responder prontamente, sem delongas;
- Admitir problemas ou erros corajosamente, em vez de se defender em vão. Mais de 90% das crises mal administradas estão relacionadas com atitudes impróprias, tais como indiferença, arrogância, negligência e ineficiência;
- Dar a devida atenção ao problema;
- Buscar evidências e provas em fontes de autoridade;
- Evitar reações extremas.

Infelizmente, a Mercedes-Benz deixou de administrar de modo adequado a crise nos meios de comunicação. Com base nos seis princípios anteriores, vemos que a empresa somente seguiu o primeiro deles, mas na direção errada. Ela tinha um objetivo claro e sabia que estava com a razão. No entanto, do início ao fim, sua atitude foi bastante hostil e não levou a uma solução efetiva.

Em primeiro lugar, antes da crise, a empresa deveria ter substituído o motor problemático para o cliente queixoso, mesmo que não houvesse *recall* do modelo. Se o problema persistisse após a troca, seria mais convincente atribuir a causa ao combustível. Agindo assim, teria evitado a ampliação do problema e disporia de mais justificativas para se defender. Em segundo lugar, deveria ter sido mais compreensiva e sincera ao lidar com as queixas do cliente. Terceiro, a empresa deveria ter enviado alguém do alto escalão da gerência para lidar com o problema, evidenciando, assim, que o caso estava recebendo a devida atenção. Em quarto lugar, ela deveria ter mostrado ao público seu grande empenho em resolver a situação. Por exemplo, poderia ter divulgado um relatório elaborado por seus engenheiros ou coletado provas mais convincentes de terceiros, a fim de elucidar o caso. Por fim, logo após saber que o preço de ingresso ao parque havia subido depois do incidente, deveria ter revidado reunindo os meios de comunicação e realizando uma entrevista coletiva. Ou então, recorrido a outros métodos de relações públicas, atacando a intenção do adversário de manipular o problema com o fim de obter benefícios econômicos. Desse modo, ela poderia canalizar a atenção da imprensa e TV, e a do público para o comportamento comercial do WWAP.

Comparada com a Mercedes-Benz, a Toyota pareceu bem mais madura ao lidar com uma crise semelhante. Em dezembro de 2003, dois anúncios da Toyota depreciaram os leões de pedra, símbolos tradicionais de poder na China. Os anúncios provocaram grande indignação e crítica, criando ressentimento entre o povo chinês. A empresa, no entanto, minimizou o impacto da crise, valendo-se de quatro táticas.

Primeiro, respondeu prontamente e entrou em contato com os meios de comunicação. Em 4 de dezembro, logo após o incidente ter sido divulgado, a empresa imediatamente realizou uma entrevista coletiva, da qual participaram diversos executivos. Ela, então, publicou uma carta em que pedia desculpas pelos anúncios inapropriados. Tais medidas permitiram dissipar o rancor do público, impedindo o acirramento da crise.

Em segundo lugar, a Toyota foi suficientemente honesta e corajosa para assumir sua responsabilidade. Em uma carta, a empresa se desculpou com honestidade e sinceridade, em vez de se defender com desculpas diversas. Ao mencionar a Saatchi & Saatchi Co., agência que criara os dois anúncios, o gerente geral da FAW Toyota Motor Sales Co. admitiu: "A falha é nossa. Nós é que devemos assumir toda a responsabilidade". A atitude positiva da empresa foi amplamente apreciada.

Em terceiro lugar, o alto escalão da gerência teve um papel ativo para contar com a compreensão tanto dos meios de comunicação quanto do público. Diversos executivos da Toyota se desculparam abertamente pelo incidente em uma entrevista coletiva. O envolvimento dos líderes da empresa revelou que esse ato foi sincero.

Por último, a empresa fez tudo o que estava a seu alcance para que as partes envolvidas demonstrassem as mesmas atitudes ao se comunicarem com o público. Após o incidente dos anúncios, todos os envolvidos, incluindo a Toyota, os meios que veicularam os anúncios e a agência publicitária, desculparam-se frente ao público, sem subterfúgios. Além disso, a Toyota escalou um porta-voz para representá-la. Quando outros membros da empresa fossem questionados sobre o assunto, iriam apenas se desculpar, sem outros comentários. Na verdade, a Toyota forneceu um bom modelo para que outras empresas possam lidar com crises de relações públicas.

Evidentemente, as empresas também podem extrair benefícios de uma crise. Por exemplo, se a Mercedes-Benz conseguisse deixar claro que o WWAP estava meramente manipulando o episódio para atrair mais visitantes, e se ela se desculpasse sinceramente no processo de administrar a crise, teria facilitado a eliminação de impactos negativos e até promovido sua reputação e imagem empresarial.

NOTAS

1. The American Chamber of Commerce, P.R. China, *American Business in China: White Paper 2005*.

2. Disponível em http://wwvv.cctv.com/program/cbn/20060221/100376.shtml.

3. "List of Top Five Car Producers in China Changes and Volkswagen's Position is Shaken" ("Zhongguo Jiaoche Wu Qiang Chong Pai Zuoci, Dazhong Qiche Diwei Dongyao"), *Beijing Evening Post (Beijing Wanbao)*, 21 de abril, 2005.

4. Este estudo de caso foi preparado pelo dr. Junsong Chen e pela professora Lydia J. Price, da CEIBS, para subsidiar uma discussão em aula, e não para exemplificar a gestão eficaz ou ineficaz de uma situação administrativa. Alguns nomes e outros dados identificadores podem ter sido alterados para proteger a confidencialidade. As informações do estudo estão

inteiramente baseadas em reportagens publicadas. Originalmente publicado pela CEIBS, em 2004. Publicado com permissão.

5. Aproximadamente 85 mil dólares. Em 2001, 1 dólar = 8,3 *yuans* aproximadamente.

6. Principal Associação de Consumidores da China, a CCA presta assistência a proprietários individuais na resolução de disputas relacionadas a produtos, mas não o faz a proprietários empresariais ou do ramo comercial.

7. "Mercedes Wants to Solve the Incident Privately", disponível em http://www.xinhua.org, 9 de março, 2002.

8. "China's Sledgehammer Activists", disponível em http://www.csimonitor.com, 28 de março, 2002.

9. "Mercedes-Benz Deplores Car-wrecking 'Stunt'", *South China Morning Post*, 29 de dezembro, 2001.

10. "Mercedes Reacts to the Incident", *Beijing Youth Daily*, 28 de dezembro, 2001.

11. "Mercedes Smashed, Who is Hurt?", *China Economic Times*, 29 de dezembro, 2001.

12. "Whether Mercedes or Not, Wuhan Wild Animal Park Just Smashes It", disponível em http://www.qian1ong.com, 28 de dezembro, 2001.

13. "Mr. Wang and His Mercedes Car", *Frankfurter Rundschau*, 23 de janeiro, 2002.

14. "Demolish My Mercedes, Orders Angry Owner", *South China Morning Post*, 28 de dezembro, 2001.

15. "Mercedes-Benz Deplores Car-wrecking 'Stunt'", *South China Morning Post*, 29 de dezembro, 2001.

16. "Mr. Wang and his Mercedes Car", *Frankfurter Rundschau*, 23 de janeiro, 2002.

17. "Mercedes-Benz Deplores Car-wrecking 'Stunt'", *South China Morning Post*, 29 de dezembro, 2001.

18. "Car Owner Smashes Mercedes, Leading to a Chain Lawsuit", *Beijing Youth Daily*, 30 de dezembro, 2001.

19. "Another Statement from Mercedes", *Beijing Youth Daily*, 10 de janeiro, 2002.

20. "The Wrecked Mercedes Comes to Beijing for a Test", *Beijing Youth Daily*, 18 de janeiro, 2002.

21. "Car Owner Smashes Mercedes, Leading to a Chain Lawsuit", *Beijing Youth Daily*, 30 de dezembro, 2001.

22. "The Wrecked Mercedes Comes to Beijing for a Test", *Beijing Youth Daily*, 18 de janeiro, 2002.

23. "The Latest Progress of the Incident", *China Youth*, 25 de janeiro, 2002.

24. "The Wrecked Mercedes Will Return to Wuhan", *Beijing Youth Daily*, 25 de janeiro, 2002.

25. "The Wrecked Mercedes Will be Exhibited in Wuhan Animal Park", disponível em http://www.chinanews.com.cn, 29 de janeiro, 2002.

26. "The Negotiation Breaks Up", *Wuhan Morning Post*, 9 de março, 2002.

27. "Toyota Secures Approval for $ 2b Car Engine Plant", *South China Morning Post*, 17 de novembro, 2003.

28. "The After-sales Service of Imported Car Enters 'Sunny Zone'", *Beijing Business Today*, 17 de outubro, 2002.

29. "What Could You Use to Repair Arrogant BMW and Mercedes?", disponível em http://www.qianlong.com, 15 de dezembro, 2003.

30. "An Exclusive Talk with Mercedes", *Beiijing Morning Post*, 13 de março, 2002.

31. Resumido de "New and Events/About Us", disponível em http://www.mercedes-benz.com.cn/amw/emb/zh.

32. "The After-sales Service of Imported Car Enters 'Sunny Zone'", *Beijing Business Today*, 17 de outubro, 2002.

33. "Close to 50 Million Consumers Had Their Rights Infringed", *China Consumer Journal*, 15 de março, 1997.

34. "Car Industry to Test-drive Official Recall Plan", *South China Morning Post*, 9 de janeiro, 2004.

35. "Car Recalls Threaten Japan's Reputation in China", *Asia Times Online*, disponível em http://www.atimes.com, 6 de março, 2004.

38. "China Not on Benz Recall List", *People's Daily Online*, disponível em http://fpeng.peopledaily.com.cn, 17 de julho, 2001.

REFERÊNCIAS

CHAN, Mui-Chun. *A Study of Consumer Behavior in the Department Stores of Taiwan, Hong Kong, and Xangai: Applications on Fuzzy Set and Gray Theory*. Dissertação de mestrado não publicada. Taipei, Taiwan: Soochow University, 1999 (em chinês).

HAMPTON, Gerald, M. and Gent, Aart, P. *Marketing Aspects of International Business*. Boston e Hingham, Mass.: Kluwer-Nijhoff Publications, 1984.

MCCORT, D.J. e Malhotra, N. "Culture and Consumer Behaviour: Towards an Understanding of Cross-Cultural Consumer Behaviour in International Marketing", *Journal of International Consumer Marketing*, Vol. 6, 1993, p. 91-128.

Capítulo 7
Relações com o governo: jogando pôquer chinês

CONTEÚDO

Estudo de caso: Carrefour China
Comentário 1: Thomas E. Callarman
Comentário 2: Sergiy Lesnyak
Comentário 3: Xuezheng Li

Introdução

Muitos fatores tornam a China um campo de negócios muito desafiador, como o sistema legal imperfeito, a concorrência feroz, o grande número de falsificadores e a escassez de talentos. O papel do governo chinês tem impacto especialmente elevado sobre a atividade comercial.

No país, as relações com o governo são relevantes por diversos motivos. Em primeiro lugar, ainda existem muitas restrições e normas, além de diretrizes pouco claras, dando muito espaço de manobra às autoridades locais ao interpretá-las e aplicá-las. Os agentes do governo podem encontrar um milhão de pretextos para criar dificuldades à sua empresa. Na China, é muito difícil encontrar um agente, mesmo os de níveis mais baixos, que irá aprovar seu projeto, mas é muito fácil encontrar aqueles que podem impedi-lo ou criar enormes dificuldades para sua empresa. Em segundo lugar, as leis e normas que afetam os negócios são reformuladas e reinterpretadas frequentemente. Em decorrência disso, as empresas precisam atualizar constantemente seus conhecimentos sobre o ambiente normativo. Em terceiro lugar, a situação é ainda mais complicada devido ao papel desempenhado pelos diferentes níveis de governo, criando um fenômeno peculiar de cumprimento ilusório no qual as autoridades locais adaptam a seus próprios interesses as instruções recebidas de Beijing. As empresas podem se beneficiar com essa situação, mas, algumas vezes, podem se tornar vítimas. Em quarto lugar, existe certa disparidade no desenvolvimento normativo entre as diferentes regiões da China, fazendo com que as mesmas regras possam ser aplicadas de modos diferentes, dependendo da localidade. Por último, em virtude das inúmeras empresas estatais que o governo ainda controla, ele às vezes age tanto como participante quanto como árbitro no campo empresarial. Todos esses pontos fazem com que o governo, nos diferentes níveis, seja um elemento relevante quando se administra uma empresa.

As empresas que fazem negócios na China devem tentar entender os sistemas político e administrativo, tarefa árdua até mesmo para os chineses. Na verdade, existem dois sistemas paralelos: o Partido e o sistema de governo (ver Documento 7.1). O poder real de tomada de decisões pertence ao Partido Comunista da China; as mais importantes são habitualmente tomadas pelo Comitê Permanente do Politburo, depois votadas no Politburo e, por fim, no Comitê Central do Partido Comunista da China. Se a Constituição exigir, a decisão deverá ser votada no Congresso do Povo para entrar em vigor. Os líderes provinciais são escolhidos pelo Comitê Permanente do Partido Comunista da China e, depois, aprovados pelo Congresso do Povo provincial.

Como já mencionado, um fenômeno perverso do sistema é a aquiescência ilusória das autoridades locais. Os governos locais sempre tentam interpretar as políticas de Beijing em seu próprio benefício. Apesar de seu poder absoluto, o governo central raramente requer anuência dos governos locais, a menos que o comportamento divergente seja demasiado visível e prejudicial a ele. Isso nos leva a outro fenômeno: corrupção. Os efeitos combinados do crescimento econômico e o controle complacente do governo central sobre as autoridades locais criaram as condições para que ela aconteça. Deng Xiaoping disse, certa vez, que quando se abre a janela, não se pode evitar que as moscas entrem. Ele estava se referindo à corrupção como um preço a pagar pela abertura do país.

Os agentes locais têm salários muito baixos e o suborno ou o uso dos bens públicos em benefício próprio podem ser sua principal fonte de renda. Durante séculos, os agentes chineses tiveram permissão tácita para acumular alguma riqueza como privilégio pelo cargo que ocupavam, revelando, assim, as raízes históricas desse abuso.

DOCUMENTO 7.1: ESTRUTURA POLÍTICA E ADMINISTRATIVA DA CHINA

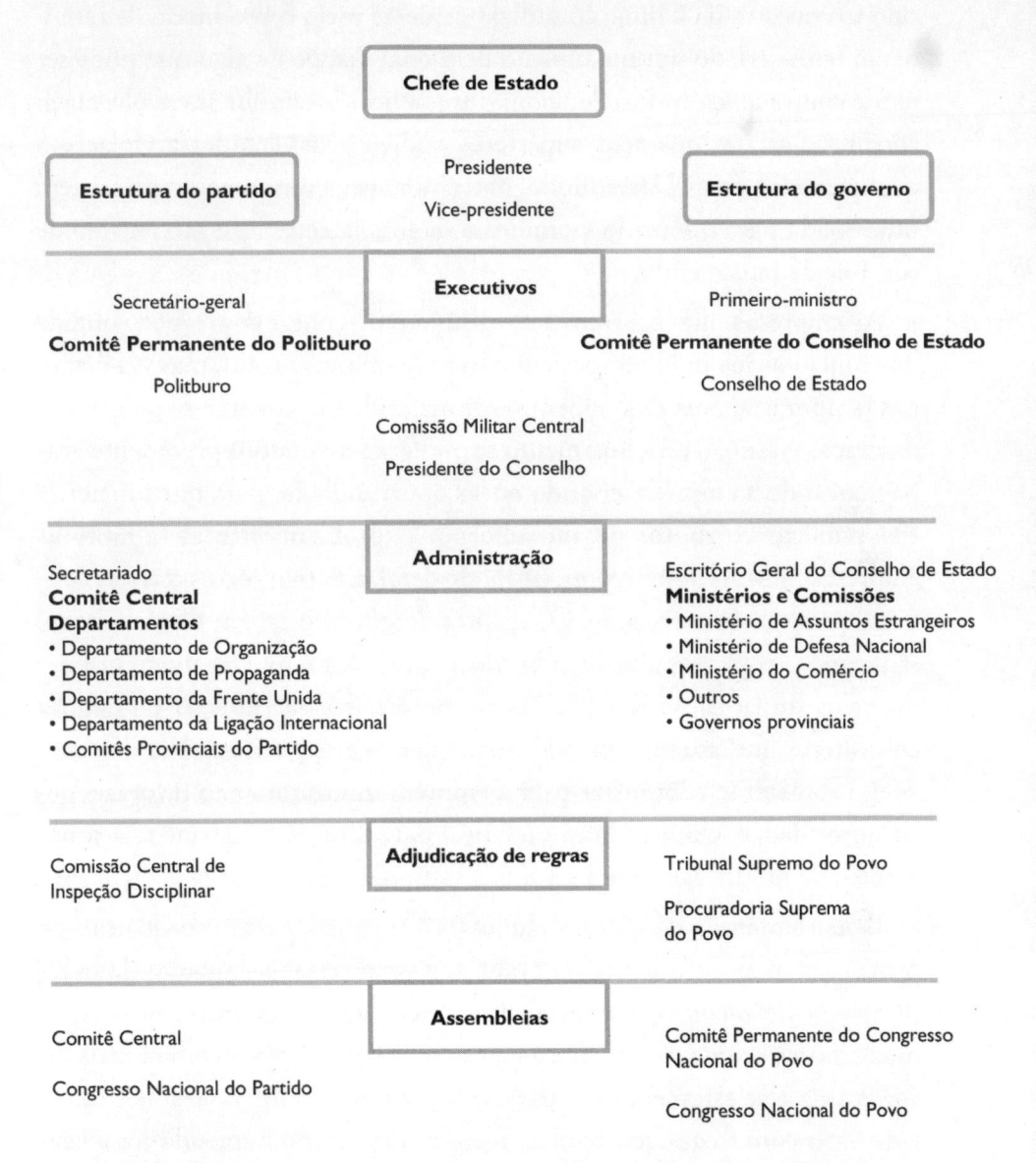

Chefe de Estado

Presidente
Vice-presidente

Estrutura do partido		Estrutura do governo
	Executivos	
Secretário-geral		Primeiro-ministro
Comitê Permanente do Politburo		**Comitê Permanente do Conselho de Estado**
Politburo		Conselho de Estado
	Comissão Militar Central	
	Presidente do Conselho	
	Administração	
Secretariado		Escritório Geral do Conselho de Estado
Comitê Central		**Ministérios e Comissões**
Departamentos		• Ministério de Assuntos Estrangeiros
• Departamento de Organização		• Ministério de Defesa Nacional
• Departamento de Propaganda		• Ministério do Comércio
• Departamento da Frente Unida		• Outros
• Departamento da Ligação Internacional		• Governos provinciais
• Comitês Provinciais do Partido		
	Adjudicação de regras	
Comissão Central de Inspeção Disciplinar		Tribunal Supremo do Povo
		Procuradoria Suprema do Povo
	Assembleias	
Comitê Central		Comitê Permanente do Congresso Nacional do Povo
Congresso Nacional do Partido		Congresso Nacional do Povo

Até recentemente, poucos foram os punidos por corrupção. Entretanto, quando a pena é infligida, impede que os funcionários públicos sejam por demais corruptos e segue o princípio de "matar a galinha para assustar os macacos". Além disso, as autoridades do Partido usam a ameaça de punição para controlar aqueles de filiação política suspeita. É interessante que o Partido Comunista da China, ao utilizar-se desse meio como modo de remunerar, tenha criado um mecanismo pelo qual dispõe de algo que pode ser usado contra quase todos. Funcionários públicos locais que se envolvem em corrupção sabem que seus superiores podem acusá-los dessa violação a qualquer momento. Desse modo, obter vantagens por meio do poder tem funcionado para o Partido Comunista da China como um mecanismo de controle de seus membros.

As empresas que recorrem à corrupção para contar com a boa vontade dos funcionários públicos podem obter alguma vantagem, mas ela é apenas temporária, pois eles podem ser transferidos, aposentar-se ou cair em desgraça. Assim, o relacionamento se perde. Além disso, o precedente acaba marcando a empresa, criando novas oportunidades para que funcionários públicos corruptos peçam suborno. O problema não afeta tanto as empresas multinacionais, pois, de modo geral, elas têm regras estritas contra as práticas de corrupção. Os agentes do governo sabem disso e, assim, são menos propensos a pedir suborno a multinacionais. Um modo utilizado pelos funcionários públicos para contornar essa situação é designar consultores que, atuando como intermediários e alegando dispor de conexões, prometerão conquistar para a empresa um tratamento favorável pelas autoridades. Um caminho preferível para tanto é construir relacionamentos de modo claro e honesto.

Dois elementos da cultura chinesa são cruciais para a construção de relações com as autoridades relevantes: *guanxi* (estabelecimento de redes de relação) e *mianzi* (aparência). Quando o agente do governo percebe uma empresa como um membro de sua rede de relações, prestará mais favores a ela e se esforçará mais para apoiá-la em seus interesses. Por outro lado, ligar com frequência para os agentes do governo e convidá-los a visitar a empresa ou a comparecer a ocasiões importantes ajuda-a na construção e conservação de relacionamentos com o governo. Se seu convite for aceito, indicará que eles desejam construir uma boa relação com você ou que você já construiu um bom *guanxi*.

Por meio do *guanxi*, as empresas podem resolver questões administrativas e normativas. Convidar os funcionários públicos para ocasiões importantes também significa que você lhes dará *mianzi* (aparência). Assim, eles terão uma boa impressão e irão ajudá-lo quando você precisar. *Guanxi* e *mianzi* são meios individuais realizados pelas empresas, pois elas, em geral, evitam ações coletivas para não serem atacadas pela mídia nem percebidas como uma ameaça à autoridade do governo.

Como as empresas administram o relacionamento com o governo? Em geral, elas delegam essas atividades a seus departamentos de Assuntos Públicos, cuja missão é prever mudanças nas normas e, às vezes, influenciar o ambiente de política empresarial no qual a empresa opera. Por sua importância estratégica, a chefia do departamento de Assuntos Públicos é, em geral, exercida por funcionários experientes que se reportam diretamente à alta gerência. As responsabilidades desse departamento são muito especiais e exigem um profissional com as capacidades e habilidades de um detetive, diplomata, empreendedor, regente de orquestra e vendedor.

As responsabilidades habituais de um departamento de Assuntos Públicos incluem:

- monitorar o ambiente legal relevante para a empresa;
- avaliar o impacto potencial das mudanças nesse ambiente sobre as atividades presentes e futuras da empresa;
- planejar e realizar esforços para interagir com o ambiente normativo e influenciá-lo;
- instruir os empregados e outros interessados sobre o impacto das políticas para as atividades da empresa.

Algumas empresas usam uma definição mais ampla de Assuntos Públicos, abrangendo não apenas as relações com o governo, mas incluindo Relações Públicas, construção de marcas, comunicação com empregados, filantropia empresarial e programas de relacionamento com a comunidade.

O departamento de Assuntos Públicos, nesse sentido, torna-se um instrumento fundamental na construção de relacionamentos e na criação de uma imagem pública.

É preciso que as empresas integrem seus esforços de comunicação, associando o fortalecimento de marcas e a comunicação com a mídia e que solidifiquem a capacidade de relacionamento com o governo e o monitoramento em seu departamento de Assuntos Públicos, sempre visando à sua melhoria. Outra prática favorável é construir relações com formadores de opinião, como economistas famosos, meios de comunicação influentes e organizações que prestam consultoria ao governo.

O departamento de Assuntos Públicos pode desempenhar um papel significativo ao obter vantagens estratégicas sobre os concorrentes. Como diz um ditado chinês, "na China nada é fácil, mas tudo é possível". Às vezes, seguir estritamente as regras criadas pelo governo central pode significar que você está dando oportunidades a seus rivais. O estudo de caso seguinte, Carrefour China, expõe como um bom entendimento da situação e o favorecimento das relações com o governo podem agregar valor a uma empresa. Convém reconhecer que também é arriscado jogar com ele, mas a recompensa pode ser considerável.

Embora a China tivesse planos de abrir gradativamente o mercado doméstico aos varejistas estrangeiros, as grandes redes precisavam obter acesso rápido a melhores cidades e locais antes de seus concorrentes. Foi uma corrida contra o tempo. Em consequência, muitos varejistas estrangeiros conseguiram expandir-se ao assinar contratos com as autoridades locais e, assim, contornar o governo central. A Carrefour descobriu que os governos locais eram muito receptivos, graças à criação de empregos e aos impostos gerados pelo investimento. Com o apoio deles, a Carrefour rapidamente se instalou nos melhores pontos das grandes cidades chinesas e logo se tornou o principal varejista estrangeiro no país. No entanto, essa expansão irregular irritou os varejistas locais e o governo central. Beijing decidiu ensinar uma lição não somente à Carrefour, mas também aos outros varejistas estrangeiros e às autoridades locais, usando o princípio de "matar a galinha para assustar os macacos": a Carrefour era a galinha, enquanto os outros varejistas estrangeiros e as autoridades locais eram os macacos.

Depois do caso, são apresentados três comentários: de Thomas E. Callarman, professor de Administração de Operações na CEIBS; de Sergiy Lesnyak, representante executivo do Ferrexpo Group na China; e de Xuezheng Li, diretor global de Vendas da Beijing BOE Optoelectronics Technology Co., Ltd. O primeiro comentário focaliza a vantagem inicial obtida pela Carrefour, apesar dos riscos envolvidos. O segundo comentário ilustra a filosofia da Carrefour China, seus prós e contras, e traz instruções sobre o que a empresa deveria fazer a seguir. O terceiro mostra como a Carrefour poderia reagir de maneira chinesa para minimizar os efeitos negativos.

Juan Antonio Fernandez / Shengjun Liu

ESTUDO DE CASO
CARREFOUR CHINA, REESTRUTURANDO OS NEGÓCIOS PARA ADAPTAR-SE ÀS NORMAS LOCAIS[1]

> "A experiência internacional da Carrefour não tem paralelo. A empresa começou a se expandir para outros países muito cedo, numa época em que a competição era menos acirrada e o varejo moderno não tinha ainda tão grande alcance."
> — *Carrefour, Relatório Anual, 2001*

Em 8 de fevereiro de 2001, a população chinesa estava ainda imersa na atmosfera do Festival de Primavera. A Carrefour China, no entanto, recebia um presente inesperado. A agência de notícias Reuters citou as palavras de um representante da Comissão Estatal de Economia e Comércio (State Economic & Trade Comission – SETC) do país[2], segundo o qual a Carrefour havia infringido regras ao abrir unidades sem permissão do governo central. Então, em 20 de fevereiro, o jornal *Financial Times* informou que a STEC havia determinado que a Carrefour China reestruturasse suas 27 lojas para atender às exigências governamentais. De um momento para outro, o departamento de Relações Públicas da Carrefour China se viu soterrado por centenas de telefonemas e a empresa se tornou o foco de atenção dos principais meios de comunicação do país.

Até o final de 1999, a China aprovou apenas 21 *joint ventures* no setor de varejo. Entretanto, supunha-se que o número real desses empreendimentos já ultrapassasse de 300, devido à expansão ilegal e, para seu infortúnio, passou a ser visada. Jean-Luc Chereau, presidente da Carrefour China, convocou uma reunião urgente para resolver a crise que se prenunciava; ele começou a recear abrir mais 10 lojas em 2001. Por não ser esta a primeira vez que o governo central ameaçava empreender uma ação contra *joint ventures* ilegais no setor varejista, poderia a Carrefour ignorar o perigo iminente? O que deveria fazer?

Carrefour

A Carrefour foi fundada em 1959 e criou o conceito de "hipermercado", no início da década de 1960. Tornou-se hoje a cadeia varejista mais importante da Europa, superada apenas pela Wal-Mart em escala mundial. Com 10.378 lojas, 420 mil funcionários em 29 países, faturamento de 88,7 bilhões de euros em 2003 e sendo líder no ramo de hipermercados[3], a Carrefour dispunha de 750 desses estabelecimentos no mundo, 144 deles na Ásia (ver Estudo de Caso – Documento 7.1). De fato, a empresa foi considerada a mais internacionalizada das gigantes no setor de supermercados e uma globalizadora muito mais agressiva do que a Wal-Mart. Em 1998, enquanto esta última gerava apenas 9% de suas vendas em mercados do exterior, a Carrefour alcançava 44%. Tornou-se famosa por sua adaptabilidade a novos ambientes e por manter um relacionamento saudável com os governos. No Brasil, por exemplo, ao entrar no mercado de Porto Alegre, a Carrefour atendeu a todas as pré-condições do governo local, incluindo a construção de uma nova via de acesso e uma nova creche, a dragagem de um rio nas cercanias e até a edificação de instalações para 40 pequenas lojas na área.

Carrefour China

A entrada da Carrefour na China ocorreu em 1995 com o estabelecimento de hipermercados em Beijing e Xangai, as duas mais importantes cidades do país. Graças à decolada do mercado varejista, o faturamento médio das 100 principais cadeias de varejo no país saltou de 240 milhões de *yuans*, em 1997, para 2,5 bilhões, em 2002, e o número médio de lojas também cresceu de 24,4 para 169 (ver Estudo de Caso – Documento 7.2). A empresa soube aproveitar esse impulso e se tornou a principal varejista estrangeira, com 27 estabelecimentos no país em 2000, superando em muito a Wal-Mart, sua principal concorrente no exterior. Os fatores de sucesso da Carrefour China foram assim analisados por Chereau:

ESTUDO DE CASO - DOCUMENTO 7.1: DISTRIBUIÇÃO GEOGRÁFICA DOS HIPERMERCADOS CARREFOUR (FINAL DE 2003)
Fonte: www.carrefour.com.

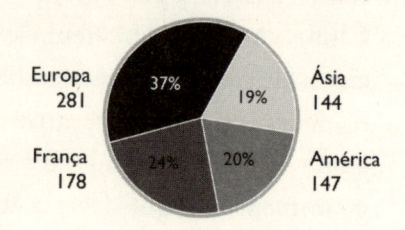

Europa 281 — 37%
Ásia 144 — 19%
América 147 — 20%
França 178 — 24%

> Chegamos à China há nove anos e trouxemos ao país nossos conceitos de negócios e também preços baixos, segurança, novidade e produção local. Encontramos parceiros ideais, como a Xangai Lianhua. No momento, a Carrefour China conta com 30 empresas parceiras locais. Nossa vantagem é a excelente adaptabilidade; e adotamos diferentes procedimentos em diferentes ambientes.[4]

ESTUDO DE CASO - DOCUMENTO 7.2: O CRESCIMENTO DAS CADEIAS VAREJISTAS NA CHINA (1997-2002)
Fonte: Associação Chinesa de Cadeias Comerciais e Franquias.

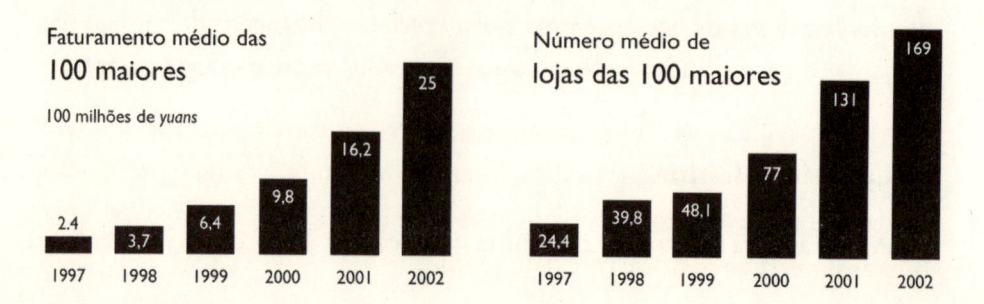

Faturamento médio das **100 maiores**
100 milhões de *yuans*

Ano	Valor
1997	2,4
1998	3,7
1999	6,4
2000	9,8
2001	16,2
2002	25

Número médio de **lojas das 100 maiores**

Ano	Valor
1997	24,4
1998	39,8
1999	48,1
2000	77
2001	131
2002	169

A China abre suas portas

Antes de julho de 1992, as empresas estrangeiras não podiam exercer atividades varejistas ou atacadistas na China. No entanto, as regras para a implementação da *Lei de Participação das* Joint Ventures *Sino-estrangeiras* (1983) e da *Lei de Empresas de Capital Estrangeiro* (1990) permitiram que as indústrias com investimento estrangeiro vendessem parte de seus produtos na China Continental. Com isso, algumas passaram a poder vender cotas predeterminadas de seus produtos em lojas de rede, representantes ou lojas de departamentos.

Em julho de 1992, o Conselho de Estado da China permitiu o estabelecimento de uma ou duas *joint ventures* sino-estrangeiras em seis centros de negócios – Beijing, Xangai, Tianjin, Guangzhou, Dalian e Qingdao – e em cinco zonas econômicas especiais – Shenzhen, Zhuhai, Shantou, Xiamen e Hainan. No entanto, os governos locais precisam solicitar aprovação do governo central para as *joint ventures*. Além disso, o alvo de negócios dessas *joint ventures* se limitava ao varejo e à importação e exportação.

Em março de 1993, o Conselho de Estado permitiu o estabelecimento de *joint ventures* varejistas experimentais em diversas cidades. Em junho de 1995, foi lançado o Guia para Orientação dos Investimentos Estrangeiros, que classificava o varejo como campo restrito e ampliava o escopo varejista, levando-o a cobrir desde vestuário até mercadorias gerais, do setor de produção até o de comercialização. Até outubro de 1995, foram aprovadas 15 *joint ventures*, incluindo a Lufthansa Shopping City e a Xangai Yaohan n° 1.

Em outubro de 1995, o Conselho de Estado permitiu o estabelecimento de duas *joint ventures* varejistas experimentais em Beijing, sob a condição de que os parceiros locais detivessem pelo menos 51% da participação. Posteriormente, muitos dos principais varejistas foram atraídos à China, buscando firmar-se nesse mercado tentador.

ESTUDO DE CASO – DOCUMENTO 7.3: MEDIDAS PARA A IMPLANTAÇÃO EXPERIMENTAL DE EMPREENDIMENTOS COMERCIAIS DE INVESTIMENTO ESTRANGEIRO (EXCERTO)

Comissão Estatal de Economia e Comércio

25 de junho de 1999

Artigo 2º: Tais medidas se aplicam a empreendimentos comerciais de capital conjunto sino-estrangeiros e de comércio cooperativo (doravante denominados "empreendimentos de comércio conjuntamente operados") que sejam conjuntamente estabelecidos em território da China por empresas e empreendimentos estrangeiros e chineses. O estabelecimento de empreendimentos comerciais de propriedade exclusivamente estrangeira não é permitido na China no presente momento.

Artigo 4º: O Conselho de Estado está encarregado de determinar as áreas em que os empreendimentos comerciais conjuntamente operados podem se estabelecer. No momento, tais áreas se limitam às capitais de províncias e regiões autônomas, aos municípios diretamente subordinados ao governo central, a municípios especificamente listados no plano econômico estatal e às cinco Zonas Econômicas Especiais (referidas como "áreas experimentais").

Artigo 6º: Um empreendimento comercial conjuntamente operado deverá atender às seguintes condições: (4) Se o empreendimento conduzir seus negócios com mais de três lojas de cadeia (exceto as de conveniência, especializadas e voltadas para mercadorias de monopólio), a parcela investida pelo parceiro chinês deverá constituir pelo menos 51% do investimento total. Nas situações em que um empreendimento comercial conjuntamente operado dispuser de um irrepreensível histórico de operações, em que seu parceiro estrangeiro houver adquirido grandes quantidades de produtos chineses e em que o empreendimento puder aumentar as exportações de produtos de fabricação chinesa por intermédio da rede global de vendas do parceiro estrangeiro, o parceiro estrangeiro do empreendimento comercial conjuntamente operado poderá, sob aprovação do Conselho de Estado, obter permissão para possuir controle acionário do empreendimento. No caso de um empreendimento comercial conjuntamente operado que disponha de três lojas de cadeia ou menos e outras lojas de conveniência, especializadas e voltadas para mercadorias de monopólio que operem na forma de lojas de cadeia, a parcela investida pelo parceiro chinês deverá constituir pelo menos 35% do investimento total. Para um empreendimento comercial conjuntamente operado que conduza operações atacadistas (incluindo varejistas que operem no atacado simultaneamente), a parcela investida pelo parceiro chinês deverá constituir pelo menos 51% do investimento total.

(5) As filiais de empreendimentos comerciais conjuntamente operados somente poderão atuar diretamente segundo o método de operação da cadeia sobre o qual os parceiros estrangeiro e chinês tenham direto investimento e controle. Outras modalidades de operação de cadeias, como lojas de cadeia independentes ou lojas de cadeia de franquia etc., não são permitidas no momento.

Artigo 8º: Os procedimentos adotados para se requerer o estabelecimento de um empreendimento comercial conjuntamente operado são os seguintes:

O parceiro chinês deverá submeter um relatório de estudo de viabilidade (que servirá como proposta de projeto) e outros documentos pertinentes à comissão local de economia e comércio (doravante referida como comissão econômica ou comissão de planejamento e economia). A comissão local de economia e comércio, em conjunto com os departamentos locais encarregados do comércio nacional, submeterá o relatório de estudo de viabilidade e outros documentos à Comissão Estatal de Economia e Comércio em conformidade com os procedimentos prescritos. A Comissão Estatal de Economia e Comércio, após consulta à MOFTEC, procederá a uma revisão final e concederá aprovação. Após anuência do relatório de estudo de viabilidade (que serve como proposta de projeto), o departamento de Cooperação Econômica e Comércio Exterior submeterá o contrato e os estatutos de constituição da empresa à MOFTEC em conformidade com os procedimentos prescritos. A MOFTEC procederá ao exame final e concederá aprovação dos contratos e estatutos de constituição. Nas situações em que o estabelecimento de um empreendimento comercial conjuntamente operado obtiver aprovação, tal empreendimento deverá, de posse do Certificado de Aprovação de Empreendimento de Investimento Estrangeiro, emitido pela MOFTEC, proceder ao registro junto ao departamento estatal de Indústria e Comércio no prazo de até 1 (um) mês após o recebimento do certificado de aprovação.

Artigo 17º: Todas as regiões deverão implementar de maneira estrita as provisões destas Medidas para o estabelecimento de empreendimentos comerciais conjuntamente operados. A violação das mesmas será conjuntamente investigada e punida pela Comissão Estatal de Economia e Comércio, pela MOFTEC e pela Administração Estatal da Indústria e Comércio. As comissões de economia e comércio e os departamentos de Cooperação Econômica e Comércio Exterior de todas as regiões, em conjunto com outros departamentos pertinentes, procederão à implementação experimental em tempo hábil, descrevê-la-ão resumida e conscienciosamente e resolverão da maneira devida os problemas que dela advierem.

Em junho de 1999, a SETC promulgou as Medidas para a Implantação Experimental de Empreendimentos Comerciais de Investimento Estrangeiro (ver Estudo de Caso – Documento 7.3), especificando que "o estabelecimento de empreendimentos de comércio de propriedade exclusivamente estrangeira não é permitido na China no presente momento (...) o Conselho de Estado está encarregado de determinar as áreas (...) que se limitam às capitais de províncias e regiões autônomas, aos municípios diretamente subordinados ao governo central, a municípios especificamente listados no plano econômico estatal e às Zonas Econômicas Especiais. (...) para um empreendimento comercial conjuntamente operado que disponha de três lojas de cadeia ou menos e outras lojas de conveniência, lojas especializadas e lojas para mercadorias de monopólio que operem na forma de lojas de cadeia, a parcela investida pelo parceiro chinês deverá constituir pelo menos 35% [e] filiais de empreendimentos de comércio conjuntamente operados somente poderão atuar diretamente segundo o método de operação da cadeia sobre o qual o parceiro estrangeiro e o parceiro chinês tenham direto investimento e direto controle. Outras modalidades de operação de cadeias, como lojas de cadeia independentes ou de cadeia de franquia, não são permitidas no momento".

Apesar das severas restrições impostas pelo governo central, muitos varejistas estrangeiros agiram na surdina, aproveitando-se das divergências entre o governo central e os governos locais. Até o final de 1998, o Conselho de Estado havia aprovado apenas 20 empreendimentos comerciais sino-estrangeiros de capital conjunto; no entanto, o número de *joint ventures* ilegais chegava a 227. Até o final de 2001, a China somente autorizara 49 projetos varejistas com investimento estrangeiro. Enquanto isso, havia 316 projetos ilegais já autorizados por governos locais.

As divergências entre o governo central e os governos locais

A fim de aproveitar as oportunidades de mercado e obter vantagem sobre os retardatários, muitas empresas estrangeiras conseguiram esquivar-se do governo central, com auxílio de governos locais. Na visão dos últimos, os investimentos de multinacionais poderiam trazer benefícios econômicos significativos, e mesmo conquistas políticas. Por exemplo, os entornos do Nanfang Mart, situados a sudoeste de Xangai, eram originalmente regiões ermas. Desde a chegada da Carrefour, porém, transformaram-se em prósperos subcentros de Xangai. Em decorrência disso, tanto o mercado imobiliário quanto o de varejo, os restaurantes e o transporte público, se beneficiaram. Como descreveu uma revista:

> A loja Carrefour Gubei em Xangai parece ainda desfrutar de enorme popularidade. Há ônibus grátis, frequentemente cheios, levando e trazendo os clientes. O público tem dificuldade em encontrar estacionamento. Um sedutor aroma alimentício se expande nas cercanias da loja. Os corredores estão abarrotados de compradores ávidos em gastar. Nessa loja-modelo da Carrefour o burburinho é constante, como num bazar oriental.[5]

Atendendo a interesses da região, os governos locais generosamente disponibilizaram aos varejistas estrangeiros condições bastante favoráveis em termos de cotas de participação permitidas à empresa, bem como no uso da terra e em outras regalias. Um jornalista da China assim se referiu ao crescimento do número de lojas ilegais no país:

> Na China, a composição societária da maioria dos estabelecimentos varejistas com investimento estrangeiro permanece um segredo. Quase todos sabem que a Hoyodo, a Hymall e a RT-Mart são empresas de Taiwan, mas ninguém conhece com certeza qual é sua composição societária. Investiguei, por exemplo, a história pregressa da Hoyodo. Segundo fontes relevantes, a Hoyodo Management Consulting Service (Xangai) Co. é inteiramente de propriedade da Hetai Merchandising Co. As lojas da Hoyodo, no entanto, utilizavam notas fiscais da Xangai

Chengda Stores Co., que não tem nenhuma conexão formal com a Hoyodo Management Consulting.[6]

Embora os acordos com a OMC apenas exigissem que a China abrisse seu varejo em quatro anos, o país já havia expandido essa abertura para mais de 30 cidades-chave em todo o seu território. Evidentemente, os governos locais é que foram responsáveis por essa expansão ilegal. Huang Hai, Ministro Assistente do Comércio, frisou:

> Muitos governos locais exorbitaram de sua autoridade e abriram o mercado a varejistas estrangeiros antes do momento devido. Em uma província, sete departamentos convidaram um mesmo varejista estrangeiro ao mesmo tempo e lhe prometeram os melhores terrenos para se instalar.[7]

Seduzidos por benefícios próprios de curto prazo, muitos governos locais se excederam em sua autoridade ao facilitar a entrada de varejistas estrangeiros na China. Consta que os investidores do exterior detinham mais de 65% da participação em todas as 18 empresas varejistas estrangeiras na província de Liaoning. Alguns dos projetos chegavam a ser de inteira propriedade de empresas estrangeiras.

A "estratégia do musgo" da Carrefour

A Carrefour salientava o enorme potencial do mercado chinês. Um vice-presidente disse certa vez:

> Há muitas oportunidades na China e as empresas francesas interessadas no país devem começar imediatamente! Será uma grande perda deixar passar essa fantástica oportunidade.[8]

A fim de contornar as normas do governo central, a Carrefour China e a Zhongchuang Business Co. (aqui referida como Zhongchuang), uma empresa local, criaram uma *joint venture*, a Beijing Jiachuang Business Administration Consulting Co., Ltd. (aqui designada como Jiachuang). De acordo com as normas, a Jiachuang poderia somente prestar consultoria de negócios, não lhe sendo permitido fazer investimentos. Desse modo, a Carrefour poderia somente administrar outros empreendimentos, em vez de investir diretamente em cadeias varejistas. Para resolver esse problema, a Zhongchuang abriu uma empresa de fachada inteiramente de sua propriedade, a Chuangyijia Mart, que poderia, evidentemente, atuar no varejo sem nenhuma restrição. A Chuangyijia Mart confiou seus negócios à Jiachuang. Com essas medidas, a Carrefour na verdade controlava lojas de cadeia e utilizava abertamente sua própria marca. Nesse modelo, a Carrefour era "administradora", e não proprietária, da loja e auferia lucros cobrando taxas de administração. Esse tipo de expansão secreta recebeu da mídia local o nome de "estratégia do musgo".

A Carrefour reproduziu esse modelo em outras cidades. Os altos executivos da empresa visitaram então cada uma dessas cidades para organizar, junto aos governos locais, as diversas atividades de aquisição. Levando em consideração as vantagens fiscais e empregatícias resultantes das lojas Carrefour — a empresa prometera 500 empregos em cada loja —, os governos locais se apressaram para dar luz verde ao empreendimento.

Os governos locais tinham uma boa desculpa para permitir a entrada da Carrefour: introduzir empresas estrangeiras para melhorar a qualidade do varejo nacional e aprimorar a gestão dos empreendimentos comerciais do país. Enquanto a Wal-Mart ainda operava na província de Guangdong de acordo com as normas do governo central, a Carrefour fazia sua estreia em importantes centros de negócios, como Xangai e Wuhan. No final de 1999, a empresa havia se tornado a segunda cadeia varejista da China, atrás somente da Xangai Lianhua Supermarkets. Em 2000, o faturamento da Carrefour no país atingiu 8,1 bilhões de *yuans*. Um representante do governo de Liaoning fez a seguinte análise dos governos locais:

> Antes de 1999, a participação estrangeira máxima no setor varejista era de 50% e todos os investimentos precisavam ser aprovados pelo Con-

selho de Estado. No entanto, o procedimento de controle era complicado e geralmente custava dezenas de milhares de *yuans*. Além disso, o governo local comumente não dispunha de fundos suficientes para investir em *joint ventures* de modo a alcançar participação majoritária. Por exemplo, seriam necessários 700 milhões de *yuans* para perfazer 51% da participação no Dalian Mycal Shopping Centre. Sem dinheiro suficiente, o governo de Dalian acabou conseguindo permissão especial para reduzir sua participação para 30%. Por dificuldades semelhantes, o governo de Shenyang aprovou investimentos da Carrefour em Shenyang sem buscar aprovação do governo central.[9]

A Carrefour arrisca o pescoço

Comportamentos por demais destoantes como esse prejudicavam significativamente os varejistas chineses. Reconhecendo a gravidade da situação, o governo central começou a adotar medidas retificadoras. Infelizmente, mas de maneira esperada, a Carrefour tornou-se um grande alvo.

Em julho de 1996, a SAIC instruiu a Administração da Indústria e Comércio de Beijing a "ordenar à Jiangchuang que reformulasse a descrição inapropriada de seu escopo de negócios em seus estatutos de constituição e em seu contrato, e que informasse os resultados da reformulação à SAIC" (ver Estudo de Caso – Documento 7.4).

Em agosto de 1997, o Conselho de Estado determinou o seguinte: "Os empreendimentos comerciais não experimentais com investimento estrangeiro que lancem mão de burla, ocultação ou negligência serão fechados e os responsáveis e seus superiores serão chamados à responsabilidade" (ver Estudo de Caso – Documento 7.5).

Em julho de 1998, o Conselho de Estado frisou, em uma circular: "(...) 199 empreendimentos varejistas com investimento estrangeiro deverão proceder a retificações. As exigências específicas para a retificação são [as seguintes]: a parcela de participação e de divisão de lucros para o sócio chinês em um empreendimento comercial com capital estrangeiro deverá ser superior a 50%

(superior a 40% na região centro-oeste), a propriedade de lojas de cadeia e estabelecimentos atacadistas deverá ser controlada pelo sócio chinês (...) Alguns governos locais ignoraram a política oficial para investimentos estrangeiros no setor comercial. Os governos de Chongqing, Chengdu, Xi'an e Nanchang foram ainda mais longe, ao aprovarem o estabelecimento de empreendimentos comerciais com investimento estrangeiro não experimentais após notificação prévia. Tais governos locais são, pelo presente instrumento, censurados" (ver Estudo de Caso – Documento 7.6).

ESTUDO DE CASO – DOCUMENTO 7.4: RESPOSTA DA SAIC SOBRE A POSSIBILIDADE DE EMPREENDIMENTOS COM INVESTIMENTO ESTRANGEIRO CONTRATAREM E OPERAREM EMPREENDIMENTOS COMERCIAIS DE INVESTIMENTO NACIONAL

Em 8 de julho de 1996

I. Os empreendimentos registrados de investimento estrangeiro deverão atender à exigência de distribuição de capital e operar em conformidade com as leis e normas. Portanto, a Beijing Jiachuang Business Administration Consulting Co., Ltd. (doravante denominada Jiachuang) deverá ter o montante de seu investimento distribuído de modo a atender ao princípio acima mencionado e operar dentro do escopo de negócios aprovado pela autoridade de registro competente.

II. No caso da Jiangchuang, que contratou empreendimentos de financiamento nacional e participou de atividades comerciais varejistas e atacadistas sem aprovação das autoridades competentes e sem registro junto a elas, determina-se que esta administração governamental requeira a rescisão do contrato e submeta, por escrito, uma crítica de suas atividades.

Quanto à questão da "gestão de propriedade comercial" no escopo de negócios da Jiachuang, a gestão de propriedade comercial deverá consistir da gestão específica de instalações comerciais (como locação, manutenção, serviços de segurança de instalações comerciais e outras atividades pertinentes), não abrangendo assim as atividades varejistas e atacadistas. Determina-se que essa administração governamental trabalhe com a Comissão de Planejamento do Desenvolvimento de Beijing e com a Comissão de Economia e Comércio Exterior de Beijing e, em conjunto, requeira que a Jiangchuang reformule a descrição inadequada de seu escopo de negócios em seus estatutos de constituição e em seu contrato, informando os resultados da reformulação à SAIC.

ESTUDO DE CASO – DOCUMENTO 7.5: COMUNICADO SOBRE QUESTÕES CONCERNENTES À DEPURAÇÃO E RETIFICAÇÃO DE EMPREENDIMENTOS NÃO EXPERIMENTAIS COMERCIAIS COM INVESTIMENTO ESTRANGEIRO (EXCERTO)

Secretaria Geral do Conselho de Estado
Em 5 de agosto de 1997

A. Precedendo a publicação do "Comunicado Urgente da Secretaria Geral do Conselho de Estado para a Suspensão da Aprovação Não Autorizada para o Estabelecimento de Empreendimentos de Comércio com Investimento Estrangeiro Concedida por Autoridades Locais", todos os empreendimentos comerciais com investimento estrangeiro estabelecidos sob aprovação não autorizada concedida por governos ou departamentos locais deverão ser depurados e retificados.

B. No decurso da depuração e retificação dos empreendimentos não experimentais de comércio com investimento estrangeiro, os governos populares de todas as províncias, regiões autônomas, municípios diretamente subordinados ao governo central e especificamente listados no plano econômico estatal, assim como os departamentos pertinentes do Conselho de Estado deverão (...) conduzir investigação e análise criteriosas das condições dos acionistas, disposições contratuais, escopo de negócios, modo de operação, condições pertinentes à transferência tecnológica e às comissões técnicas, situação atual das atividades e resultados da inspeção anual desses empreendimentos. A partir dos elementos citados, relatórios serão produzidos sobre a depuração e retificação, e criteriosamente os formulários de registro serão preenchidos.

D. Os governos populares de todas as províncias, regiões autônomas, municípios diretamente subordinados ao governo central e especificamente listados no plano econômico estatal, assim como os departamentos pertinentes do Conselho de Estado, deverão fortalecer a liderança deste programa de depuração e retificação, e organizar uma equipe de trabalho específica com a participação dos departamentos de planejamento, encarregados do comércio nacional e de cooperação econômica e comércio exterior, assim como da administração da indústria e comércio ou organizações pertinentes. Dever-se-á, em conformidade com as determinações do presente "Comunicado", avançar com base nas condições reais, conduzir o trabalho diligentemente e cumprir a tarefa em tempo hábil e de maneira adequada. Os empreendimentos não experimentais comerciais com investimento estrangeiro que lançarem mão de burla, ocultação ou negligência serão fechados e os responsáveis e seus superiores serão chamados a prestar conta de seus atos.

ESTUDO DE CASO – DOCUMENTO 7.6: CIRCULAR DA SECRETARIA GERAL DO CONSELHO DE ESTADO CONCERNENTE AO ANDAMENTO DA SELEÇÃO E CONSOLIDAÇÃO DE EMPREENDIMENTOS NÃO EXPERIMENTAIS DE COMÉRCIO COM INVESTIMENTO ESTRANGEIRO (EXCERTO)

> Em 1º de julho de 1998
>
> A fim de demonstrar a seriedade da política estatal para investimentos estrangeiros no setor comercial, alguns ministérios criaram uma força-tarefa em agosto de 1997. Buscaram selecionar e consolidar os empreendimentos comerciais não experimentais de investimento estrangeiro que haviam sido autorizados por governos locais para além de sua incumbência. Sob aprovação do Conselho de Estado, o andamento da seleção e consolidação é descrito como segue:
>
> I. Foi concedida permissão a 42 empreendimentos comerciais com capital estrangeiro para prosseguirem em funcionamento enquanto durarem as atividades conjuntas após análise e verificação do percentual de participação de negócios estrangeiros, da situação do capital investido, da duração das atividades conjuntas, do escopo de negócios e da situação das atividades, em conformidade com a política estatal pertinente voltada a absorver o investimento de negócios estrangeiros no setor comercial.
>
> II. Requer-se que 199 empreendimentos comerciais com capital estrangeiro procedam a retificações após a seleção. São exigências específicas para tanto: a parcela de participação e de divisão de lucros para o sócio chinês em um empreendimento comercial com capital estrangeiro deverá ser superior a 50% (acima de 40% na região centro-oeste), a propriedade de lojas de cadeia e estabelecimentos atacadistas deverá ser controlada pelo sócio chinês, a duração das operações conjuntas não deverá exceder 30 anos (não exceder 40 anos na região centro-oeste) e os empreendimentos não operarão no setor atacadista. Os empreendimentos comerciais com investimento exclusivamente estrangeiro deverão, em conformidade com as determinações supracitadas, ser transformados em *joint ventures* sino estrangeiras ou em empreendimentos comerciais cooperativos sino estrangeiros. Os grupos de seleção e consolidação formados em todas as localidades deverão, até o final de 1998 e em atendimento às exigências, completar a retificação dos empreendimentos acima referidos e apresentar relatórios à Comissão Estatal de Desenvolvimento e Planejamento, ao Ministério de Relações Econômicas e Comércio Exterior, à Administração Estatal da Indústria e Comércio e à Administração Estatal de Comércio Nacional para análise e verificação.

IV. Com relação aos 36 empreendimentos comerciais com capital estrangeiro analisados e aprovados após a publicação da "Circular Urgente da Secretaria Geral do Conselho de Estado Concernente à Imediata Suspensão da Análise e Aprovação, Realizadas por Iniciativa Exclusiva de Autoridades Locais, de Empreendimentos de Comércio com Investimento Estrangeiro" (Código Telegráfico Simples Kuo Ban Fa nº [1997]15), o capital não investido em conformidade com o período prescrito, que não tenha sido aprovado em inspeção anual ou que não tenha passado por tal inspeção, assim como os empreendimentos comerciais com capital estrangeiro que se enquadrem no âmbito da seleção e consolidação, mas que tenham deixado de apresentar relatório, terão seus certificados de autorização originais rescindidos pelos departamentos de Relações Econômicas e Comércio Exterior e departamentos de Administração de Indústria e Comércio em nível provincial, procedendo-se por completo às formalidades de anulamento de registro ou revogação de licenças de operação.

V. A Comissão Estatal de Planejamento e Desenvolvimento, o Ministério de Relações Econômicas e Comércio Exterior, a Administração Estatal da Indústria e Comércio e a Administração Estatal de Comércio Nacional deverão em conjunto produzir um documento que forneça a todas as localidades uma lista detalhada dos empreendimentos comerciais não experimentais com investimento estrangeiro que forem mantidos, retificados e rescindidos, e deverá se responsabilizar pela implementação da supervisão.

VI. Os governos populares locais que arbitrariamente exorbitarem de sua incumbência na análise e aprovação de empreendimentos comerciais com capital estrangeiro em contravenção à política estatal de absorção experimental de investimento de negócios estrangeiros no setor comercial, e particularmente os governos populares dos municípios de Chongqing, Chengdu, Xian e Nanchang, que ainda tenham autorizado por iniciativa própria o estabelecimento de empreendimentos comerciais não experimentais com investimento estrangeiro após a publicação do "Comunicado Urgente" são objetos de censura na circular. Todas as localidades deverão acatar esta reprimenda e empreender com sucesso a retificação, correção e cancelamento (rescisão) de empreendimentos não experimentais de comércio com investimento estrangeiro em conformidade com as exigências desta Circular.

A China continuará a implementar a política de fazer uso de investimento estrangeiro de maneira ativa, racional e efetiva à luz do espírito do 15º do Congresso Nacional do Partido Comunista Chinês e expandir gradativamente a abertura para o exterior no setor comercial com base no acúmulo de experiências assim adquiridas. Os governos populares de todas as localidades deverão incumbir-se de seu trabalho em concordância com a política oficial e com as disposições unificadas do Conselho de Estado, sem atuarem isoladamente, mas executando estritamente as ordens e proibições. Deverão também, em conjunto, respaldar a seriedade da política oficial de modo a garantir que o trabalho de absorção do investimento estrangeiro avance de maneira íntegra e disciplinada.

ESTUDO DE CASO – DOCUMENTO 7.7: COMUNICADO SOBRE O ENCERRAMENTO DA APROVAÇÃO, PARA ALÉM DOS LIMITES DA AUTORIDADE, DE EMPREENDIMENTOS DE COMÉRCIO COM INVESTIMENTO ESTRANGEIRO E SOBRE O ESTABELECIMENTO DE TAIS EMPREENDIMENTOS EM FORMA DISSIMULADA (EXCERTO)

Em 1º de dezembro de 2000

(...) a Secretaria Geral do Conselho de Estado publicou o "Comunicado sobre a Depuração e Retificação de Empreendimentos Não Experimentais de Comércio com Investimento Estrangeiro" em 1998. (..) Ainda é prática corrente, porém, em algumas localidades, aprovar, para além dos limites da autoridade, o estabelecimento de empreendimentos comerciais com investimento estrangeiro ou o estabelecimento de tais empreendimentos em forma dissimulada, resultando em efeitos danosos sobre a utilização de investimento estrangeiro em nosso setor comercial. A fim de salvaguardar a autoridade das normas e políticas estatais, expõem-se os seguintes conteúdos relevantes:

A. Após a publicação do "Comunicado", passa a ser incorreto que algumas poucas autoridades locais ratifiquem, exorbitando de seus poderes, o estabelecimento de empreendimentos de comércio com investimento estrangeiro ou de suas empresas filiais. Tal prática deve ser eliminada imediatamente. No caso daqueles que ainda não houverem iniciado operações quando da publicação deste Comunicado, os departamentos pertinentes deverão cancelar os respectivos documentos de aprovação de projeto e o certificado de aprovação, e a administração de indústria e comércio procederá à anulação dos respectivos registros ou à revogação da licença de funcionamento. (...) As autoridades locais darão solução a esses projetos e informarão os resultados à STEC, MOFTEC e SAIC antes de 30 de novembro. Doravante, o requerimento para o estabelecimento de novos empreendimentos comerciais com investimento estrangeiro deverá (...) ser submetido à SETC e MOFTEC para análise e aprovação. Tais empreendimentos deverão também inscrever-se junto à SAIC ou a seus órgãos locais autorizados.

> B. Os departamentos pertinentes do Conselho de Estado estão agora desenvolvendo procedimentos administrativos para fortalecer a administração de todas as modalidades de empresas que resultem da participação de investimentos estrangeiros em atividades comerciais nacionais, incluindo empresas de gestão de investimentos que contem com capital estrangeiro, empresas de consultoria de gestão, operações de franquia e reinvestimento por empresas com investimento estrangeiro. Antes da publicação de tais procedimentos, o governo local deverá suspender a aprovação de todas essas modalidades de projeto e proceder em conformidade com as provisões especificadas nas disposições, uma vez promulgados.
>
> C. Se, após a publicação das disposições, ainda houver autoridades que, apesar das determinações, aprovarem o estabelecimento de empreendimentos comerciais com investimento estrangeiro e de suas empresas filiais, ou autorizarem que investidores estrangeiros participem em forma dissimulada de projetos comerciais, os responsáveis envolvidos serão chamados a prestar conta de seus atos. Os departamentos concernentes deverão cancelar os respectivos documentos de aprovação de projeto e o certificado de aprovação, e a administração de indústria e comércio procederá à anulação dos respectivos registros ou à revogação da licença de funcionamento.

Em junho de 1999, as *Medidas para a Implantação Experimental de Empreendimentos Comerciais com Investimento Estrangeiro* estipularam que "para um empreendimento de comércio conjuntamente administrado que disponha de três lojas da cadeia ou menos e de outras lojas de conveniência, lojas especializadas e lojas para mercadorias de monopólio que operem na forma de lojas de cadeia, a parcela investida pelo parceiro chinês deverá constituir pelo menos 35% do investimento total. Para um empreendimento de comércio conjuntamente administrado que conduza operações atacadistas (incluindo varejistas que operem no atacado simultaneamente), a parcela investida pelo parceiro chinês deverá constituir pelo menos 51% do investimento total (...) A Comissão Estatal de Economia e Comércio, após consulta à MOFTEC, procederá à revisão final e concederá aprovação".

Em dezembro de 2000, *o Comunicado sobre o Encerramento da Aprovação, para além dos Limites da Autoridade, de Empreendimentos de Comércio com Investimento Estrangeiro e sobre o Estabelecimento de tais Empreendimentos em Forma Dissimulada* informou que "se, após a publicação dos procedimentos, ainda houver autoridades que, apesar das determinações, aprovarem o estabelecimento de empreendimentos comerciais com investimento estrangeiro e de suas empresas filiais, ou autorizarem que investidores estrangeiros participem em forma dissimulada de projetos comerciais, os responsáveis envolvidos serão chamados a prestar conta de seus atos. Os departamentos pertinentes deverão cancelar os respectivos documentos de aprovação de projeto e o certificado de aprovação, e a administração de indústria e comércio procederá à anulação dos respectivos registros ou à revogação da licença de funcionamento" (ver Estudo de Caso – Documento 7.7). A prática de tais comportamentos destoantes era de fato comum na China. Por que então a Carrefour se tornou o alvo de todas as atenções quando o governo central decidiu retificar os projetos ilegais? A situação foi analisada em um artigo:

> A Carrefour se apressou demais e se expandiu rápido demais. Embora a Wal-Mart restringisse suas operações basicamente à província de Guangdong — onde instalara 8 de suas 11 lojas no país —, a empresa assinou uma série de contratos com os governos locais, incluindo Chongqing, Wuhan, Shenyang, Qingtao e, é claro, Beijing e Xangai. Nestas duas últimas, há 10 lojas da rede. (...) Na verdade, o Conselho de Estado começou a retificar o ramo varejista já em agosto de 1997. Evidentemente, a Carrefour arriscou o pescoço frente às regras[10].

Desaprovação pública

A Carrefour foi lançada na mira dos meios de comunicação, conforme salientado em uma análise:

> Por que a Carrefour é tão destemida? A empresa conta com bom conhecimento da maneira chinesa de atuar e firmou fortes relações com

os governos locais. Ela soube aproveitar o anseio desses governos em atrair empresas listadas na revista *Fortune 500*. Os governos locais correram a atender as exigências da Carrefour, concedendo-lhe inclusive benefícios fiscais e imobiliários. Parecia ser grande o número de regras e normas na China. No entanto, as empresas que seguem essas normas podem mais tarde ter a surpresa de descobrir que outros empreendimentos aproveitaram oportunidades de mercado ao contornarem tais regras na surdina[11].

Ironicamente, após divulgar diversas normas e circulares, a SETC teve dificuldade em punir esses comportamentos destoantes devido à ausência de normas detalhadas e ao envolvimento dos governos locais. Estes últimos pareciam fazer vista grossa às advertências do governo central. "Carrefour" significa encruzilhada, em francês, e a empresa parecia agora se encontrar em uma encruzilhada na China.

Comentários de caso

COMENTÁRIO 1
THOMAS E. CALLARMAN
PROFESSOR DE GESTÃO DE OPERAÇÕES
CHINA EUROPE INTERNATIONAL BUSINESS SCHOOL – CEIBS

Temos aqui um caso clássico envolvendo instalações internacionais. Se uma indústria pretende instalar novas fábricas, se uma empresa de logística deseja estabelecer novas unidades de armazenamento ou centros de distribuição ou se um estabelecimento varejista quer implantar novas lojas, há diversos critérios objetivos e subjetivos a levar em consideração. Os primeiros incluem os custos, os volumes previstos e os lucros esperados envolvidos na decisão, enquanto os segundos abrangem aspectos sociais, culturais, políticos e governamentais.

O custo mais evidente ao se implantarem novas unidades é o dos terrenos e das instalações necessários ao oferecimento do produto ou serviço. No caso da Carrefour, o estabelecimento das novas unidades na China e os custos de obtenção das instalações físicas correspondentes cresciam rapidamente, exigindo que a empresa agisse com presteza para adquirir terrenos e instalações em áreas de crescimento especialmente favoráveis, de maneira lucrativa. Aos custos de aquisição de terrenos e instalações somavam-se outros, como os de autorização governamental e outras taxas. Na época deste estudo, os governos locais, cidades, distritos e outras escalas de governo não dispunham de uniformidade nas exigências de autorização nem na estrutura de taxas. Assim, dependendo do governo específico com que a Carrefour lidasse, o impacto sobre os custos e lucros poderia também variar significativamente. Para complicar ainda mais, as estruturas de taxas e as exigências de autorização estabelecidas pelos governos locais nem sempre correspondiam às estruturas governamentais da província ou do país. Uma vez que os novos requisitos definidos pelo governo chinês e relatados neste caso foram amplamente divulgados, fica difícil imaginar que a Carrefour não estivesse ciente do risco de trabalhar com os governos locais, sem seguir à risca, aparentemente, as determinações da lei. Outro fator que entrou em jogo mais recentemente foi o impacto do ingresso do país na Organização Mundial do Trabalho, o que fez aumentar a pressão sobre o governo para a aplicação mais sistemática de normas.

A Carrefour, com sua extensa rede de investimentos estrangeiros, contava com vasta experiência em ambientes culturais e sociais que não os seus próprios, esperando-se por isso que tais fatores tivessem menor influência sobre sua operação. Comparemos tal situação com a da principal concorrente da Carrefour, a Wal-Mart, e suas primeiras incursões no campo de investimento estrangeiro. A maior parte de suas lojas ainda se localiza nos Estados Unidos; uma das primeiras tentativas de instalá-las no exterior ocorreu no Brasil. A gerência da Wal-Mart essencialmente ignorou os hábitos de compra dos clientes brasileiros, presumindo que eles adquiririam produtos de modo similar aos clientes americanos. Além disso, a Wal-Mart não levou em conta as diferenças de logística que encontraria no Brasil; como resultado, suas primeiras tentativas de instalar-se no país fracassaram. A Carrefour dispunha de experiência suficiente para evitar erros semelhantes de natureza social e cultural na China e assim adaptou suas lojas e seus procedimentos levando em conta o ambiente local.

Voltando aos aspectos governamentais, dois aspectos parecem óbvios neste caso. O primeiro é que o governo chinês precisava assegurar que suas normas e políticas quanto à propriedade de empresas operando na China fossem uniformemente seguidas por todos os governos locais e empresas. Quem escolher para servir de exemplo, senão uma das duas maiores empresas varejistas do mundo? Ao pôr-se no encalço da Carrefour e multá-la, o governo enviou um forte sinal de que ninguém, sendo grande ou pequeno, está imune às normas e aos requisitos de autorização. Em segundo lugar, dada a vasta experiência da Carrefour em operações internacionais, é improvável que não esteve ciente das normas ou, mais importante ainda, das possíveis consequências de violá-las. Parece claro que a Carrefour achava que o governo não suspenderia o funcionamento de tantas de suas novas lojas, mas que, mais provavelmente, imporia multas à empresa. Também parece claro que a Carrefour teria incluído os custos associados com tais multas em sua "equação" de despesas e lucros. Assim, a empresa parece ter estimado o possível custo do risco que corria e fez a opção econômica de que os menores custos decorrentes de entrar cedo no mercado, assim como as vantagens de ser a primeira a alcançar os consumidores, superavam os possíveis custos de violar as normas.

COMENTÁRIO 2
SERGIY LESNYAK
REPRESENTANTE EXECUTIVO
FERREXPO GROUP NA CHINA

Evidentemente, a estratégia da Carrefour na China é bastante efetiva em termos de um bom entendimento das práticas de localização. Não é difícil entender por que essa linha de ação foi batizada de "estratégia do musgo": o musgo consegue se reproduzir por diferentes métodos, e mesmo quando há bem poucos brotos, adere a solo hostil ou a superfícies de pedra, e forma uma colônia.

A estratégia de penetrar no mercado mostra que a Carrefour está bastante familiarizada com os procedimentos chineses; provavelmente, ela, por vezes, é chinesa em excesso. Tal habitualidade proveio da experiência de um alto executivo que trabalhou em Taiwan (ver a seguir). Jean-Luc Chereau, CEO da Carrefour, descreveu em uma recente entrevista um episódio que vivenciou no país:

> Outro aspecto era o estilo chinês nos negócios. Quando cheguei a Taiwan, meu antigo chefe disse que eu tinha sorte: meu primeiro ano já estava garantido, porque ele já havia firmado cinco contratos para

cinco novas lojas. Então comecei a conversar com um de nossos parceiros chineses que havia assinado os contratos, e as conversas não pareciam progredir. Por fim, meu assistente me disse: "Não é porque ele há dois anos assinou um contrato de 20 anos com seu ex-chefe — alguém que não é você — que ele irá respeitar o combinado". Isso foi um choque tremendo para mim, já que o contrato havia sido registrado em cartório. Então começamos a renegociar cláusula por cláusula. Cinco anos mais tarde, durante a Crise Financeira Asiática, convidei esse mesmo parceiro a vir a meu escritório e lhe disse: "Não é porque assinei um contrato com você que irei respeitar o combinado. Estamos em uma crise". Então ele disse: "Tudo bem", e começamos a renegociar o aluguel[12].

Chereau descreve o episódio apenas como um aspecto do estilo chinês nos negócios, mas, na verdade, isso lhe serviu de valiosa experiência, levando-o também a adotar um estilo "chinês". Provavelmente sua postura quanto à "quebra de contrato", que de início o chocou, é cabível e adequada, desde que traga alguns resultados palpáveis.

Em uma entrevista à revista *McKinsey Quarterly*, Chereau mencionou que a Carrefour foi bem-sucedida na China desde que chegou ao país, pois os governos locais a pressionaram para que abrisse lojas por toda parte. Após a inauguração da 17ª loja da rede, o governo central decidiu criar algumas regras. (A atitude de Chereau dá a entender que tais regras não estavam ainda definidas; ver Estudo de Caso – Documentos 7.4 a 7.8.) A postura da Carrefour é clara: para as coisas darem certo, é preciso quebrar regras: "Assim, em conjunto, o governo central e a Carrefour solucionaram o entrave, pois, se você agisse 100% dentro das regras oficiais da época, não conseguiria fazer negócios"[13].

É provável que empresas como a Carrefour enxerguem a China em termos puramente comerciais: de que maneira capitalizar habilmente as diferenças entre o governo central e os governos locais. No mundo, o país está agindo de modo semelhante. Esse é provavelmente um dos motivos pelo qual algumas empresas globais estão tentando o jogo da "política real", observando atentamente as práticas comerciais chinesas no exterior.

Parece que a Carrefour se sente suficientemente madura para participar do jogo no mesmo nível que os governos locais, mas tal posição pode ser muito vulnerável. É preferível evitar todo procedimento indevido, particularmente problemas de corrupção nos negócios, pois, quando se tem conexões com funcionários corruptos, a empresa pode ser afetada por medidas tomadas pelo governo central e os negócios podem sumir.

Para exemplificar essa lição, podemos usar um trecho do livro de James McGregor, *One Billion Customers: Lessons from the Front Lines of Doing Business in China* (*Um Bilhão de Clientes: Lições do Front dos Negócios na China*), Free Press, NY, 2005.

Conclusões

1 Uma vez que a estratégia da Carrefour estava um pouco adiantada para o momento, "arriscar o pescoço frente às regras" permitiu à empresa predizer que, em "tempos turbulentos", pode-se ganhar mais do que perder, caso se tenha suficiente destemor. No entanto, para acompanhar as novas condições, a empresa precisará mudar seu comportamento nos negócios.

2 Assim, a estratégia de desenvolvimento da empresa nos anos vindouros deveria estar voltada para a melhoria de sua imagem junto à coletividade local e aos funcionários do governo central, introduzindo conhecimentos avançados de gestão e aplicando-os às condições do mercado local, além de estabelecer certos padrões morais e éticos no setor.

3 A empresa pode definir o objetivo de alcançar liderança ao aplicar práticas transparentes em cooperação com os governos locais, evitando se valer das diferenças entre o governo central e os governos locais.

4 A Carrefour não pode ser demasiadamente criticada por atuar de maneira efetiva em um ambiente incerto. O que este estudo de caso descreve é a coexistência e interação de diferentes sistemas. O papel

da Carrefour em estabelecer padrões e em promover a gestão de empreendimentos varejistas locais é enorme. A empresa é certamente uma líder no setor, podendo comunicar importantes aspectos e, com eles, trabalhar junto ao governo central, em benefício de todo o setor em que opera.

Referências

1. Child, Peter N. "Lessons from a Global Retailer: An Interview with the President of Carrefour China", *The McKinsey Quarterly*, outubro, 2006.

2. McGregor, J. *One Billion Customers: Lessons from the front Lines of Doing Business in China*, NY, Free Press, 2005.

COMENTÁRIO 3
XUEZHENG LI
DIRETOR GLOBAL DE VENDAS
BEIJING BOE OPTOELECTRONICS TECHNOLOGY CO., LTD.
EX-DIRETOR DE RELAÇÕES PÚBLICAS
BOE TECHNOLOGY GROUP CO., LTD.

Durante a última década, gigantes internacionais do setor varejista, como a Carrefour e a Wal-Mart, competiram acirradamente na China, o mercado de varejo que mais cresce no mundo, que, porém, era altamente regulamentado pelo governo central, visando à proteção de empresas nacionais. As multinacionais varejistas adotaram uma estratégia bastante agressiva de expansão para se firmarem à frente dos concorrentes nas principais metrópoles chinesas. Seu objetivo era obter vantagem sobre os retardatários: uma vez instalado um hipermercado, não havia lugar para um segundo.

A fim de contornar as restrições impostas pelo governo central, as empresas estrangeiras se valem de diferentes táticas:

- obter favorecimento do governo local ao prometer crescimento econômico, arrecadação de impostos e emprego para a população local;
- firmar parcerias com empresas locais que possam influenciar o governo local para a concessão das autorizações necessárias e para o oferecimento de áreas especialmente favoráveis para as lojas;
- criar empresas de consultoria em parcerias locais para indiretamente atuar em novos supermercados.

Graças ao sucesso alcançado com essas táticas, alguns varejistas estrangeiros se beneficiaram de um espantoso crescimento e expansão em seus negócios no país. A Carrefour foi um deles. Essa rápida difusão de empresas estrangeiras exasperou os supermercados nacionais, que começaram a pressionar o governo central e a criticar as autoridades locais por concederem privilégios a varejistas do exterior. Havia 316 supermercados operados por varejistas estrangeiros até o final de 2001, mas somente 49 estavam oficialmente autorizados, segundo estatísticas divulgadas pelo governo. De acordo com as normas predominantes, eles precisavam obter autorização dos ministérios centrais para abrir uma nova loja. Assim, a Carrefour tornou-se o alvo principal do público e foi continuamente criticada pelos principais meios de comunicação locais.

Embora não fosse a primeira vez que o governo central advertia a Carrefour, esse episódio diferiu em vários aspectos. O primeiro foi que funcionários do governo central intencionalmente fizeram vazar informações a importantes veículos, como o jornal *Financial Times*, sobre uma possível ação, o que pode ser visto como um claro sinal de que uma punição estava para ocorrer. No entanto, isso também dava a entender que o governo central se dispunha a reconciliar-se com a Carrefour. Na cultura chinesa, a harmonia traz riqueza. Em termos gerais, o governo central reluta em ser demasiado rígido com empresas multinacionais porque depende fortemente desse investimento direto para alimentar seu veloz crescimento. No entanto, se a Carrefour simplesmente não desse ouvidos a todos esses sinais, o governo central veria a empresa como hostil por não "se mostrar obediente". Esta é, portanto, a última chance para a Carrefour corrigir erros passados. O segundo aspecto é que a punição iminente havia sido divulgada em todo o país pela mídia, também forçando o governo central a falar sério com a empresa.

O que a Carrefour deveria fazer para manter o crescimento de seus negócios e sua liderança de mercado na China? Deveria cogitar um relacionamento empresa-governo para promover sua imagem de cidadania empresarial. Embora a Carrefour tivesse se tornado alvo da mídia e do público nos últimos anos, houve poucas respostas diretas e proativas da empresa visando à melhoria de sua imagem pública. Por um lado, a empresa deveria informar o público sobre suas contribuições à economia local, que poderiam incluir empregos para a população, crescimento da economia da região, benefícios para fornecedores locais e vários outros.

Por outro lado, o alto escalão da gerência deveria fortalecer sua comunicação com os ministérios do governo central. Isso é decisivo para o sucesso de qualquer multinacional na China, que se encontra em transição de uma economia planejada para uma economia orientada ao mercado. Foram revisadas e alteradas diversas leis e normas para permitir ajustes a tal transição, principalmente depois que a China entrou para a OMC, em dezembro de 2001. Tanto empresas nacionais como multinacionais precisaram ajustar suas estratégias e responder de maneira proativa às mudanças no ambiente legal. As empresas ágeis sabem quando e como tomar providências para fortalecer sua comunicação com órgãos governamentais centrais e locais.

Em termos do relacionamento empresa-governo, a Carrefour deveria considerar as seguintes ações: primeiramente, admitir publicamente seus erros e declarar sua disposição em seguir a política governamental no futuro. Na China, desculpar-se é muito mais efetivo que contratar advogados. Seria altamente recomendável que o CEO Global da Carrefour fosse até Beijing para reunir-se com autoridades do governo central. Isso seguramente seria interpretado como um gesto de arrependimento pelos erros

> passados, algo que os chineses apreciam. Em segundo lugar, a Carrefour deveria pressionar as autoridades locais para que explicassem ao governo central a importância da empresa para a economia local. Tais esclarecimentos darão ao governo central mais motivos para perdoar a Carrefour. Em terceiro lugar, a empresa deveria fazer ajustes na composição societária de suas lojas, em concordância com a política governamental. E ser paciente, afinal de contas, as lojas utilizam a marca Carrefour. No futuro, a empresa poderia aumentar sua cota de participação. Por fim, deveria buscar estabelecer um bom relacionamento com os meios de comunicação, para que sua imagem seja veiculada sob uma luz mais favorável.
>
> Com essas medidas, a Carrefour deverá sobreviver à crise. Como diz um ditado chinês, "primeiro tente fazer o erro parecer menos grave e, então, reduza-o a absolutamente nada" (*Da shi hua xiao, xiao shi hua liao*).

NOTAS

1. Este caso foi preparado pelo dr. Shengjun Liu sob a supervisão do professor Juan Antonio Fernandez, da CEIBS. O estudo foi preparado para subsidiar uma discussão em aula, e não para exemplificar a gestão eficaz ou ineficaz de uma situação administrativa; fundamentado em documentos de fontes públicas. Originalmente publicado pela CEIBS em 2004. Publicado sob permissão.

2. Em 2003, a SETC e a MOFTEC (Ministério de Comércio Exterior e Cooperação Econômica) foram reunidas para formar o novo Ministério do Comércio.

3. A Carrefour possuía negócios de diversos tipos, incluindo hipermercados, supermercados, lojas de desconto (*hard discount*), lojas de conveniência e autosserviço atacadista (*cash and carry*).

4. Zhou Yiting e Zhu Rui, "Carrefour: First Come, First Served", *Economic Observer*, 14 de maio, 2004.

5. Xiang Wen, "Carrefour at the Crossroad", *Global Entrepreneurs*, dezembro de 2003.

6. Zhou Yiting, "New Policy Announced, Can Foreign Retailers Like Carrefour Still Open New Stores?", *Economic Observer*, 31 de dezembro, 2003.

7. Zhou Yiting, "New Policy Announced, Can Foreign Retailers Like Carrefour Still Open New Stores?", *Economic Observer*, 31 de dezembro, 2003.

8. Wang Zhen, "Carrefour's Face Off", disponível em http://www.globrand.com.

9. Ibid.

10. Wang Zhen, "Carrefour Changing Face", Think Tank (Zhinang), abril de 2005.

11. Ba Shusong, "Carrefour and Informal Rules", *China Economy Weekly*, 8 de julho, 2004.

12. Peter N. Child, "Carrefour China: Lessons From A Global Retailer", *The McKinsey Quarterly*, McKinsey & Co., 19 de julho, 2006.

13. Ibid.

Capítulo 8
Estrangeiros na China: encontros e desencontros[1]

CONTEÚDO

Estudo de caso: O pirulito que ficou amargo
Comentário 1: Bala Ramasamy
Comentário 2: Bettina Ganghofer

Introdução

O sucesso profissional para um estrangeiro na China não é tão fácil como em outros lugares. O que as pessoas, de modo geral, querem dizer com sucesso em uma atribuição em outro país é a obtenção ou a superação dos resultados esperados pela sede. Essas expectativas normalmente são expressas em termos mensuráveis, como crescimento de vendas, participação de mercado e lucros. Entretanto, os dados numéricos retratam apenas parte da realidade em relação ao sucesso e não incluem o lado pessoal de um expatriado que more na China. Necessidades como progresso na carreira e desenvolvimento profissional também precisam ser levadas em conta. Por fim, a família também é um elemento importante desse sucesso. Como nos disse um expatriado, "é muito difícil ser produtivo no trabalho quando uma tempestade aguarda em casa". Nesse sentido, um modo mais completo para medir o sucesso deveria incluir as necessidades da organização, do estrangeiro e de sua família, em um tipo de relacionamento triangular, como representado no Documento 8.1.

DOCUMENTO 8.1: O "TRIÂNGULO" EXPATRIADO

```
              Empresa


           Equilíbrio
        das necessidades
Família                    Expatriado
```

Podemos analisar cada um desses elementos separadamente.

Necessidades da empresa

Os expatriados são funcionários muito dispendiosos para as empresas, pois, além do salário, elas facilitam o processo de adaptação, oferecendo uma preparação anterior à mudança e ajuda com moradia, escola para os filhos, convênio médico, carros com motorista, viagens ao país de origem e assim por diante.

No caso de empresas internacionais, o custo total de expatriados costuma representar a maior parte de sua folha de pagamentos total na China. Apesar do custo elevado, as empresas enviam estrangeiros ao exterior por diversos motivos. Em primeiro lugar, as operações no exterior exigem competência técnica e gerencial, que ainda não está disponível no mercado local. Em segundo lugar, os expatriados funcionam como "missionários" na propagação da cultura da empresa. Por fim, eles são percebidos como funcionários de confiança, pois trabalham na empresa há anos. Enquanto os chineses não cumprirem os critérios anteriores, é razoável ter estrangeiros trabalhando no país ou em qualquer outro local.

Por outro lado, existe uma tendência a localizar os cargos anteriormente ocupados por expatriados com gerentes chineses, sempre que possível, beneficiando a empresa não só com a óbvia redução nos custos de mão de obra, mas também com a diminuição na rotatividade dos talentos locais, pois eles terão mais oportunidades de promoção.

Nesse sentido, as empresas devem trabalhar em duas frentes simultâneas: por um lado, devem desenvolver os talentos locais que possam assumir mais responsabilidades no futuro; por outro lado, devem desenvolver talentos em seu país de origem a fim de manter em atividade as operações globais. Nesse processo de desenvolvimento global de talentos, as empresas devem contratar constantemente jovens gerentes que estejam interessados em outras culturas, que possam falar idiomas estrangeiros e que estejam dispostos a viajar e a trabalhar no exterior. Deve haver processos para desenvolver o banco de talentos internacional, formando equipes multiculturais, instituindo a rotação de cargos entre operações em países diferentes e criando outros sistemas para expor o banco de talentos ao ambiente internacional e a suas práticas.

Como os expatriados são caros, as empresas estão considerando outras fontes de candidatos para substituí-los. Quais são alguns dos substitutos em potencial?

- Os chineses locais são os substitutos corretos no longo prazo. Entretanto, leva tempo para desenvolvê-los até o nível necessário e é difícil retê-los na empresa. Assim que estão prontos para a posição, transformam-se no alvo de outras empresas. Apesar de todos os desafios, não há dúvidas de que são os substitutos naturais para os estrangeiros.
- Chineses de outros países também são outra opção, pois costumam receber bons pacotes econômicos como os expatriados. Então, qual é a vantagem deles sobre os estrangeiros? Basicamente, eles falam chinês e, supostamente, irão se adaptar melhor ao ambiente empresarial. Paradoxalmente, às vezes, não são bem recebidos pelos chineses por serem vistos como arrogantes. Além do mais, é difícil justificar a grande diferença salarial aos olhos dos chineses locais.
- Chineses que estejam de retorno, isto é, aqueles que estudaram no exterior e voltaram à China depois de formados. Eles falam inglês com fluência e foram expostos a uma cultura estrangeira. Seus pacotes de remuneração são, em geral, mais baixos do que os de um estrangeiro, pois não costumam receber benefícios extras, como moradia e escola para filhos. Além disso, a adaptação pessoal e da família à China não é uma questão. Eles são, provavelmente, os melhores substitutos para os estrangeiros, depois dos chineses locais.
- Expatriados há muito tempo, alguns dos quais se adaptaram tão bem na China que não querem voltar ao país de origem. Um motivo comum é terem se casado com uma chinesa local. Em geral, eles têm de abrir mão de alguns privilégios, como ajuda para moradia e escola para os filhos. Ocupam uma posição intermediária entre os chineses locais e os expatriados mencionados antes.

Necessidades do expatriado

Existem muitos motivos para que uma pessoa aceite um cargo internacional: melhores perspectivas de carreira, mais autonomia, oportunidade de vivenciar uma cultura diferente, um salário melhor e aumento em seu valor profissional no futuro previsível. Porém, também existem contras: eles têm de trabalhar por muitas horas e têm menos tempo para dedicar à família ou à vida pessoal. As pesquisas mostram que os estrangeiros e suas famílias passam por um ciclo de choque cultural, conforme representado no Documento 8.2. Inicialmente, existe uma fase de empolgação imediatamente após terem se acomodado no novo ambiente; depois de alguns meses, há um declínio na animação quando são confrontados com as frustrações, a solidão e outros aspectos difíceis da vida em uma cultura estrangeira.

Provavelmente, um dos maiores desafios para um expatriado é o retorno depois de terminar sua tarefa. As empresas costumam incluir cláusulas para tanto nos contratos, mas isso não resolve o problema. Depois de dedicar diversos anos a um trabalho internacional, a situação na sede pode ter mudado, as pessoas que trabalham lá e as prioridades da empresa também. Esses fatores podem afetar intensamente as condições do retorno do

DOCUMENTO 8.2: O CICLO DE CHOQUE CULTURAL DE EXPATRIADOS
Fonte: Nancy J. Adler 2002, International Dimensions of Organizational Behavior, Thomson Learning: South West, Cincinnati. Ohio.

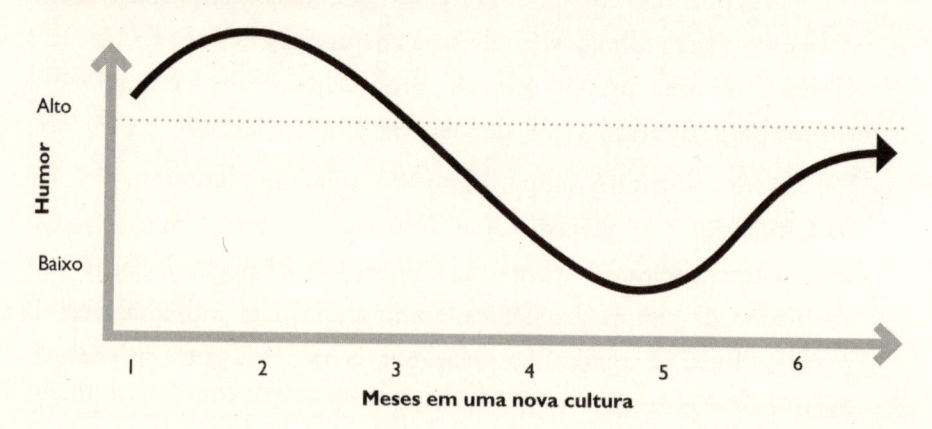

expatriado e a síndrome de "longe dos olhos, longe do coração" bem pode ser um motivo para rejeitar uma tarefa interna.

No final, acabam ficando presos às suas carreiras internacionais e não têm outra escolha a não ser tornar-se um tipo de expatriado profissional, pronto para outro cargo internacional na mesma empresa ou em outra.

Necessidades da família

O sucesso no nível familiar implica que a família — esposa e filhos — esteja bem adaptada à vida na China, dependendo bastante de fatores como moradia, educação e vida social. Ainda mais importante, um relacionamento estável e saudável no casamento é uma condição crucial antes de aceitar o cargo. Alguns candidatos em potencial para cargos no exterior têm rejeitado a proposta devido a esse tipo de questão.

No lado positivo, a China pode ser uma ótima experiência de aprendizado para a família, mas pode impor um pesado fardo ao cônjuge e aos filhos. O lado negativo inclui sofrimento emocional, solidão, tédio, frustrações e depressão das esposas, especialmente no caso das que desistiram de suas próprias carreiras profissionais.

O Documento 8.3 representa um fenômeno que afeta o relacionamento durante os primeiros meses em um novo local. Em geral, os expatriados estão inteiramente imersos nas demandas de seu cargo, em um momento em que as esposas precisam de sua atenção. Esse abismo entre as necessidades e a disponibilidade pode provocar desacordos e discussões que acabarão por afetar a saúde do relacionamento. Mas, no fim, a adaptação depende muito da personalidade da esposa.

Quais são as qualidades desejáveis para uma esposa? Basicamente, as que se adaptam bem são sociáveis e conseguem fazer novos amigos, e assim o fazem quando se interessam pela cultura local e estão abertas para aprender um novo idioma. O trabalho na China não irá acabar com um casamen-

DOCUMENTO 8.3: CURVAS DE NECESSIDADES E DE DISPONIBILIDADE DO EXPATRIADO

Fonte: Nancy J. Adler 2002, International Dimensions of Organizational Behavior, Thomson Learning: South West, Cincinnati. Ohio.

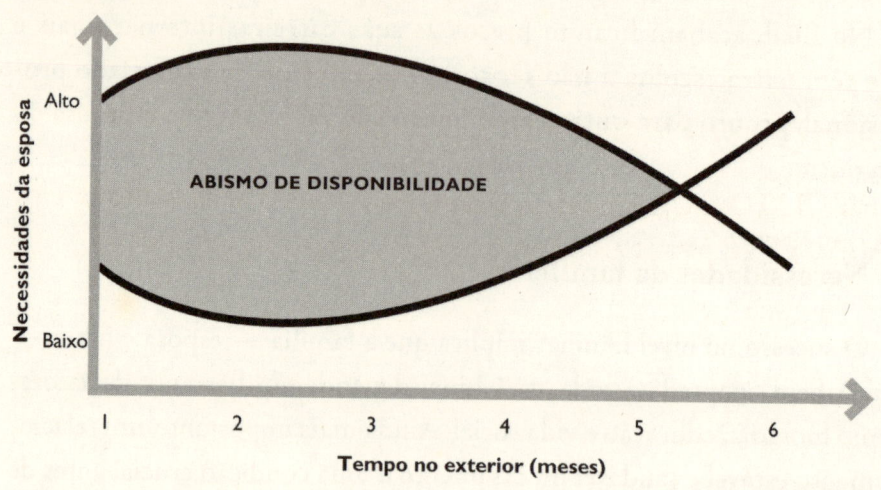

[Gráfico: eixo vertical "Necessidades da esposa" (Baixo a Alto); eixo horizontal "Tempo no exterior (meses)" de 1 a 6; área sombreada identificada como "ABISMO DE DISPONIBILIDADE"]

to feliz, mas pode deteriorar aquele que já seja problemático. Assim sendo, a boa comunicação e o entendimento entre o casal são muito importantes para o sucesso não só do casamento, mas também da tarefa do expatriado.

O estudo de caso deste capítulo descreve a experiência de um casal estrangeiro na China, descrito pela perspectiva de Alain, o marido, que decidiu aceitar um cargo desafiador na China. Montserrat, a esposa, foi com ele, mas teve de desistir de sua carreira. Quando chegaram ao país, as coisas não correram conforme esperado. Depois do caso, veremos dois comentários: o primeiro de Bala Ramasamy, professor de Economia na CEIBS; e o segundo de Bettina Ganghofer, vice-gerente geral do Xangai Pudong International Airport Cargo Terminal Co. Ltd. (Lufthansa JV). Ambos os pontos de vista relacionam o estudo de caso com suas próprias experiências e oferecem sugestões, com lógica clara, ao casal.

Estudo de caso
O PIRULITO QUE FICOU AMARGO,[2] A EXPERIÊNCIA DE UM CASAL ESTRANGEIRO NA CHINA

Quando Alain disse a sua esposa Montserrat que tinha de fechar a empresa na China, ela sentiu como se um copo de água gelada tivesse sido derramado sobre sua cabeça. "Teremos de nos mudar logo", disse Alain, em tom grave. A esposa não podia acreditar em seus ouvidos: "Você deve estar brincando! Só estou aqui há seis meses. Deixei meu emprego para vir para a China. Nossas filhas acabaram de entrar para a nova escola. Como podemos mudar de novo?". "Acalme-se, Monserrat. Vamos encontrar uma solução", respondeu Alain.

Eles receberam as terríveis notícias em junho de 2002.

Alain e Montserrat eram uma família estrangeira que trabalhava e morava em Xangai, uma das maiores cidades e próspero centro de negócios da China. Um ano antes, Alain tinha recebido uma oferta da Chupa Chups, uma empresa espanhola famosa por seus pirulitos, para se tornar o próximo gerente geral no país. Era o trabalho dos sonhos de Alain. Depois de conversar com a esposa, ele aceitou o desafio. Ele tinha muitas expectativas quanto ao crescimento dos negócios na China e de se tornar o novo vice-presidente da empresa para o Pacífico Asiático. Porém, seu sonho se desvanecera. Jose Luis Becerra, O CEO que o convidara a ir para a China, saíra do cargo e o novo CEO mudara tudo: pedira que Alain fechasse a operação da empresa. Foi um pesadelo.

Um casal internacional

Tanto Alain Rauh quanto Montserrat Garrido tinham extensa experiência internacional antes de ir para a China. Ele, nascido na França, fizera seus estudos universitários na Alemanha e em seu país de origem, e obtivera um MBA nos Estados Unidos, na Escola de Negócios Tuck do Dartmouth College. Sua carreira profissional o levara a trabalhar para multinacionais como Braun e Sony na Alemanha, e Chupa Chups na Espanha e na China. Montserrat também tinha um histórico internacional. Nascida na Espanha, formou-se em Administração de Empresas na Universidade Florida Atlantic, Estados Unidos. Depois da formatura, trabalhou para a Fidelity Investments em Boston, um dos maiores fundos mútuos, e para a Aveia Quaker, uma unidade da PepsiCo na Flórida. Mais tarde, voltou à Espanha e trabalhou para uma subsidiária da Andersen Consulting no setor de Educação Executiva. Na ocasião, ela decidiu concluir um MBA na Escola de Negócios IESE, em Barcelona. Lá conheceu Alain, que era um estudante visitante em IESE vindo da Escola de Negócios Tuck. Durante um de seus primeiros encontros, eles falaram sobre seus planos de carreira para o futuro. Montserrat perguntou a Alain sobre o emprego de seus sonhos. "Gerente geral de uma subsidiária em um país estrangeiro", respondeu ele, sem hesitação.

Depois de concluir seu MBA, Montserrat aceitou uma oferta de emprego na A.T. Kearney, uma empresa de consultoria em Londres. Alain encontrou um emprego como gerente de negócios na Alemanha, na Braun, uma unidade da Gillette, do grupo P&G. Eles fizeram um acordo de ambos procurarem trabalho na cidade em que o outro morava. Montserrat recebeu uma oferta do Citigroup em Frankfurt, onde Alain estava morando. Eles se casaram e moraram em Frankfurt por quase cinco anos. Mais tarde, Montserrat aceitou um cargo na Escola de Negócios IESE e voltou para a Espanha. Alain logo encontrou um emprego na Espanha, na Chupa Chups. Isso aconteceu em 1999.

A Chupa Chups é uma empresa espanhola fundada por Enrique Bernat, em 1958. Bernat desenvolveu uma ideia inovadora de um doce em um palito, criando o conceito que é conhecido no mundo todo como pirulito (ver o Estudo de Caso – Documento 8.1). Essa inovação logo se tornou tremendamente popular no mercado espanhol. Com base em sua presença dominante no mercado doméstico, a empresa explorou agressivamente novas partes do mundo. Em 2000, a Chupa Chups vendia para mais de 150 países e tinha 2 mil empregados; suas vendas atingiram 450 milhões de euros, e 90% vinham de fora da Espanha.

ESTUDO DE CASO - DOCUMENTO 8.1:
PIRULITOS CHUPA CHUPS

Logo depois de começar na Chupa Chups, Alain foi promovido a diretor de Marketing da divisão de Doces & Brinquedos, recebendo responsabilidades ainda maiores pelas marcas Chupa Chups e Smint. Alain sentia que estava se aproximando de seu sonho de se tornar gerente nacional.

O sonho de Alain virou realidade

Ele nunca ousara esperar que o sonho de sua carreira se realizasse aos 38 anos. No início de 2001, Jose Luis Becerra, antigo gerente geral da Chupa Chups Rússia, a subsidiária mais bem-sucedida do grupo, foi indicado como CEO. Xavier Bernat, o filho do fundador, decidiu deixar essa função executiva e permanecer como presidente do conselho administrativo da empresa. Certo dia, em março de 2001, Jose convidou pessoalmente Alain para almoçarem juntos, e ele sentiu imediatamente algo importante acontecendo.

A intuição de Alain estava certa. Durante o almoço, Jose perguntou: "Você quer se tornar gerente nacional?". Alain respondeu com firmeza: "Sim". O chefe continuou: "Em que país você gostaria de trabalhar?". Depois de uma breve hesitação, ele respondeu: "Em qualquer país de língua inglesa". Achava que seria mais fácil para a esposa encontrar um emprego em um desses países. "Bem, não estou pensando em país algum onde seja falado o inglês", disse o chefe. "O que acha da China?"

Essa proposta foi uma grande surpresa para Alain; a China lhe era totalmente estranha. Ele tinha apenas um conhecimento limitado sobre a China e não falava nem rudimentos de chinês. Trabalhar em um país emergente com tantas barreiras culturais e linguísticas era certamente uma mudança de carreira arriscada. Por outro lado, sabia das mudanças e do enorme crescimento da economia chinesa. Tinha conhecimento de que o país detinha importância estratégica para qualquer empresa. Assim sendo, pensou que seria uma ótima experiência profissional e daria impulso a sua carreira internacional. Além disso, o sonho de Alain era se tornar gerente nacional, um cargo que desejava há muitos anos.

Jose Luis, o CEO, disse a Alain que os negócios na China não estavam indo bem. Ele precisava de alguém de confiança para substituir o atual gerente geral, para enxugar a organização e ampliar os negócios. A duração proposta para o trabalho no exterior era de sete anos, informou-lhe Jose Luis. Alain teria dois anos para revitalizar os negócios na China e mais cinco anos com responsabilidades ampliadas em todo o Pacífico Asiático.

"A oferta é muito empolgante, mas preciso conversar primeiro com minha esposa. Daqui a três dias eu lhe darei minha decisão final", disse Alain ao chefe.

Ele concordou, mas pressionou um pouco: "Três dias? É tempo demais. Por que não me diz amanhã?".

Depois da reunião com o CEO, Alain estava ansioso para contar as boas notícias à esposa; ligou para ela ao voltar para o escritório. Monserrat ficou atônita: "China? Acho que não". Alain percebeu que a esposa não sentia o mesmo entusiasmo, mas queria persuadi-la. Alain entendia a forte reação da esposa, que gostava muito de seu trabalho como diretora de Marketing na IESE. Além disso, eles tinham duas filhas pequenas e Montserrat estava grávida. Ela considerava que a vida deles em Barcelona era perfeita. Por que ela pensaria em se mudar para a China, uma terra tão estranha a ambos? Mas Alain não queria perder essa oportunidade de carreira. Se as coisas corressem bem, ele seria promovido a vice-presidente da Chupa Chups no Pacífico Asiático. Esse futuro promissor o empolgava.

Para sua surpresa, Montserrat estava calma quando ele a encontrou em casa. Ela compreendia que era uma grande oportunidade para o marido. Ambos conversaram sobre todos os prós e contras da decisão e concluíram que seria uma ótima experiência de aprendizado para a família. Montserrat poderia passar mais tempo com as crianças e talvez, mais tarde, encontrar um emprego. A conversa foi até tarde naquela noite. Por fim, ele obteve a concordância de Montserrat, mas ela sugeriu que Alain obtivesse mais informações sobre a Chupa Chups na China a fim de ter certeza de tomarem a decisão correta.

Os problemas da Chupa Chups na China

Quando Jose Luis ofereceu a Alain o cargo de gerente geral na China, afirmou que era muito confidencial e pediu-lhe que não contasse a ninguém da operação no país. Como era uma decisão tão importante para ele, Alain decidiu conversar com alguém no departamento de Exportações que tivesse informações sobre a Chupa Chups China. As informações obtidas foram muito negativas.

A Chupa Chups iniciou sua operação na China em 1994 como uma *joint venture* com a Quan Sheng Yuan, um conhecido fabricante chinês de doces situado em Xangai. Inicialmente, os negócios foram muito bem. O parceiro local estava encarregado da produção e da administração, enquanto a Chupa Chups concentrava-se em marketing e distribuição. No entanto, a comunicação com o parceiro local da *joint venture* não era suave. Com as vendas crescendo a taxas de dois dígitos, a Chupa Chups decidiu criar sua própria empresa, construir uma fábrica com tecnologia mais avançada e utilizar máquinas novas. O investimento também incluía a introdução de um sistema de *software* de administração de negócios da SAP e a abertura de escritórios de vendas em 20 cidades de todo o país. O desafio era utilizar a nova capacidade de produção e alavancar o investimento na força de vendas e no sistema de administração. A empresa tinha grandes planos de investimento relativos à enorme população da China visando ao aumento da taxa de consumo de doces, que ainda era baixa. Entretanto, os resultados foram muito decepcionantes.

Ao conversar com seus colegas, Alain soube que a situação na China era bastante difícil; alguns até sugeriram que ele não aceitasse o cargo, pois achavam que o risco era grande demais. Entretanto, Alain não se desanimou com o que ouviu, pois, segundo ele, os problemas vinham principalmente da gestão da unidade. Ele estava confiante de que poderia fazer um trabalho melhor do que o gerente geral atual e que poderia melhorar a situação.

Também confiava em Jose Luis, que Alain considerava seu mentor. Jose Luis havia sido o gerente geral da Chupa Chups Rússia antes de se tornar o CEO. A unidade russa era, na época, a operação mais bem-sucedida do grupo, respondendo por 25% de todo o lucro da empresa. O CEO acreditava que sua realização poderia ser repetida na China. Em sua visão, os dois países tinham muitas semelhanças, ambos sendo mercados grandes e emergentes em processo de transformação política e econômica. Jose Luis havia ido pessoalmente à China, passara duas semanas auditando toda a operação e formulara um plano detalhado para a mudança. Ele achava que Alain era a pessoa certa para ir ao país a fim de executar seu plano empresarial.

Alain agora tinha duas versões diferentes da situação: podia ser uma "missão impossível", como seus colegas lhe disseram, ou uma grande oportunidade de carreira, como Jose Luis a descrevia. Como acreditava que "quanto maior o risco, maior a recompensa", ele decidiu assumi-lo.

Ele informou Jose Luis oficialmente que decidira aceitar o cargo. Em maio de 2001, o departamento de RH organizou uma viagem para que o casal conhecesse o local, com uma semana em Xangai. Eles visitaram a cidade e viram apartamentos em busca de um local para morar; conheceram também escolas para suas filhas e também receberam uma excelente introdução aos detalhes práticos da vida naquela cidade. A viagem acalmou muitas de suas preocupações e fortaleceu a decisão tomada; até fecharam um contrato com a casa para a família e a escola para as crianças. Pensando na viagem, Montserrat admitiu: "Ela foi muito importante ao tomarmos essa decisão. Creio que o gerente de RH foi muito competente e sabia o tipo de apoio de que precisávamos. Isso nos ajudou a aceitar o cargo".

Alain decidiu mudar-se primeiro; Montserrat ficou na Espanha ainda por alguns meses. Ela precisava de tempo para passar seu trabalho a outra pessoa e para dar à luz na Espanha, onde ela se sentia mais segura e tinha o apoio da família. Se as coisas corressem bem, se mudaria para Xangai com o resto da família mais tarde, no mesmo ano.

Os primeiros seis meses de Alain

Alain mudou-se para a China em 17 de junho de 2001, acompanhado por Giorgio Maritan, seu chefe direto e diretor de Vendas & Marketing para o norte da Europa, África, do Oriente Médio e Ásia. No avião, Alain ficou sabendo que teria de demitir não apenas o atual gerente geral na China, mas quase toda a equipe de gerenciamento, que incluía os três expatriados encarregados de Finanças, Marketing e Operações. Também lhe pediram que fechasse todos os escritórios de vendas e centros de distribuição, e que usasse apenas distribuidores locais. Surpreendido por esses planos e pela dimensão das mudanças que se esperava que executasse, disse a Giorgio: "Pensei que vocês fossem mudar apenas o gerente geral. Eu não esperava ter de demitir toda a equipe de gerenciamento". Giorgio respondeu que a empresa estava determinada a limpar a casa como uma preparação necessária para um crescimento saudável.

Alain pensou que seria uma tarefa assombrosa demitir tantas pessoas e, ao mesmo tempo, implementar a nova estratégia. Ele se lembra desse momento difícil: "No primeiro dia, fomos a um restaurante e jantamos com a equipe de gerenciamento na China. No dia seguinte, todos foram demitidos. Tentei ser gentil e respeitoso, mas fui visto como um matador. Os funcionários tinham medo de mim porque continuei a demitir pessoas". Ele também teve de fechar os escritórios de vendas, mais de 20 em diversas cidades. Alain viajou a todas as cidades a fim de reestruturar as operações comerciais, fechou os escritórios nas cidades secundárias e enxugou os que ficavam nas cidades principais, a fim de cortar custos.

Alain trabalhou 24 horas por dia durante esses primeiros seis meses e viu muitos problemas na Chupa Chups China: estoques obsoletos, pessoas desmotivadas e falta de dinheiro para qualquer atividade de marketing. Mas ele estava ansioso para implementar o novo plano de negócios e estava motivado por ser apoiado pelo CEO; estava confiante de que poderia melhorar a Chupa Chups China. Ele descreveu a sensação que teve na época do seguinte modo: "Eu estava muito feliz por ser o gerente geral, sentia-me como um jovem com sonhos grandiosos. Queria ser Jack Welch. Sabia que a situação estava ruim, mas tentei dizer às pessoas que havia uma luz no fim do túnel. Despedi muitas pessoas, mas tentei lhes dar esperança. Tratei a situação com muito cuidado e respeito".

Alain dedicou-se completamente à reestruturação da empresa e, em seis meses, conclui a reestruturação conforme o plano recebido do CEO. Por mais difícil que tenham sido, os primeiros seis meses foram um sucesso para ele. Mesmo com a redução dos gastos em publicidade, as vendas subiram no outono e atingiram o auge em dezembro. Esse resultado satisfatório o deixou otimista em relação ao sucesso da reestruturação. Por fim, Alain ligou para Montserrat e disse: "Venha e traga as crianças. As coisas não estão fáceis, mas acredito que posso resolvê-las!". Em dezembro de 2001, apenas 10 dias depois do parto, Montserrat chegou a Xangai com uma garotinha recém-nascida e suas outras duas filhas (a mais velha com apenas três anos e meio). Montserrat estava preparada psicologicamente para começar uma nova vida com Alain na China.

Os primeiros meses de Montserrat

Montserrat alugou a casa deles em Barcelona, levando apenas alguns pertences pessoais. Os primeiros meses foram muito agitados; havia muita mudança em sua vida simultaneamente. Ela tinha de procurar uma nova *ayi*[3] para ajudá-la com a casa e as crianças. As duas meninas mais velhas logo começaram em uma nova escola. Tudo era novo para ela: a cidade, o idioma e as pessoas. Era dezembro, a cidade era fria e chuvosa. No primeiro mês, Montserrat e as meninas pegaram um resfriado que demorou muito tempo para ser curado. Montserrat nunca ficara tão doente antes e teve de ficar acamada. Estava debilitada, mas disse a si mesma: "Você não pode ficar doente agora! Há muito a fazer!".

Apesar das dificuldades, Montserrat não se sentia abatida. As pessoas que moravam no mesmo condomínio a animaram, servindo de grande apoio. Montserrat percebeu que não estava sozinha e que todos haviam passado pelos mesmos momentos difíceis. Ela construiu um círculo de amizades com as esposas de expatriados, vindas de todo o mundo. A maioria vinha de países ocidentais, outras eram de Hong Kong e de Singapura. Todas tinham responsabilidades semelhantes: cuidavam dos maridos, da família e da casa. Elas trocavam informações, faziam compras juntas e ofereciam um ouvido atento e bons conselhos quando ela tinha problemas. Montserrat lembra-se de momentos felizes com elas: "Na primavera, quando as crianças chegavam da escola, nós nos sentávamos na grama. Elas brincavam e nós conversávamos sobre nossos dias. Deram-me muito apoio e fizeram com que eu me sentisse em casa".

Montserrat também estava feliz com a escola das filhas. O ensino era feito em dois idiomas: inglês e chinês. Como as crianças eram muito novas, aprenderam as duas línguas muito depressa. A escola não era grande, mas era muito profissional e dava muita atenção pessoal às crianças. Entretanto, nem tudo era perfeito. Carmen, a filha mais velha, quebrou a perna e o ombro em diferentes acidentes na escola. Montserrat ficou muito preocupada, mas felizmente tudo acabou bem.

Com a ajuda das amigas, Montserrat conhecia Xangai cada vez melhor. Ela também começou a estudar chinês. Sentia que a cidade era seu novo lar e queria constituir uma boa vida lá para si mesma e para a família. Embora tivesse feito um grande sacrifício ao deixar seu emprego e se mudar para a China, achava que valia a pena desde que Alain pudesse alcançar muito sucesso em sua carreira.

O pirulito ficou amargo

Apesar de grandes esperanças e esforços, os planos de Alain na Chupa Chups não trouxeram os resultados esperados. O bom desempenho nos primeiros seis meses acabou por se revelar uma miragem. O modelo russo indicado por Jose Luis não funcionou bem na China, pois os dois mercados tinham diferenças significativas. Na Rússia, a Chupa Chups era uma das poucas empresas estrangeiras que permaneceram no país depois de 1998 e, assim, obteve uma enorme vantagem de distribuição. Eles até distribuíam produtos e marcas de outras empresas como a Halls da Warner Lambert. Ao dividir os custos de distribuição entre mais produtos e ao ter menos concorrência de marcas conhecidas, a Chupa Chups Rússia foi um enorme sucesso. Porém, a legislação chinesa não permite tal prática, pois empresas estrangeiras só podem vender e distribuir o que produzirem na China.

De junho a dezembro, Alain conseguir manter o nível de vendas *sell-in*[4] atingido nos anos anteriores. Entretanto, devido ao elevado investimento dos anos anteriores na nova fábrica, no sistema integrado de TI, nos escritórios de vendas e nos três centros de distribuição, não havia verba para publicidade. Assim sendo, o escritório central decidiu cancelar toda a publicidade na China para diminuir os custos. Isso teve um enorme impacto sobre as vendas futuras. A Chupa Chups China sempre vendera a um bom preço e alocara 20% das vendas líquidas em publicidade e promoção.

O comércio estava repleto de produtos, mas o consumo se mostrou muito mais baixo do que nos anos anteriores. A partir de janeiro de 2002, os estoques dos distribuidores começaram a se elevar e os pedidos pararam, no momento em que muitos novos concorrentes entraram no mercado com campanhas maciças de lançamento. A situação piorou ainda mais com a chegada de produtos locais baratos no mercado. Além disso, surgiram muitas cópias em cidades menores. Consequentemente, os preços nas vendas de varejo caíram. Alain demorou um pouco para entender o que estava realmente acontecendo devido à falta de dados confiáveis sobre o mercado nacional, às diferenças entre os mercados regionais, à perda de conhecimento causada pela reestruturação e à sua inexperiência no mercado chinês.

A redução nos custos com publicidade diminuiu o reconhecimento de marca da Chupa Chups e as vendas caíram drasticamente. A situação estava se tornando difícil. Entre 1999 e 2001, a empresa abrira fábricas na Rússia, no México, no Brasil e na China. O fardo financeiro dos investimentos era tão pesado que o grupo não conseguiu mais dar suporte financeiro para atividades de marketing à sua operação na China, quando isso foi necessário.

Na verdade, o grupo estava passando por uma crise financeira. Jose Luis voltou a coordenar a unidade na Rússia. Pressionado pelos bancos, o presidente do conselho de Administração indicou um novo CEO, Juan Jose Perez Cuesta, que mudou a estratégia do grupo. Seu objetivo era salvar os negócios centrais. O novo plano estratégico era concentrar-se em mercados-chave nos quais a marca estava bem estabelecida e os lucros eram altos. Nos anos seguintes, as vendas mundiais passaram de 450 milhões para 250 milhões de euros, mas o grupo retomou finalmente o equilíbrio financeiro. Em um esforço para reduzir custos, a empresa decidiu concentrar a produção nas fábricas espanholas. Por fim, na primavera de 2002, tomou-se a decisão de fechar as operações no Brasil, nos Estados Unidos e na China.

O novo CEO disse a Alain que era preciso fechar a operação na China o mais breve possível. Alain tinha de encontrar um parceiro por lá e estabelecer uma *joint venture*, que cuidaria da administração, da publicidade e da distribuição, enquanto a Chupa Chups contribuiria com as instalações fabris e a marca. O objetivo era continuar a operar na China com um mínimo de custos operacionais. Isso foi uma sentença de morte para a carreira de Alain, pois teve de demitir todos os funcionários, inclusive ele mesmo.

Alain ficou chocado ao receber a notícia. Inicialmente, ficou confuso e, depois, perturbado. "É muito difícil descrever meus sentimentos na época. Eu não podia acreditar na decisão, mas tive de aceitá-la. Cheguei a pensar: 'Eu queria não ter vindo para a China'. Mas eu sabia que não havia tempo para arrependimento. Eu precisava me salvar e cuidar de minha família". Alain pensou sobre suas opções. Será que ele deveria voltar a trabalhar na sede? Seu contrato permitia que ele reassumisse seu cargo anterior como diretor de marketing. Depois de ser gerente geral em uma situação tão desafiadora, seria difícil voltar ao antigo cargo. Isso seria um retrocesso em sua carreira. Será que ele deveria ir para outra empresa na Chupa Chups, como a Rússia, por exemplo? Será que devia procurar emprego em outro país? Montserrat ficaria indignada. Ela tinha desistido de tanta coisa para mudar-se para a China com ele; agora ela gostava bastante da vida em Xangai. Além disso, se eles fossem para outro país, suas filhas perderiam a oportunidade de aprender chinês, que é um idioma cada vez mais importante no mundo.

Alain não sabia que direção tomar. Seu sonho profissional de se tornar gerente nacional estava se desfazendo. O pirulito ficara amargo. Depois de falar com Montserrat por telefone, ele percebeu que seria muito mais difícil convencê-la a se mudar de novo, mas ele acreditava que ela lhe daria ideias construtivas, como sempre fazia. Ele decidiu ir mais cedo para casa e conversar longamente com ela.

Reflexões

Alain Rauh

Se seu objetivo final for voltar a seu país de origem, pense bem antes de aceitar um cargo internacional. Lá tudo pode mudar — as pessoas, a empresa — depois de você ficar em outra nação por dois ou três anos. De modo similar, você também estará mudado depois de alguns anos no exterior. É como fazer um MBA: você sempre pode voltar à sua empresa anterior, mas a maioria das pessoas não o faz porque um MBA muda suas prioridades e seu modo de ver as coisas.

Vir para a China como um expatriado não é como tirar férias. É um compromisso importante, é preciso levá-lo muito a sério. É quase como um casamento: você sabe como irá começar, mas nunca sabe como irá terminar. Você não deve vir para cá apenas pelo cargo que a empresa lhe oferecer, mas por vários motivos. Vim para a China porque estava interessado no país, pela experiência profissional e pelos benefícios possíveis para minha família.

Se decidir ser um expatriado, estará assumindo um risco em relação a seu emprego e também a sua família. Por exemplo, sua esposa talvez não encontre um emprego no novo país e terá de ser dona de casa; esse pode ser um enorme sacrifício para ela. Quando você decidir voltar para casa, ela pode ter perdido todos os seus contatos e a capacidade de encontrar um novo emprego; irá se sentir frustrada ou até mesmo ressentida. Sua decisão também afetará seus filhos. No nosso caso, nossas três filhas eram muito pequenas quando chegamos à China. Depois de ficar aqui por alguns anos, elas não falarão bem francês nem espanhol; suas línguas-mães serão inglês e chinês. Pode parecer muito bom que minhas filhas falem esses idiomas importantes, mas, por outro lado, significa que será difícil voltar para casa. Se voltarmos para a Espanha ou para a França, elas terão de se adaptar a um país e a uma cultura que lhes é estranha. Elas nem poderão frequentar uma escola comum, terão de ser matriculadas em uma escola internacional, o que é muito caro. E nós não teremos o pacote expatriado típico que cobre esses gastos. Sinto-me preso em uma carreira como expatriado. Não tenho praticamente outra opção a não ser continuar, se quiser manter o tipo de vida com o qual estamos acostumados.

Como um expatriado, você precisa ter um interesse genuíno por outros povos e outras culturas. Sempre fui bem aventureiro desde criança; isso faz parte de minha personalidade. A China é o sexto país em que morei por mais de seis meses. Vir para cá foi uma continuação de minha jornada ao redor do mundo. Nasci e fui criado na França, mas passei mais tempo em outros países do que lá. É ótimo estar em um lugar diferente porque posso aprender um novo idioma, uma nova cultura e fazer novos amigos. Mas se você não for um aventureiro, não gostará desse tipo de vida.

Apesar de meu espírito aventureiro e de minha vontade de aprender, devo admitir que tive períodos de profunda frustração na China. É muito difícil aprender chinês, penetrar em sua cultura, fazer amigos chineses e entender o que está acontecendo. Em geral, é muito mais fácil mudar de um país europeu para outro ou mesmo ir para os Estados Unidos. Mesmo sem um bom nível de inglês, sempre é possível assistir aos filmes ou aos esportes americanos e acabar por se integrar à cultura local. Mas na China é muito difícil adaptar-se plenamente, a menos que se aprenda o idioma ou se case com uma chinesa.

Até agora, nenhum chinês me convidou para visitar sua casa. Talvez as pessoas se sintam constrangidas em convidar um estrangeiro para visitá-los, mas talvez haja outros motivos que eu desconheço. A comunicação com meus colegas chineses também é um desafio: temos problemas diferentes, e assim é difícil trocar opiniões. Algumas vezes, eu comparo a situação à do óleo e da água: você pode tentar misturar as duas substâncias sacudindo-as, mas, depois de algum tempo, o óleo se separa. Devo dizer que todas essas coisas dificultam minha vida na China.

Eu diria que a maioria de minhas preocupações e problemas não se refere tanto à adaptação aqui nem à comunicação com os chineses, mas sim às expectativas da sede. Esse pode ser um relacionamento muito frustrante. Na China, o abismo entre as expectativas de uma empresa ocidental e a situação local é tão grande, que é preciso muito esforço e paciência para alcançar os resultados esperados. Descobri que é difícil fazer com que a sede entenda a situação real. Por exemplo, praticamente não se acha ninguém com 45 anos que consiga falar um bom inglês e entenda o modo ocidental de fazer negócios. Não se tem escolha, a não ser contratar gerentes com 20 ou 30 e poucos anos e lhes dar uma enorme responsabilidade. Isso nunca aconteceria na Europa.

Também é difícil para os expatriados se comunicarem com todas as pessoas no escritório porque, em geral, os estrangeiros não falam chinês e os trabalhadores raramente falam inglês. É difícil explicar tudo isso para as pessoas na sede; elas não entendem. Quando visitam Xangai, o motorista da empresa que vai buscá-las no aeroporto fala inglês e as leva a um hotel cinco estrelas onde todos falam inglês. Elas acham que conhecem a China, mas esse país não é como o Jin Mao Tower.[5] A capacidade de se comunicar com a sede e explicar sua situação é muito importante. Você deve mudar as expectativas que eles têm e fazer com que aceitem a realidade local; caso contrário, sua vida será bem difícil.

As pessoas dizem: "longe dos olhos, longe do coração". Isso é especialmente válido para seu relacionamento com a sede. No início, logo depois da mudança, você conhece todo mundo. Aí você visita a sede a cada quatro ou seis meses. Aos poucos, você se sente como um estranho; as pessoas mudam, os chefes saem e seus contatos vão para outras empresas. Você perde o contato com a política da sede e se torna um estranho, depois de alguns anos.

Minha esposa tem me dado muito apoio. Eu não teria conseguido quase nada sem ela. Como diz o ditado: "atrás de um homem de sucesso, existe uma grande mulher". É comum que o cônjuge seja o único confidente verdadeiro que você terá em tempos difíceis, pois as amizades feitas na China são muito voláteis. Você pode ter um grande problema, se sua esposa não estiver feliz. A minha tem feito um ótimo trabalho ao me apoiar e organizar sua própria vida. Ela fez muitos amigos, especialmente no condomínio em que moramos. Temos sorte de morar em uma comunidade boa e segura onde há muitos estrangeiros como nós. As crianças podem brincar juntas e as mães podem conversar e se ajudar. Descobri que as esposas de outros expatriados são pessoas muito interessantes, quase todas tão competentes e ousadas quanto os maridos. É muito fácil comunicar-se com elas porque são pessoas cultas e têm mente aberta. É fácil fazer amizades com elas. Existem algumas esposas extraordinárias. Uma das que conheço está fazendo doutorado em Civilização Chinesa na Universidade Tong Ji. Algumas fazem trabalhos beneficentes, umas estudam arte e outras aprendem o idioma.

Outra preocupação importante refere-se a nossas filhas. Quando chegamos à China, minha filha mais velha tinha apenas três anos e meio, a segunda tinha dois anos e a menor, apenas 10 dias de vida. Crianças tão pequenas nunca reclamam de nada. Essa vida é normal para elas, pois é a única que conhecem. Entretanto, as coisas serão mais difíceis conforme ficarem maiores. Crianças com 12 anos ou acima dessa idade têm mais dificuldade aqui porque são separadas de suas raízes e de seus amigos. Aos 16 anos, isso se torna crucial porque logo elas irão para a universidade. É preciso colocá-las em uma boa escola internacional, mas são poucas as escolas boas para essa idade em Xangai.

Muitos expatriados mandam seus filhos para escolas em regime de internato no país de origem. Aí a mãe fica sozinha, o que pode criar muita tensão para o casal; o marido fica ocupado o dia inteiro no trabalho, pois tem seus próprios problemas; seus velhos amigos estão distantes e ninguém aqui pode lhe oferecer um ouvido atento. Depois de trabalhar muitas horas, o marido exausto volta para casa e começa a contar seus problemas para a esposa. Sem deixar que ele termine, desesperada ela diz: "Eu também tenho problemas, mas você nunca me ouve. Você só pensa em si mesmo". É assim que algumas famílias se envolvem em dificuldades.

O futuro pode ser uma grande interrogação. Ninguém irá lhe garantir um bom emprego depois de você ter concluído sua tarefa no exterior. As empresas menores não têm uma carreira real para expatriados, pois possuem poucos cargos internacionais. Vou dar um exemplo. Conheço um expatriado que trabalha como gerente de P&D para uma empresa estrangeira na China. Entre ambos há um acordo: depois de dois anos aqui, ele poderá voltar para o centro de P&D na sede. O problema é que, depois desse período na China, a sede fechou a unidade de P&D. Ele não pode voltar porque o departamento não existe mais. O que ele pode fazer? Procurar outro emprego. A empresa poderia lhe oferecer algum cargo como, por exemplo, supervisor de fábrica, mas essa não é a especialização dele nem seu interesse profissional. A empresa teve seus motivos para fechar o departamento, mas ele terá de aceitar as consequências.

Outro fator a considerar é a idade. Quando se é jovem, ir ao exterior parece muito empolgante; é uma bela aventura. Entretanto, estou com 40 anos e fico um pouco preocupado com isso. Na Europa, quando se tem essa idade ou mais, é mais difícil conseguir um bom emprego; as pessoas não conseguem mudar de empresa facilmente. Na minha idade, tenho de ser extremamente cuidadoso com minha carreira.

Montserrat Garrido

A vida de uma esposa que acompanha o marido não deve ser ruim, em princípio, se ele trabalhar para uma boa empresa. Um local sério de trabalho tornará mais fácil a adaptação da família, simplesmente porque oferece um pacote de benefícios para tanto.

As duas coisas mais importantes que permitem à família se acomodar bem são moradia e escola para as crianças. É muito importante encontrar uma habitação confortável, um lugar em que você se sinta em casa. Também é igualmente importante encontrar uma boa escola para seus filhos. Você também deve poder voltar ao país de origem uma ou duas vezes por ano para manter os laços familiares. Se você puder garantir isso, a vida pode ser muito boa.

Conheço muitas esposas expatriadas "profissionais", que seguem os maridos ao redor do mundo; de certa forma, esse é seu trabalho. Os maridos ocupam um cargo por dois ou três anos em um país e, depois, mudam-se para outro. Elas são incrivelmente globais, têm o *know-how* para saber o que é importante em uma nova cidade e a intuição de ir a bons lugares, encontrar as pessoas certas e construir sua rede social. Elas fizeram isso por muitos anos e são muito profissionais em relação a isso.

No meu caso, a China não foi meu primeiro país estrangeiro, mas foi minha primeira experiência em uma economia emergente. Quando você já esteve em outros países antes, é relativamente fácil adaptar-se a um novo.

A comunicação no novo país pode ser difícil, se você nunca morou no exterior e não fala o idioma local. A primeira coisa a fazer é aprender o vocabulário de sobrevivência em chinês. Você também precisa conhecer a cidade rapidamente e aprender a se localizar nela.

Meu conselho para qualquer esposa que vá à China pela primeira vez é estar preparada. Aprenda tudo o que puder sobre o país, assista a algumas aulas de chinês e, o mais importante, converse com outros expatriados antes de vir para cá. Você deve tentar vir com uma lista de pessoas que já estão aqui e procurá-las assim que chegar, pois podem lhe dar conselhos e orientação; elas farão diferença em sua vida. Seu marido estará trabalhando ou viajando a maior parte do tempo. Em geral, ele só estará em casa nos fins de semana, único tempo para ficar com a família e encontrar outros amigos.

A comunidade de expatriados em Xangai está crescendo e é extremamente acolhedora e vibrante. É muito fácil estabelecer um vínculo com eles, pois a maioria dos expatriados passa por situações muito similares e, de modo geral, é muito aberta e amigável. Sinto que minha família nesse novo país são meus vizinhos e os amigos que fiz aqui.

Comentários de caso

COMENTÁRIO 1
BALA RAMASAMY
PROFESSOR DE ECONOMIA
CHINA EUROPE INTERNATIONAL BUSINESS SCHOOL
(CEIBS)

Este estudo de caso destaca dois aspectos do risco: primeiramente, aborda os riscos confrontados por um expatriado; em segundo lugar, mostra os riscos de se envolver em negócios internacionais em geral, e na China em particular.

A literatura de gestão de RH internacionais está repleta de estudos de caso e pesquisas que indicam as qualidades de um expatriado bem-sucedido. No alto dessa lista, encontra-se a capacidade de adaptação cultural de um expatriado. Ainda assim, na maioria dos casos, os principais critérios considerados pelas empresas referem-se às competências técnicas do gerente. Isso aconteceu no caso da Chupa Chups. Embora Alain tivesse experiência internacional, suas competências técnicas — isto é, gerenciar as atividades de marketing na sede — foram provavelmente o que mais influenciou Jose Becerra. A experiência internacional de Alain ocorreu predominantemente em países do Ocidente, que têm maior proximidade cultural com a França do que a China. O fato de Jose não ter considerado os efeitos sobre a família de Alain em resultado do cargo internacional é provavelmente típico entre os executivos seniores, que colocam os interesses da empresa acima dos interesses individuais da família. Alain tem sorte por sua esposa lhe dar apoio. Apesar de não ter uma orientação cultural adequada em relação à China, ele, de modo geral, cumpriu as expectativas de seus superiores: demitiu a equipe gerencial e fechou escritórios de vendas. Nesse sentido, não foi Alain quem falhou. A expectativa de Jose de que a China seguisse as estratégias implementadas na Rússia talvez tenha sido o problema. É nesse ponto que surgem os riscos de um cargo no exterior. Não é incomum que a sede mude as estratégias de sua subsidiária internacional; as de expansão são bem-vindas, mas fechar e deixar de investir é doloroso. Pode-se indicar o melhor gerente internacional, mas, se o gerente não tiver tempo e recursos para construir um negócio, o fracasso será iminente.

Negócios internacionais são mais arriscados do que negócios nacionais. Os retornos são mais elevados, mas os riscos também. Os mercados estrangeiros podem ser mais voláteis política e economicamente. Um estrangeiro pode ter dificuldade para entender os mercados internacionais devido à cultura diferente. Talvez seja por esse motivo que nem todos os empreendimentos internacionais são bem-sucedidos. Isso é particularmente verdadeiro para mercados emergentes como a China e a Índia.

Sem dúvida, a China está aberta a empresas estrangeiras há mais de 25 anos; porém o acesso direto ao consumidor chinês é relativamente novo para as empresas estrangeiras, que, ao mesmo tempo, estão começando a perceber que o consumidor chinês médio é mais complicado do que se esperava. A concorrência de outras empresas estrangeiras, e também de empresas locais, está aumentando; as vantagens dos pioneiros estão diminuindo. O que funciona no mercado nacional ou em outros mercados estrangeiros nem sempre pode ser realizado na China com o mesmo sucesso. A Chupa Chups percebeu isso às custas de Alain e de seus colegas. A curva de experiência tem suas limitações.

Quanto a Alain, ele tem duas qualidades importantes: é uma pessoa de operações que faz com que o trabalho seja feito e também tem uma visão de longo prazo. Gerentes com essas duas qualidades são raros. Eu recomendo que ele permaneça na China depois de concluir seu trabalho na Chupa Chups. É claro que sua família deseja ficar e isso também seria benéfico para sua carreira. No mundo globalizado de hoje, nenhum gerente pode afirmar ter experiência internacional se não tiver trabalhado por um bom tempo na China. Não é fácil conseguir trabalho como estrangeiro quando já se está nesse país. Talvez Alain tenha de desistir de alguns benefícios, mas os custos seriam mais altos se ele voltasse para a Europa.

Como um estrangeiro na China, eu me identifico com as questões levantadas por Alain. Um expatriado experiente certa vez me disse que são precisos 18 meses para "superar" a China. Estou começando a pensar que essa observação está correta. Há dez meses, eu me mudei para Xangai com minha esposa e duas filhas adolescentes. Temos nacionalidade malaia, mas já moramos em Macau (cerca de oito anos) e na Nova Zelândia (quatro anos), e achamos que poderíamos "sobreviver" nessa cidade. Entretanto, logo percebemos que adolescentes têm muita dificuldade para lidar com um ambiente diferente; afastar-se dos amigos e da família os afeta mais do que aos adultos. Minhas filhas conseguiram fazer amigos, especialmente entre os colegas de classe que também são expatriados. Como elas frequentavam uma escola de Ensino Médio que tem uma seção internacional, muitos de seus colegas eram chineses vindos de outros países. Nós lhes demos o máximo de apoio possível, por exemplo, permitindo que os convidassem para jantar. Entretanto, as diferenças no sistema educacional foram um pouco demais para elas. Fiquei preocupado que isso pudesse afetar o desempenho de minha filha mais velha, que estava terminando o Ensino Médio. Sendo um economista, eu evitei o risco e decidi que minha família devia voltar para Kuala Lumpur. Minha filha mais velha conseguiu uma bolsa em uma escola ligada a uma universidade em Kuala Lumpur para terminar de cursar o Ensino Médio, enquanto minha filha mais nova voltou para a escola em que estudava antes. Um ambiente familiar ajudou-as a recuperar o tempo perdido.

Meu conselho a expatriados com filhos adolescentes é: o que importa não é apenas conseguir uma boa escola, mas também levar em conta as semelhanças no sistema educacional. As escolas internacionais em Xangai tendem a seguir um sistema de educação americano ou o Bacharelado Internacional (diploma de Ensino Médio internacional). Isso pode ser muito diferente do sistema britânico no nível mais adiantado. É importante garantir que os adolescentes consigam lidar com as diferenças.

Minha esposa, que é uma chinesa malaia, gostou de sua estada em Xangai. Ela gosta de se aventurar. Enquanto eu estava trabalhando na escola, ela andava por Pudong, descobrindo novos lugares para fazer compras, ou andava de ônibus para descobrir suas rotas. Não saber ler chinês era uma grande desvantagem, mas ela dava um jeito, pois falava um pouco de putonghua (mandarim padrão).

Eu tenho sorte por trabalhar em um ambiente em que o inglês é falado por quase todos: docentes, funcionários e alunos. Embora os primeiros estágios tenham sido difíceis, quando comecei a lecionar me senti mais à vontade, pois passei a conhecer mais pessoas. Faço visitas frequentes a Kuala Lumpur para ficar com minha família. Minha esposa também me visita às vezes. Tenho conexão de Internet em casa e uso VOIP e Skype, que me possibilitam falar todos os dias com minha família. Tem sido difícil, mas administrável, nos últimos quatro meses. Se vou sobreviver a Xangai? Pergunte-me daqui a quatro meses!

COMENTÁRIO 2
BETTINA GANGHOFER
VICE-GERENTE GERAL
XANGAI PUDONG INTERNATIONAL AIRPORT CARGO TERMINAL CO. LTD.
(LUFTHANSA JV)

A principal questão para mim é a "obediência" *incondicional* de Alain ao seguir as exigências da sede em relação a como executar seu novo trabalho. Ele pode ter temido que seu sonho não se realizasse, mas, para ser um gerente geral bem-sucedido em um país estrangeiro (especialmente na China), é preciso usar o próprio conhecimento da situação local e a própria compreensão das circunstâncias.

Contudo, seu CEO achava que sabia mais, com base apenas em uma auditoria de duas semanas. Como vimos depois, as suposições da sede — isto é, de que as coisas funcionam do mesmo modo na China e na Rússia — estavam não só profundamente erradas, mas também foram prejudiciais. De modo similar, a exigência de despedir toda a equipe gerencial (além do gerente geral anterior, o que devia ter sido feito pela empresa, e não pelo novo gerente geral, aliás), desde o primeiro dia, que o deixou totalmente só, foi ultrajante e deveria ter sido negada de imediato. Alain e a empresa pagaram um preço alto, pois perderam todo conhecimento interno, *insights* de mercado e possíveis recomendações positivas vindas da equipe experiente.

Alain colocou bem o conflito constante entre o gerente expatriado e as expectativas da sede. Você tem de ser incansável em seus esforços para se fazer entender e para que a sede compreenda o ambiente local. Isso requer uma rede de contatos, construção de confiança, sólida preparação de informações e de opções de decisão, além de recomendações. De modo geral, tudo se resume a uma palavra, tendo em vista a obtenção do apoio necessário: comunicação.

Teria feito alguma diferença esboçar claramente suas expectativas em relação a como gerenciar o negócio? Acredito que Alain teria uma posição melhor diante da sede, se tivesse argumentado de modo mais convincente e se tivesse tentado defender mais "sua empresa". Mas não sei dizer se isso teria evitado a decisão final de fechar a empresa.

A situação de Alain e Montserrat nesse momento específico é, no mínimo, desagradável.

Eu não recomendo que ele volte à sede em seu cargo anterior, pois isso provavelmente acabaria com sua carreira. O casal deve pensar em permanecer na China — é um desafio, mas é um ótimo lugar para se viver. Tenho certeza de que, com o currículo dele (e mesmo o dela), ele (e ela) encontrará (encontrarão) algo interessante e adequado. Conheço vários exemplos de amigos nossos que fizeram isso e foram bem-sucedidos.

Qualquer que seja sua decisão, Alain e Montserrat têm uma grande vantagem devido a seu compromisso mútuo e à compreensão das necessidades e dos sonhos um do outro. Sem o apoio de sua esposa, Alain teria tido muito mais dificuldade.

Pessoalmente, tenho uma situação singular, pois eu sou a gerente expatriada e meu marido e nossos dois filhos vieram comigo para a China.

Cada uma dessas situações apresentou dificuldades próprias. Para mim, no novo ambiente profissional, a dificuldade foi entender as regras do jogo. Foi muito bom (e ainda é) eu não ser a única expatriada na empresa; e os colegas chineses foram e têm sido muito prestativos.

Nossos filhos — na época, com 4 e 6 anos — estavam empolgadas no início e só sentiram saudade algumas vezes. Como não conheciam muitas crianças (nosso condomínio era muito novo e poucas famílias moravam ali), eles se aproximaram bastante. A escola tornou a vida mais fácil, onde fizeram novos amigos vindos de todo o mundo. Eles tiveram facilidade em aprender inglês, que falam fluentemente agora, e também um pouco de chinês.

No início, meu marido teve de enfrentar mais frustrações ao lidar com os desafios cotidianos do tráfego, aonde ir e aonde não ir, onde fazer compras (especialmente nos mercados locais), conseguir reparos domésticos (especialmente quando os trabalhadores chegavam com uma ou nenhuma ferramenta) e discussões intermináveis com a administração ou os funcionários do condomínio a respeito das causas possíveis do problema. É preciso enfrentar essas situações e isso fica mais fácil quando se consegue manter o bom humor e se tem alguém para compartilhar as experiências. Ficou muito mais fácil para ele quando conseguiu fazer alguns amigos. Agora, Xangai é o lar para todos nós; gostamos bastante daqui.

Contei o estudo de caso a meu marido e nós dois concordamos completamente com as reflexões de Montserrat. A crescente comunidade internacional é muito prestativa e as pessoas oferecem ajuda e conselhos, muito mais do que em nosso país de origem. Apenas, leva algum tempo para se orientar e entender como as coisas funcionam aqui. E, de fato, é necessário falar ao menos um pouco de chinês, pois isso facilita muito a vida.

De nosso ponto de vista, as crianças abrem as portas neste país. Os chineses têm uma atitude excelente em relação a elas e fazem o possível para que se sintam à vontade. O fato de nós dois darmos muito valor a isso nos ajudou imensamente a passar por muitas pequenas tempestades.

NOTAS

1. O filme *Encontros e desencontros (Lost in Translation)* retrata a vida de um estrangeiro em visita ao Japão. O personagem principal foi representado por Bill Murray, que recebeu um Oscar por sua interpretação.

2. Este caso foi preparado pelo professor Juan Antonio Fernandez e o assistente de pesquisa Dongmei Song na CEIBS, em outubro de 2006, como base para uma discussão em aula e não para exemplificar a gestão eficaz ou ineficaz de uma situação administrativa. Alguns nomes e outras informações de identificação podem ter sido alterados para proteger a confidencialidade. O caso foi divulgado em 2006. Publicado com permissão.

3. *Ayi*, que significa "titia", é a expressão comumente usada na China para os empregados domésticos, que são contratados para limpar, cozinhar e cuidar das crianças.

4. *Sell-in* refere-se a vendas para distribuidores.

5. O edifício de 88 andares é o mais alto de Xangai e, consequentemente, com apartamentos de hotel mais altos do mundo.

Capítulo 9
Empreendedores estrangeiros: perseguindo o sonho chinês

CONTEÚDO

Estudo de caso: Reflexões pessoais de três empreendedores estrangeiros na China
Comentário 1: Dingkun Ge
Comentário 2: Shaun Rein

Introdução

O *Financial Times*,[1] **em um artigo publicado recentemente,** relatou os problemas de Mark Kitto, um empreendedor estrangeiro na China e fundador de That's Magazines, grupo muito bem-sucedido de revistas para a comunidade estrangeira no país que, em 2004, havia atingido um faturamento anual de quase 4 milhões de dólares e empregava mais de 100 funcionários. Entretanto, Mark Kitto estava enfrentando uma situação muito crítica que poderia colocar em risco suas publicações: na China, os estrangeiros não podem ser proprietários nem responsáveis pelo conteúdo de revistas; têm licença apenas para distribuí-las e vender publicidade. Sua empresa estava em um tipo de limbo legal.

A fim de proteger o investimento, Kitto entrou em acordo com um funcionário público chinês que lhe deu uma licença e a cobertura legal necessária. Ambos começaram a cooperar em julho de 2002: a permissão foi dada em nome do funcionário chinês, que fornecia uma fachada legal para a empresa, e Kitto ficou como o sócio oculto de seu próprio investimento. Contudo, começaram a surgir problemas entre eles. Quando os conflitos começaram a aumentar, o sócio chinês decidiu assumir a revista e pediu a Kitto que saísse da empresa que fundara. Para sua surpresa, estava sendo demitido e envolvido em uma batalha judiciária com poucas chances de vitória.

Essa história não é incomum, especialmente nas áreas em que o governo ainda mantém uma limitação estrita aos investidores estrangeiros. Kitto viu uma oportunidade e a aproveitou, contornando a lei, dando ao sócio chinês o poder para tirar vantagem em caso de conflito. Por que as autoridades chinesas simplesmente não o impediram de abrir sua empresa logo de início? Porque elas, às vezes, olham para o outro lado, especialmente quando querem testar novas áreas de negócios com os estrangeiros. Porém, essa circunstância dá aos "sócios" inescrupulosos uma oportunidade para se aproveitar da situação incerta e irregular e assumir o controle de uma empresa que não fundaram.

De certo modo, os problemas que os empreendedores enfrentam são diferentes daqueles enfrentados pelas multinacionais, que têm recursos e influência que as pequenas empresas não têm. Se os gerentes nacionais das empresas multinacionais podem ser comparados a regentes de orquestras com uma equipe de profissionais que toca os instrumentos, os empreendedores estrangeiros compõem a música, regem e tocam os instrumentos. As corporações internacionais têm o benefício do tamanho de suas equipes de gerenciamento, o poder de suas marcas e, por último, mas igualmente importante, seus bolsos recheados. Os empreendedores estão em desvantagem quando têm de confrontar muitos dos problemas que as empresas multinacionais experimentam.

Vamos listar alguns dos problemas típicos que os empreendedores podem enfrentar na China.

Financiamento bancário

Obter financiamento bancário para abrir sua empresa é quase uma missão impossível, tão difícil na China como em qualquer outro lugar do mundo. A maioria dos empreendedores inicia as empresas usando seus próprios fundos, os de parentes e amigos; alguns recorrem a investidores externos. Conseguir empréstimos bancários para financiar a empresa em sua fase de crescimento também não é fácil. Os bancos não são profissionais o bastante para avaliar os riscos e, em geral, recorrem a exigências adicionais para proteger seus investimentos, mantendo as novas empresas fora do alcance dos bancos.

Um empreendedor estrangeiro que exportava flores para a Europa certa vez se candidatou a um empréstimo bancário. Ele finalmente foi aprovado, mas, para sua surpresa, o gerente da agência bancária pediu uma comissão de 20% sobre o empréstimo para liberar os fundos. Também pode acontecer de os gerentes dos bancos pedirem diretamente ações na empresa em que seu banco está financiando.

As principais vítimas desse comportamento não são os empresários estrangeiros, mas os empreendedores chineses. É claro que nem todos os gerentes de banco são iguais; os bancos da China estão melhorando rapidamente e esperamos que a situação mude. O fato é que a maioria dos empreendedores estrangeiros usa sua própria poupança ou os fundos gerados pelo negócio para financiar suas operações.

Contratar e reter talentos

Se a situação é difícil para as empresas multinacionais, é ainda pior para os empreendedores. As pequenas empresas não podem oferecer carreiras internacionais, salários elevados, treinamento caro e a perspectiva de alguém poder se tornar CEO. Elas não podem oferecer um nome glamoroso para colocar nos cartões de visita a fim de impressionar parentes e colegas. Todos esses fatores tornam a guerra pelos talentos uma causa perdida desde o princípio.

A luta contra a burocracia

A maioria dos empreendedores, quando se deparam com a burocracia chinesa, não tem o poder para influenciar nas decisões, pois continua à mercê dos burocratas e de sua interpretação da lei. Os funcionários públicos podem decidir o que é legal e o que não é; eles têm muito poder sobre o futuro de qualquer empresa. É claro que são mais cautelosos antes de usar esse poder contra as grandes empresas multinacionais, mas não contra as pequenas empresas. O melhor a fazer, como nos disse um empreendedor estrangeiro, é seguir ao máximo todas as normas e tentar passar despercebido. Não atraia atenção ao reclamar demais nem mostre quanto dinheiro você está ganhando.

Mas os burocratas representam outro tipo de perigo para o empreendedor. Não é incomum que o agente do governo se transforme em seu concorrente direto. Quando esses funcionários públicos identificam uma empresa de sucesso, tentam concorrer com ela, com a vantagem de jogarem dos dois lados, como jogadores e como árbitros. Um empreendedor no ramo de serviço de transporte de passageiros trabalhou duro para obter uma licença e abrir uma linha de ônibus entre Beijing e Tianjin. Com muito esforço, conseguiu a aprovação da linha e começou a operar na rota. Quando ficou provado que o itinerário era lucrativo, os mesmos funcionários públicos que lhe concederam a licença abriram uma empresa de ônibus para operar no mesmo trajeto.

Encontrar parceiros confiáveis

Como vimos na história de abertura deste capítulo, seu sócio chinês pode se tornar seu pior inimigo. Os sócios que o ajudaram a abrir a empresa e obtiveram a licença em nome deles podem decidir se livrar de você, assim que ela estiver funcionando. Podem transferir os fundos da empresa para suas contas particulares ou contratar membros da família. Seus sócios aprenderem sua tecnologia e abrirem uma empresa no prédio vizinho para concorrer com você é um fato comum.

Proteção aos direitos de propriedade intelectual

As empresas multinacionais têm equipes jurídicas e outros recursos para lutar contra a falsificação e evitar a pirataria. Infelizmente, os empreendedores estão desamparados na mesma situação. Um empreendedor estrangeiro nos contou que estava indo embora da China depois de perder todo seu investimento devido a problemas de direitos de propriedade intelectual; falsificadores copiaram seu produto e estavam vendendo a um preço tão baixo que não permitia nenhum lucro. Outro empreendedor pediu às autoridades que inspecionassem uma empresa que estava copiando seu produto, e forneceu-lhes todos os detalhes para facilitar a inspeção. O agente encarregado disse-lhe que a empresa era pequena demais para que eles se incomodassem e lhe pediu para pagar antes de tomar qualquer providência contra o infrator.

Lidando com os fornecedores locais

Os fornecedores podem ser pouco confiáveis e, às vezes, perigosos para os negócios. A EuroBiz[2] relatou um caso referente a um empreendedor estrangeiro, cuja empresa chamava-se Trayton Furniture, que estava fabricando móveis na China com muito sucesso. Simon Lichtenberg, seu fundador, comprou couro pelo valor total de 37 milhões de *yuans* de uma empresa em Sichuan. Porém, parte do material era defeituoso e Lichtenberg devolveu-o, solicitando o envio de novo material. Como a empresa chinesa se recusou a fazê-lo, o empresário decidiu sustar o pagamento de 3 milhões de *yuans* para pressionar o fornecedor. Logo após, ele recebeu uma ordem judicial vindo da localidade do fornecedor congelando 3 milhões *yuans* nas contas da Trayton, além de 4 milhões de *yuans* em ativos da empresa. O fornecedor estava usando seu *guanxi* local para vencer o caso. Como disse Lichtenberg:

> Você pode ter um contrato, mas as pessoas podem não fazer as coisas segundo o contrato, porque não estão acostumadas a uma sociedade regida pela lei e por contratos. No fim das contas, os contratos são substituídos por uma boa relação ou por conexões com pessoas em posição de poder. Você pode encontrar um fornecedor que diga que sua fábrica é a maior na China e que podem fazer isso e aquilo, mas talvez a fábrica nem lhe pertença e ele seja apenas um agente. Há muitas histórias desse tipo na China.

Receber pagamentos

Um dos desafios mais cruciais para os empreendedores é receber pagamentos. Para uma empresa pequena, a falta de pagamento significa o fim da empresa.

Os empresários devem lidar com muitas dessas situações sem o apoio de equipes profissionais; estão praticamente sozinhos. Além disso, eles não têm o luxo de férias ou fins de semana; sua vida profissional é muito exigente. Um empreendedor admitiu que teve de renunciar à família para dedicar todas as suas energias à empresa.

A lista de problemas pode parecer um tanto assustadora, mas muitos deles também são comuns aos empreendedores em muitos outros países, inclusive para os chineses. Entretanto, esse é um estilo de vida que a pessoa escolhe. De qualquer modo, os empreendedores desempenham um papel fundamental na rápida transformação da China.

Quando se fala sobre a transformação chinesa, os especialistas geralmente se focam na reforma das empresas estatais e do sistema político. Entretanto, o maior sucesso dessa mudança situa-se no setor privado. Quando Deng Xiaoping iniciou o processo de abertura e reforma na China, liberou as imensas energias empresariais dos chineses que muitos anos

DOCUMENTO 9.1: NÚMERO DE PESSOAS EMPREGADAS EM ÁREAS URBANAS (EM MILHÕES)
Fonte: China Statistical Yearbook 2005.

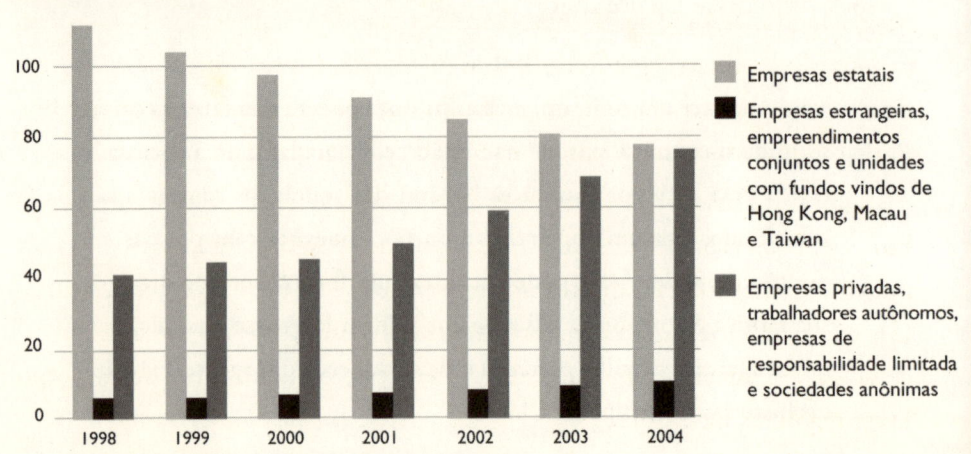

de comunismo não puderam eliminar. Os empreendedores estão criando os empregos de que o país precisa, e alguns especialistas calculam que são necessários 15 milhões de novos empregos por ano. O documento 9.1 dá uma imagem parcial de como isso está ocorrendo.

Ao examinar o quadro anterior, podemos extrair diversas conclusões, como a importância cada vez menor das empresas de investimento estrangeiro e das empresas estatais no processo de criação de empregos. A contribuição das primeiras para a reforma chinesa refere-se principalmente a tecnologia, exportações de elevado valor agregado e práticas modernas de gerenciamento. De certa forma, as empresas de investimento estrangeiro estão formando os futuros líderes empresariais do país. A participação das empresas estatais na criação de empregos é negativa e essa tendência deve continuar. É o setor privado chinês que tem a tarefa de criar os empregos e a prosperidade que manterão em funcionamento os motores da China.

O estudo de caso a seguir contará as histórias reais de três empreendedores estrangeiros na China. O primeiro protagonista chegou ao país como um expatriado e depois se tornou fornecedor de seu ex-empregador. Mais tarde, fundou uma nova empresa que obteve sucesso. A segunda protagonista começou sua experiência na China como diplomata. Depois de experimentar um pequeno negócio de baixo risco, fez uma nova mudança com a ajuda de um investidor em capital de risco. O terceiro protagonista foi ao país atraído por sua cultura; aprendeu o idioma e até estudou em uma universidade chinesa. Mais tarde, fundou diversas empresas com seus colegas. Embora os três expatriados tenham seguido caminhos diferentes de crescimento e encontrado desafios distintos em seus empreendimentos, eles tiveram em comum boa parte das práticas ideais e das lições para fazer negócios na China.

Depois do caso, você encontrará dois comentários: o primeiro de Dingkun Ge, professor de Estratégia e Empreendedorismo na CEIBS; e o segundo de Shaun Rein, diretor administrativo da China Market Research Group (CMR). Os dois comentaristas analisam os fatores cruciais de sucesso para o início de uma empresa e oferecem conselhos úteis sobre como fazer negócios na China.

Estudo de caso
REFLEXÕES PESSOAIS DE TRÊS EMPREENDEDORES ESTRANGEIROS NA CHINA[3]

Reflexão 1: Robert A. Bilodeau

Meu nome é Rob, sou americano e me mudei para Xangai há mais de 12 anos, onde fundei minha primeira empresa, em 1996. O fato de eu ter seguido o caminho de empreendedor não é surpreendente — esse é quase um traço genético. Quando era criança, passava os verões trabalhando nas empresas de meu pai ou realizando negócios simples, então era inevitável que, de um modo "tal pai, tal filho", eu me tornasse um também.

Todavia, não abri meu próprio negócio logo após a faculdade. Formei-me em Economia e entrei para o Programa de Treinamento de Executivos de uma grande cadeia de lojas de departamentos nos Estados Unidos. Fui instruído inicialmente para ser gerente do departamento de Vendas e fui rapidamente promovido para a Divisão de Merchandising como comprador. Porém, depois de três anos e meio, eu estava desiludido com a "vida empresarial" e saí para trabalhar para um de meus fornecedores. O novo empregador era uma empresa familiar muito menor que fabricava bolsinhas, presentes e acessórios, e cujo sucesso inicial viera da terceirização de sua produção para a China. Na verdade, a empresa estava totalmente envolvida com o país desde o início dos anos de 1980.

Depois de trabalhar no escritório da empresa em Nova York por vários anos, em 1994, ofereceram-me a oportunidade de ir à China coordenar as operações lá. Eu não previra essa transição, o estilo de vida de Nova York viciava, mas, no fim das contas essa era a hora certa. Eu tinha 30 anos, havia acabado de me divorciar e não tinha nenhuma obrigação. A China era considerada um lugar "difícil" para se trabalhar na época, e ainda não causava toda a "sensação" que provoca atualmente, mas o desafio era irresistível demais para deixar passar. Aqui estava uma oportunidade para aprender novas habilidades, explorar um ambiente totalmente novo e fazer isso com um empregador a quem eu respeitava e em quem confiava. Além do mais, embora ainda não fosse a minha "própria" empresa, eu estava ansioso para coordenar minha "própria" operação dentro dela. Eu sabia que, se não aceitasse a oferta, iria me arrepender pelo resto da vida. Fiz as malas e me mudei para China dois meses depois de receber o convite.

Minha "tarefa" inicial era um acordo de cavalheiros por dois anos. Meus colegas na empresa apostavam que duraria apenas seis meses, mas, no final, permaneci no cargo por seis anos. Até hoje, sinto-me especialmente afortunado por ter tido essa oportunidade, que permitiu explorar todo um novo mundo de oportunidades de negócios, ganhar e economizar o dinheiro que se tornou o capital para minha própria empresa, ensinando-me as habilidades das quais eu precisaria para operá-la com sucesso.

Quando cheguei à empresa, em 1994, todos os seus produtos eram "montados" na China, mas a maioria das matérias-primas ainda eram importadas do exterior da China Continental, de lugares como os Estados Unidos, Japão, Taiwan e Hong Kong. A maior parte de meus dois primeiros anos foi dedicada a desenvolver, quase sempre do zero, uma cadeia local de suprimentos que pudesse produzir a qualidade que exigíamos. Esse estágio de desenvolvimento foi especialmente interessante — afinal de contas, se íamos ajudar os novos fornecedores a atingir os objetivos de qualidade e preço, por que não criar um fornecedor eu mesmo? Discuti as possibilidades com alguns amigos chineses de confiança e concluímos que não só era possível, mas um cenário plausível de ganhos mútuos para a empresa e para nós.

Quando aceitei a tarefa na China, meu empregador estava ciente do fato de que eu seria alvo de muitas oportunidades, e me pediu comprometimento por dois anos com o projeto, sem outras distrações. Ele até afirmou que, depois do período inicial de dois anos, estaria disposto a considerar uma participação nas oportunidades que eu propusesse. Em 1996, eu sugeri a abertura de uma pequena fábrica para fornecer localmente componentes produzidos para os acessórios. Na realidade, essa era uma sugestão de benefícios mútuos: eu permaneceria na China e dedicaria a maior parte do tempo a meu cargo atual, enquanto estabelecia uma fábrica de suprimento independente. Esse relacionamento seria considerado não ortodoxo em muitas empresas, mas, nesse caso, ele era mutuamente vantajoso: eu receberia um grande incentivo para continuar no país e a empresa ganharia um novo fornecedor "local", que ofereceria a qualidade necessária de 10% a 40% menos do que o custo usual.

Assim, com o pleno apoio de meu empregador, abri uma pequena fábrica com dois sócios chineses em quem eu sabia que podia confiar. Eu forneci o capital inicial e a capacidade de marketing, enquanto meus sócios realmente "construíram" a fábrica e a equipe de administração. Registramos a empresa como de investimento totalmente estrangeiro, dividimos a propriedade e a gerenciamos juntos. No final de 1996, tínhamos uma fábrica pronta, uma cadeia de suprimento estabelecida e começamos a aceitar pedidos. Desde então, ela cresceu para mais de 35 empregados e gera um faturamento anual de quase 1 milhão de dólares. Todos os sócios foram bem recompensados não só pela geração de capital a ser usado em novos empreendimentos, mas também ajudando-nos a desenvolver métodos de negócios que combinavam o melhor dos modos ocidental e chinês de fazer negócios.

Minha segunda empresa começou com uma simples amizade. Logo depois de minha chegada, em 1994, conheci outro expatriado americano que estava trabalhando para uma grande multinacional, também tinha uma forte tendência empresarial e havia fundado e vendido várias empresas antes de assumir seu cargo atual. Em 1996, ele retornou aos Estados Unidos e foi trabalhar para um pequeno fornecedor americano químico especializado no setor automotivo.

Nós mantivemos o contato e, em 2000, começamos a falar de ideias de negócios. Ele tinha desenvolvido uma estratégia interessante que iria lançar sua nova empresa para o "grupo das grandes". Eu havia atingido um ponto em que estava para deixar um emprego; era o momento certo! Gostei da estratégia de meu amigo e, usando o capital que economizara nos seis anos anteriores, também comprei a empresa. Juntos, nós investimos inicialmente mais de 1 milhão de dólares para levá-la de um pequeno fornecedor químico especializado a um grande fornecedor do segmento superior do setor automotivo. Desde então, esse valor se multiplicou mais de dez vezes.

A estratégia da empresa baseou-se no reconhecimento de que uma consolidação global dos fabricantes de equipamentos originais automotivos havia forçado uma consolidação similar em sua base de fornecedores. Novos fornecedores eram afastados e os já existentes eram cortados ou se fundiam em "megafornecedores" que podiam sustentar operações globais. Essa estratégia aumentou os lucros e trouxe estabilidade por anos, mas a inovação foi sufocada. Conforme as oportunidades para consolidação se evaporaram e os lucros foram pressionados, os megafornecedores reagiram "logicamente", cortando despesas gerais, enxugando a P&D, reduzindo o atendimento ao consumidor, elevando preços e abandonando nichos de mercado menos lucrativos.

Nossa ideia era galgar o *status* de fornecedor, entrando nesses mercados abandonados, e a China era o ponto de entrada ideal. Embora os químicos especializados em automotivos constituam um mercado global de um bilhão e 200 milhões de dólares, os fornecedores do segmento superior atendiam apenas os maiores segmentos desse mercado em sua estratégia na China, deixando "expostos" inúmeros "nichos" de mercado que valiam dezenas de milhões de dólares. Se os megafornecedores chegassem a suprir esses nichos de mercado, isso seria feito com base em importações, com status de "enteado" nos escritórios centrais. Pretendíamos aproveitar essa circunstância e estabelecer uma subsidiária na China para fornecer químicos especiais produzidos localmente para os fabricantes de equipamentos originais no país.

Abrir a empresa foi um processo relativamente direto, e ambas foram registradas como totalmente estrangeiras, uma decisão simples de tomar porque queríamos cuidar disso nós mesmos. *Joint ventures* com investimento estrangeiro são mais arriscadas devido às dificuldades em encontrar um parceiro confiável e aos desafios de fazer pontes entre os diferentes "estilos" de negócios, sem mencionar as limitações de tempo geralmente impostas em um contrato desse tipo. (De modo geral, atualmente, as *joint ventures* só são realizadas em situações específicas em que o governo o exige.)

Estabelecer as estruturas legais foi burocrático, mas não necessariamente difícil. A China tem muitos agentes, advogados e consultores qualificados que podem oferecer os diversos níveis de serviço necessário. Leia todas as normas e os documentos detalhadamente a fim de certificar-se de estar a par de todas as limitações e interpretações. Embora as regras possam ser "curvadas" com a finalidade de que algo aconteça, é preciso ser muito cuidadoso para que essas diferentes interpretações não tragam algumas dificuldades imprevistas para a empresa.

Também tínhamos a vantagem de sermos uma empresa relativamente pequena e que ficava "abaixo do radar". Ela não estava diretamente envolvida com nenhum dos setores considerados "essenciais" na China e, assim, não nos sujeitamos aos níveis extras de aprovações provinciais e nacionais, que devem ser satisfeitos por empresas de telecomunicações, bancos, companhias de seguros e por fabricantes de equipamentos originais automotivos.

Ainda assim, como um fornecedor químico, temos de cumprir as normais ambientais e de segurança. Essa é uma tarefa administrável, pois fundamos nossa fábrica com padrões ocidentais, mas, ao contrário do que se costuma pensar, a China tem um regime normativo bastante estrito no papel. Embora a aplicação da lei possa ser pontual, conforme a economia amadurece, ela está se tornando cada vez mais presente. Portanto, quando se deparar com a tentação de ignorar uma norma, sempre tenha em mente que essa "supervisão" bem pode retornar e atingi-lo depois!

Finalmente, investimos na operação na China e logo começamos a fornecer produção localizada com "qualidade americana" e "preço chinês" — a mesma estratégia usada em minha primeira empresa. Com um mercado em expansão e falta de ofertas competitivas dos fornecedores globais, nosso produto foi bem recebido. Na verdade, conseguimos nosso primeiro cliente em resultado de um telefonema ríspido: ele estava muito irritado com seu antigo fornecedor, que tinha decidido entrar em seu ramo e concorrer diretamente com ele. Nesse caso, fomos bem recebidos não só por causa de nosso portfólio de produtos, mas em razão de nossa ética. No fim das contas, esse cliente era uma empresa norte-americana e, por meio do relacionamento, também vendemos para suas operações nos Estados Unidos.

Em relação a esse ponto, a operação na China foi estabelecida não só como uma empresa independente e lucrativa, mas também como uma entrada inusitada para uma base de clientes que, de outra forma, estaria "fechada" para nós. Isso gerou muitas oportunidades nos Estados Unidos. Como obtivemos aprovações de fabricantes de equipamentos originais na China, pudemos usar esse *status* de revendedor para trazer nossos negócios de volta aos mercados nacionais. Esses novos relacionamentos foram então usados como uma plataforma de lançamento para produtos adicionais (muitos deles desenvolvidos ou testados na China) por intermédio dos mesmos canais. Em alguns segmentos de nosso negócio, até 90% deles nos Estados Unidos originaram-se do relacionamento que foi criado na China. Agora, passo uma boa parte de meu tempo nos Estados Unidos visitando esses clientes, que nunca teríamos conseguido se não fosse por nossa iniciativa na China.

Porém, em última instância, uma empresa na China é a plataforma de lançamento para o mercado doméstico chinês. O mercado automotivo cresceu de 500 mil veículos por ano, quando abrimos a empresa, para mais de 5 milhões de veículos produzidos no ano seguinte. O país já é o terceiro fabricante de automóveis no mundo, superado apenas pelos Estados Unidos e pelo Japão, e recentemente ultrapassou este último como o segundo mercado consumidor. A empresa chinesa já ultrapassa 1 milhão de dólares de faturamento anual, mesmo com grande parte de sua atenção ainda focalizada no apoio aos negócios nos Estados Unidos. As atividades estão crescendo depressa e, como o mercado chinês provavelmente irá ultrapassar os 50 milhões de veículos por ano, esperamos altas taxas de crescimento por muito tempo.

Expandimos nossas operações na China e criamos um centro de P&D próprio na área da Universidade de Beijing. Essas instalações não desenvolvem apenas novos produtos para os negócios no país, mas também são essenciais no desenvolvimento de tecnologias e mercadorias inovadoras para nossa base de clientes nos Estados Unidos. É claro que os "custos" foram uma consideração importante na escolha da China e não dos Estados Unidos, mas, em última instância, a decisão foi baseada no banco de RH chinês altamente qualificado. Ainda mais importante, em nossos anos de experiência aqui, também encontramos a pessoa "certa" para gerenciar. Para uma empresa de nosso porte, podemos ainda estar no "início do jogo", mas já estamos vendo os retornos do investimento com baixos custos operacionais, gerenciamento atento de projetos e desenvolvimento rápido.

A China oferece oportunidades únicas aos empreendedores, mas, para ser bem-sucedido, é preciso conhecer as "regras". Um amigo de Vancouver brincou, certa vez:

> Antes de me mudar para a China, eu achava que os motoristas em Richmond (uma região predominantemente chinesa de Vancouver) eram loucos. Agora que moro aqui, percebi que eu simplesmente não conhecia as 'regras' pelas quais eles dirigiam.

Você precisa entender e aceitar que as regras podem ser muito diferentes das que você está acostumado.

Para entender as regras, é muito útil falar chinês, pelo menos, para uma conversa simples. Nunca estudei a língua antes de minha transferência, mas, depois de aceitar o cargo, consegui reservar várias semanas para um treinamento intensivo no idioma antes de me mudar. Com isso, consegui compreender a gramática básica e a pronúncia para que, então, pudesse me focar em aprender o vocabulário. Como eu era o único estrangeiro no trabalho, não tive escolha senão aprender o idioma rapidamente. O interessante é que esse processo de aprendizagem me ajudou a construir as amizades que foram tão importantes depois, a entender o modo como as coisas funcionam na China, sendo o melhor modo de conquistar o respeito de meus colegas. Foi o início do processo de desenvolvimento de *guanxi*.

Quando cheguei, todos falavam sobre o *guanxi*. Isso se refere simplesmente a relacionamentos que combinam negócios e assuntos pessoais que trazem uma troca de reforço positivo, mas também pode ter a conotação de "corrupção". Embora eu tenha descoberto que o *guanxi* com base em relacionamentos pessoais pode ser muito útil, o *guanxi* que se podia comprar era, em geral, supervalorizado e prometia o que não podia cumprir. Ao recusarmos polidamente tais ofertas e nos focalizarmos na construção de nossa rede de relacionamentos genuínos e abrirmos canais de negócios desse modo, veio o sucesso. Sinto que os relacionamentos que formam a base do *guanxi* são importantes — afinal de contas, um fornecedor "de confiança" é valorizado mesmo nas economias mais avançadas —, mas também tenho a impressão de que a forma corrupta do *guanxi* está se tornando cada vez menos importante.

Contratar as pessoas certas é essencial ao sucesso da empresa para navegar nos círculos de *guanxi* e de práticas chinesas de negócios, e entender e implementar sua estratégia de desenvolvimento. Aliás, encontrar essa pessoa "certa" é tanto uma arte quanto uma ciência. Quando uma empresa é pequena, é como uma família: cada vez que contratar um novo empregado, é preciso certificar-se de que ele funcionará bem com os outros porque uma contratação errada pode abalar o moral do grupo rapidamente. É sempre melhor encontrar alguém de desempenho elevado, pagar-lhe bem e retê-lo, em vez de contratar um punhado de funcionários de desempenho médio. A pessoa "certa" aumentará seus recursos de administração, enquanto os funcionários médios irão esgotá-los. Na verdade, esse funcionário se transforma em um trunfo importante no recrutamento e na criação da equipe de gerenciamento.

No nosso caso, minha gerente geral é uma chinesa que conheço e com quem trabalho há mais de 10 anos. Eu a encontrei no "mercado de trabalho" quando se candidatou a um cargo em minha primeira empresa; ela se destacava claramente dos outros entrevistados. Para uma jovem recém-formada, demonstrava confiança admirável, domínio impressionante de inglês e um processo de pensamento extremamente bem organizado. Embora ela não o soubesse na época, nossa equipe tomou a decisão da qual nunca nos arrependemos: contratá-la cinco minutos depois de conhecê-la. Não foi surpresa que eu a chamasse assim que ela ficou disponível. A lição a ser aprendida não diz respeito a "onde" ou "como" contratar a pessoa certa, mas sim à importância de procurá-la, reconhecer quando ela estiver disponível e fazer todo o possível para retê-la.

A vida empresarial nem sempre é fácil. Fundar uma empresa, financiá-la, contratar seus funcionários, desenvolver uma base de clientes e obter lucros são desafios difíceis por si sós. Fazer isso em um país estrangeiro como um empreendedor leva essa missão a um nível inteiramente novo.

Pode-se comparar essa atitude a "estar em uma guerra": você luta todos os dias pela sobrevivência contra um adversário poderoso e, no final do dia, muitas vezes se sente feliz só por estar vivo. Os empreendedores não se lançam intencionalmente nessa zona de guerra, mas a batalha geralmente chega a suas portas por circunstâncias além de seu controle. No entanto, como em qualquer duelo, eles enfrentam as probabilidades, criam novas táticas, formam alianças únicas e desenvolvem estratégias inovadoras que lhes dão uma mão vencedora. Então, de repente (e, talvez, inesperadamente), a luta para, a guerra termina e a vitória está nas suas mãos. É só então que eles começam a realmente se dar conta dos combates que enfrentaram, e é nesse momento que começam a realmente desfrutar as coisas pelas quais lutaram tanto.

Se há seis anos alguém me pedisse para fazer o que conseguimos realizar, minha resposta teria sido: "De modo algum. Isso é impossível". Mas, olhando para trás, não posso pensar em outro modo que fosse possível. O desafio empresarial é um verdadeiro teste de espírito que o faz confrontar seus medos, deixa-o incrivelmente esgotado, mas ainda assim, no final, você se sente revigorado!

Agora, quando me são oferecidas posições seniores em outras empresas, eu posso, com consciência tranquila, recusar de modo rápido e educado. Reconheço que, embora a estabilidade e a remuneração monetária sejam agradáveis, elas não compensam a "emoção da jornada" que sinto como empreendedor. A partir de determinado ponto, a gratificação financeira deixa de ser importante pelos confortos que pode proporcionar; em vez disso, ela é importante simplesmente como um instrumento para medir sua capacidade de desempenho. Em outras palavras, é como uma medida de sua capacidade de ser bem-sucedido na criação de algo novo. Se recebesse uma oferta de compra da empresa por 5 ou 10 milhões de dólares, eu recusaria porque seu valor inerente, conforme a comercialização de mais tecnologias no futuro, será muitas vezes maior do que isso. Se a oferta fosse de 100 milhões de dólares, eu estaria mais inclinado a aceitá-la, mas o "lucro" iria simplesmente se transformar em capital para aproveitar a próxima oportunidade — desta vez maior, melhor e, espero, ainda mais empolgante.

Após mais de 12 anos, a China, e em especial Xangai, ainda me empolga e me revigora; sinto-me feliz por ser parte dela. Há uma fala no filme *2010* (a sequência filmada, em 1984, para o filme de Stanley Kubrick *2001: uma odisseia no espaço*) em que o computador Hal 9000 conversa com o espírito deificado de seu ex-comandante Dave.

Hal 900: "*O que vai acontecer, Dave?*".

Dave: "*Algo maravilhoso*".

Quem assistiu ao filme e reconheceu a extrema simplicidade da resposta, irá entender o que quero dizer ao afirmar que "é assim que me sinto em relação a Xangai". Nunca sei bem o que irá acontecer, mas sempre tenho certeza de que será "algo maravilhoso".

Reflexão 2: Gabrielle Chou

Nasci na França e fui criada lá, até que me mudei para a Itália aos 20 anos. Depois fui para a Inglaterra para obter o grau de mestre em Leis, especializando-me em Comércio Internacional e, em especial, em Comércio com a China. Eu queria ser advogada, especializada na legislação comercial chinesa; por isso, fiz alguns cursos adicionais em Legislação Chinesa quando estava na Universidade de Londres. Eu queria fazer algo diferente.

Estudo chinês desde os 13 anos de idade. Depois de alguns anos de experiência na Inglaterra, cheguei à China em 1992 para concluir a pesquisa para meu doutorado sobre a Lei de Propriedade Intelectual da China, subsidiado pelo governo francês. Depois de me formar na graduação, trabalhei durante três anos como diplomata na China, na Comissão Francesa de Comércio, prestando consultoria a grandes empresas. Essas empresas constantemente pediam o mesmo tipo de serviço: como podemos atingir o consumidor chinês certo? Eles não podiam fazê-lo por meio da mídia, porque na China ela não era sofisticada o bastante. A atuação de um advogado estrangeiro no país tem seus limites e, assim, quando terminei meu trabalho junto à Comissão Francesa de Comércio, abri minha própria empresa, a ChinaLOOP.

Quando concluí meu doutorado, tive minha primeira experiência de empreendedora, pois abri uma empresa de consultoria em direitos de propriedade intelectual na China. Embora eu tivesse apenas 25 anos, a empresa teve muito sucesso. Muitas grandes empresas com marcas famosas me procuraram porque, provavelmente, eu falava chinês e entendia os complexos desafios dos direitos de propriedade intelectual, dentre os poucos advogados estrangeiros. Prestei muitos serviços a meus clientes em questões legais e em casos relacionados a direitos de propriedade intelectual.

Minha experiência com a Comissão Francesa de Comércio não me ajudou muito quando abri a ChinaLOOP. Para muitas pessoas, trocar a carreira diplomática pelo empreendedorismo foi uma ideia louca. Alguns comentaram: "Você não vai ganhar dinheiro". Sempre existem pessoas que o incentivam e as que não o fazem.

A ChinaLOOP é minha segunda experiência como empreendedora na China, mas esta é diferente da anterior. Ao contrário da primeira empresa de consultoria em direitos de propriedade intelectual, ela não depende totalmente de minhas próprias habilidades. A primeira empresa não podia crescer muito, pois dependia de meu próprio conhecimento. Esta segunda se apoia no *know-how* de uma equipe e tem uma sólida infraestrutura de TI, de modo que pode crescer muito mais depressa.

Fazer negócios na China não é fundamentalmente diferente de fazê-los em outros lugares; basicamente, é preciso criar redes de trabalho e ser reconhecido por sua especialidade. Uma diferença, em comparação com outros mercados, pode ser a falta de sofisticação. Nós nos especializamos no gerenciamento de bancos de dados de consumidores e ajudamos nossos clientes a atingir o público-alvo correto, comercializando-os de modo eficiente. A maioria de nossos clientes não é nova no mercado chinês; são grandes multinacionais que estão tentando obter alguma confiabilidade em sua aquisição e retenção de clientes. Se estiverem lançando um novo produto, precisam saber qual segmento de consumidores chineses é seu público-alvo e como atingi-lo; se devem contatá-los por telefone, *e-mail*, mala direta ou SMS. Eles precisam personalizar seus serviços segundo as diferentes necessidades de seus clientes. Nós os ajudamos a conseguirem novos clientes e a retê-los por meio de soluções personalizadas de gerenciamento de dados.

A empresa foi criada como estrangeira. Isso significa que, embora ela só tivesse negócios na China, nós abrimos primeiro uma empresa no exterior e depois fizemos um investimento aqui. Por que escolhi uma estrutura de empresa totalmente estrangeira? Depois de dez anos no país, eu simplesmente não acreditava mais em *joint ventures*. Estou falando sobre *joint ventures* reais; um sócio silencioso é outra questão. No setor de serviços, os sócios chineses vendem suas conexões. Você pode desenvolver conexões por si mesmo ou por meio das pessoas certas. Como advogada, dou muita atenção às questões legais e, em especial, à autorização comercial. Os novos empreendedores devem ser extremamente cuidadosos com o escopo de sua empresa na China: se ele, em sua autorização, não combinar com sua atividade empresarial real, você pode ter muitos problemas.

Poderíamos obter um empréstimo bancário para iniciar a empresa, mas não tentamos fazê-lo. Eu não estava interessada nisso e não tinha uma experiência específica. Quando abri a empresa, fiz um investimento pessoal, mas ele não foi o suficiente; precisávamos de vários milhões de dólares para criar tal estrutura. Eu não tinha tanto, e assim levantei o dinheiro no exterior com empresas de capital de risco que se especializam em minha área.

Existem dois tipos de empresários: os que acreditam totalmente no que fazem e não ouvem a mais ninguém e aqueles muito humildes e que ouvem os outros. Sou mais como o segundo tipo. Talvez eu tenha ouvido demais meus investidores. Na verdade, eles não sabiam mais do que eu sobre os negócios na China e não podiam me colocar na direção certa.

No primeiro ano, para levantar o dinheiro a fim de abrir a empresa, eu tive de preparar planos de negócios. Quando falei com eles sobre o plano, ouvi como resposta: "Não, não, não. Esta é a era da Internet. Você deve concentrar-se na Internet. Mude seu plano de negócios! Eu fiz isso e eles investiram". Depois do primeiro ano, eu lhes disse: "Não há mais muito dinheiro na Internet agora. Vamos voltar à primeira versão do plano de negócios". Tive de aceitar muitas coisas deles no princípio, mas depois conquistei sua confiança e tive mais voz ativa(...) Propus um novo modo de operar a empresa e tive sucesso. Não ajuda muito ouvir pessoas que conhecem seu negócio, mas que nunca atuaram em seu local específico. Foi uma lição que seguirei em qualquer lugar, não só na China.

Quatro anos depois de abrir a empresa, éramos frequentemente procurados por compradores em potencial. O negócio era lucrativo e tinha mais de 50 multinacionais como clientes. Em outubro de 2004, vendemos a

ChinaLOOP para Acxiom, o líder global em gerenciamento de dados. Para mim e minha equipe foi uma conquista e um reconhecimento cinco estrelas ser comprada pelo especialista no setor. Tê-la vendido para uma empresa similar, mas maior, foi importante pois isso tornou possível uma integração bem-sucedida com a Acxiom. Agora temos mais de 80 associados na China e escritórios em Xangai e Beijing, bem como na região do Pacífico Asiático.

Nosso maior desafio é encontrar os associados certos, pois os candidatos chineses ainda não são muito especializados e, muitas vezes, querem se tornar empresários. Os custos de recrutamento na China também são elevados, além de muitas vezes a remuneração exigida pelos candidatos não ser adequada a sua capacidade e produtividade. Você precisa decidir se precisa dessa pessoa e se ela pode lhe trazer valor suficiente.

Os associados são um de nossos maiores desafios. Em outras partes do mundo, nossos negócios baseiam-se menos nas habilidades das pessoas, mas aqui na China muitos de nossos clientes precisam ser tratados com braço forte. Se não tivermos as pessoas certas, não poderemos satisfazer nossos clientes. Dependemos muito de nossos associados. Mas quando são contratados, a maioria deles permanece conosco. Temos uma ótima equipe; as pessoas se dão bem. É claro que, como todos, perdemos algumas pessoas, mas, em comparação com outras empresas, nossa taxa de *turnover* é muito baixa. É preciso ter uma ótima equipe de gerenciamento que seja dedicada à empresa. Nossa meta é conseguir que mais pessoas como essas se juntem a nós como um grupo de empreendedores.

É difícil abrir uma empresa como a nossa. Precisamos coletar muitos dados de consumidores para criar um bom banco de dados, e isso também exige tecnologia de informação avançada (TI). Então, essa é uma empresa muito cara. O ponto crucial é que é preciso vender o serviço aos clientes, e vender um serviço como o nosso não é fácil. Quando se abre uma empresa, é provável ficar obcecado com seu produto e esquecer-se do benefício que ele pode trazer a seus clientes. Aprendemos isso durante o primeiro ano e concentramos a atenção em nossos clientes.

Eu tinha alguns contatos e conhecia alguns clientes potenciais há anos antes de iniciarmos o negócio, mas era difícil vender-lhes algo. Encontramos nosso primeiro cliente de longo prazo oito meses depois de abrir a empresa, que foi muito importante para nós. Como esse primeiro grande contrato foi estabelecido com a Motorola, o moral e a reputação de nossa empresa foram fortalecidos.

Oitenta por cento de nossos clientes são empresas estrangeiras e 20% são chinesas. Os negócios estão crescendo, mas o percentual não muda. Nossos principais clientes são multinacionais que, em geral, tendem a pagar mais tarde, 60 dias depois de prestarmos o serviço. Em alguns casos, vimos que certas empresas muito grandes têm agido de modo extremamente antiético, mas sua administração não sabe disso. Tivemos de estabelecer diretrizes claras a nossos associados para explicar que não podemos entrar nesse tipo de acordo. Creio que um dos desafios de operar um negócio aqui é a ética. Algumas pessoas nas empresas simplesmente usam de força para obter benefícios pessoais. Não é apenas dinheiro pago por baixo da mesa, pode ser algo muito mais sofisticado que isso. Eu sabia que algo assim podia acontecer nas pequenas empresas, mas não o esperava nas grandes empresas.

Os negócios estão crescendo, mas a concorrência também está aumentando. É assim na China. Quando começamos, o mercado não era grande; os negócios cresceram por meio de marketing ativo e de educação. Outros empresários perceberam e agora tentam concorrer por uma participação no mercado. Em comparação a nossos concorrentes, temos a vantagem de termos sido os primeiros; já estamos aqui há anos, com soluções. Somos muito próximos do mercado, mas temos de continuar a ser melhores do que os outros. Esse é o nosso desafio.

Se você quisesse abrir sua própria empresa na China e me pedisse conselhos, eu lhe faria três recomendações:

- Pode ser preciso um teste de mercado para experimentar o conceito de sua empresa, que é uma ótima forma de aprender e convencer investidores. Você perceberá que mesmo em pequena escala, na prática, as coisas podem funcionar diferente do que se espera. Não invista dinheiro em uma empresa sem testá-la. É muito importante que você saiba como controlar os riscos. De modo geral, é preciso entender como as coisas funcionam na China. Mesmo depois de mais de 14 anos aqui, não posso prever o mercado.

- Tome muito cuidado com a estrutura legal e o escopo do negócio. É muito difícil mudar a configuração de sua empresa depois. Depois de fazer o investimento, perderá muito de seu poder de negociação com as autoridades locais.
- É preciso dedicar muito tempo para treinar e cuidar de sua equipe, para que seus associados cresçam e desenvolvam um relacionamento com sua empresa.
- É muito difícil recrutar funcionários na China, especialmente em Xangai e Beijing. Os candidatos são muitos, mas poucos têm habilidades sofisticadas a princípio. É muito difícil identificar as pessoas com habilidades específicas. Os recém-formados são mais flexíveis do que quem tem três ou quatro anos de experiência profissional. A remuneração aumenta muito depressa e os funcionários voltados para a carreira são muito bons em negociação. Eles também recebem muitos telefonemas de *headhunters*. Não é como na Europa ou nos Estados Unidos, em que existe um grande banco de talentos com habilidades e experiência mesmo quando recém-formados. Na China, as universidades são muito teóricas, e os recém-formados em geral não têm nenhuma experiência profissional.

É isso. Boa sorte na China!

Reflexão 3: Tomas Casas i Klett

Antes de chegar à China, há dez anos, eu tive a sorte de vivenciar desafios acadêmicos e profissionais em todo o mundo. Depois de completar minha educação básica em Barcelona, mudei-me para os Estados Unidos e me especializei em finanças na Escola Wharton. O sonho original ao me graduar era seguir meus colegas e construir uma carreira lucrativa em Wall Street. Mas apostei na mudança e me mudei para o Japão; depois de uma breve temporada na Universidade de Sophia, fui trabalhar para a sede de uma multinacional japonesa de produtos eletrônicos. Depois de três anos de experiência intensa e enriquecedora, chegou o momento de retornar a minha querida Espanha(...) Mas, antes disso, decidi fazer uma breve parada na China. A ideia era conhecer a cultura chinesa, além de uma nação e um povo em meio a mudanças espetaculares. A seguir, apresento minha reflexão desses anos como empreendedor por lá. Espero que minha experiência possa ajudar outros empreendedores.

Na China, o mais importante é que existe *muita liberdade*. Na arena empresarial, a China oferece mais oportunidades de autorrealização e mobilidade do que a Europa, o Japão ou mesmo os Estados Unidos. Vejamos os empreendedores na Alemanha ou na França: em consideração pelos riscos que assumem, eles são agraciados com normas rígidas e estruturas empresariais inflexíveis. Além do mais, quando são bem-sucedidos, têm de transferir uma boa parte de seus ganhos para os cofres públicos, graças aos impostos diretos e indiretos. A China, ao contrário, oferece a seus cidadãos um ambiente muito mais flexível e lhes concede liberdade empresarial sem paralelos para que realizem seus sonhos. É claro que o fato de o país estar passando por um rápido crescimento econômico, alimentado exatamente pelos empreendedores livres, ajuda.

O primeiro objetivo na China era aprender o idioma. Depois de estudar por mais de um ano, fui aceito em um programa de mestrado em Ciências Econômicas (em chinês) na Universidade Fudan. Fiz muitos amigos lá, inclusive aqueles com quem me aventurei depois. A China é um país repleto de oportunidades para jovens e assim comecei vários empreendimentos com diferentes grupos de colegas. Um desses grupos protoempreendedores — especializado em TI, *software* e projetos de serviços relacionados — deslanchou, mas houve percalços: duas empresas desse grupo faliram, perdendo a maior parte do dinheiro obtido nos primeiros anos. Por outro lado, vendemos uma empresa com uma valorização razoável logo a princípio e outras duas mais recentemente. Hoje, as empresas centrais estão mais fortes. Estamos mais próximos de realizar de nossos sonhos. Mas não são apenas os sucessos que nos motivam(...) É algo bem diferente(...)

O maior aprendizado vem do fracasso. Uma lição importante que aprendi foi que se torna difícil desenvolver propriedade intelectual na China. Não por causa de questões de proteção aos direitos de propriedade intelectual nem de falta de talento, mas devido à falta de executivos capacitados para gerenciar processos de criação de propriedade intelectual. Retrospectivamente, nossos fracassos eram previsíveis: fomos otimistas demais e superestimamos nossas capacidades técnicas e de gerenciamento, nossa visão era pouco clara e o tamanho era grande demais. Também avaliamos mal o mercado e subestimamos a concorrência. Quase merecemos fracassar.

O que nossas empresas fazem? Qual a competência central que construímos? Somos bons no desenvolvimento de soluções de negócios nos campos de tecnologias de *software* em Planejamento de Recursos Empresariais (ERP), *software* de finanças, inteligência de negócios, Gerenciamento de Processos Empresariais (BPM), portal de dados, depósito de dados, gerenciamento de dados não estruturado, segurança, *balance scorecard*, integração, estatística e mineração de dados. No momento, somos excelentes em vendas, distribuição, suporte técnico e localização (tanto na tradução quanto na adaptação) dessas tecnologias. Além do mais, construímos um IP privado com base nessas tecnologias e nas necessidades de nossos clientes chineses.

Uma parte importante de nosso modelo atual baseia-se em parcerias de longo prazo com revendedores internacionais selecionados — muitos dos quais são nomes globais e algumas empresas listadas na Nasdaq que se apoiam em nós para entrar no mercado chinês. Construímos um enorme valor de marca para elas na China, uma sofisticada rede de canais, uma base de clientes com potencial constante de receitas e uma infraestrutura de mobilização e de suporte tecnológico. Ao fazermos com que nossos principais clientes sejam bem-sucedidos, construímos um valor significativo para nós mesmos. É uma experiência extremamente empolgante. Temos muitos clientes de alto nível, como a China Telecom, o China Construction Bank, o Bank of China e assim por diante. Temos escritórios em Beijing, Taiwan, Hong Kong, Guangzhou, Xangai e também em Manila.

Somos um grupo de empresas no qual cada unidade, ou empresa operacional (Opco), é operada e gerenciada de modo independente. O valor do grupo cresce com cada Opco e o valor do grupo para cada Opco é enorme. Uma nova Opco pode ser criada e começar a operar em semanas. As Opcos são, em geral, *joint ventures* com nossos principais clientes ou empresas totalmente estrangeiras. Atualmente é muito conveniente abrir uma empresa totalmente estrangeira na China; o governo também promove alta tecnologia de muitas maneiras.

Em relação ao financiamento, até agora temos nos servido principalmente de retenção de ganhos e não fizemos dívidas nem utilizamos capital externo. Em relação ao financiamento externo, entretanto, agora que temos um tamanho razoável e lucros sólidos, podemos pensar em buscar sinergias externas, possivelmente com capitalistas de empreendimentos americanos ou europeus que podem agregar valor de muitas formas. Quanto a dívidas, meus sócios chineses têm sido sempre contrários a elas — eles quase prefeririam deixar uma empresa falir a assumir tais obrigações! Isso é interessante, pois muitas vezes precisamos de novos capitais conforme crescemos, e nossos ganhos retidos nem sempre podem cobrir todas as necessidades. Uma nova Opco requer um investimento de 1 milhão de dólares, muito mais do que os 60 mil dólares com que começamos nossa primeira empresa. Incidentalmente, nossos principais clientes, as empresas de TI americanas ou europeias, sabem que, se atuassem diretamente na China, gastariam facilmente 3 milhões de dólares (ou mais!), para obter os mesmos resultados(...) e a um risco muito mais elevado. Esse cálculo reflete parte do valor que nosso grupo traz para uma negociação.

Vender é crucial para começar um novo negócio. Mas o gerenciamento de contas a pagar e a cobrança, que se relaciona ao fluxo de caixa, são a maior questão para pequenas e médias empresas privadas na China. Os consumidores locais são famosos por relutar a pagar na data prevista e, algumas vezes, atrasam mais de 400 dias (alguns dos melhores clientes no país!). Os clientes precisam ver o valor que você oferece para terem um incentivo para pagar mais cedo.

Nos primeiros anos, 90% de nossos clientes eram empresas estrangeiras na China; hoje, esse número é o mesmo, mas eles são chineses. O valor de nossa empresa está relacionado à nossa capacidade para atrair essas empresas chinesas e para receber delas. Mesmo que os clientes estrangeiros saibam mais o que desejam e paguem a tempo, eles são obviamente muito menores do que as empresas chinesas na China. Pense a respeito: as maiores empresas estrangeiras aqui, como a GM ou a Siemens, são pequenas quando comparadas a empresas locais como China Mobile, Sinopec ou ICBC.

A fim de impulsionar as vendas, nós construímos, damos suporte e gerenciamos uma matriz de canais, especializados por setor e dispersos geograficamente. Nosso desafio é transformá-los em uma rede de canais coerente, não concorrente e efetiva. A China é imensa e tem muitos mercados — para cada segmento, província, cidade, para setor e conta, temos de utilizar os parceiros no canal para prestar serviços, vender e cobrar.

Repetindo, os canais são a chave comercial para a China. Precisamos cultivá-los: temos contatos intensos e *feedback* nos níveis mais elevados, para treinar seu pessoal, realizar atividades conjuntas de marketing e assegurar constantemente o controle de qualidade de modo a oferecer bons serviços de pré-venda e pós-venda. O estabelecimento de relações sólidas com os canais ocorre com o tempo e com o compromisso.

Para o fundador de uma empresa estrangeira que deseja se aventurar na China, os parceiros de negócios são extremamente importantes. Não é preciso me alongar sobre a importância do *guanxi*; como em todos os outros lugares, é necessário fazer negócios com parceiros confiáveis. No meu caso, eu os encontrei na Universidade Fudan e, depois, por meio de negócios bem-sucedidos, como em Taiwan. Você ouvirá muitas histórias sobre o risco de ter um parceiro.

Temos o exemplo de meu amigo de Xangai que enviou seu parceiro a Beijing para implantar a subsidiária no norte da China. Ele não só foi incapaz de vender e acabou perdendo o investimento inicial, como comprou um carro de luxo, alugou um escritório caro e, de modo geral, desperdiçou dinheiro tolamente, se não duvidosamente. Além do mais, sem consultar meu amigo, tomou decisões de negócios ruins e de longo alcance que acabaram por causar problemas à operação do leste da China que era bem gerenciada. Conhecer seu sócio a fundo pode ser um grande desafio; é um processo de aprendizagem e, às vezes, bem caro.

O interessante é que nossa pior experiência não foi com um parceiro chinês, mas com um de nossos clientes estrangeiros, uma empresa muito bem-sucedida e com boa reputação. Nós os ajudamos a lançar seu *software* no país, gastamos um bom dinheiro enviando engenheiros a Paris e localizando seu produto; sem dúvida, orquestramos uma entrada muito bem-sucedida na China. Tínhamos uma ótima rede de canais, sólidas referências de clientes, com o número daqueles em potencial enorme. Quando menos esperávamos, e depois de uma mudança na administração em sua sede regional em Cingapura, eles se livraram de nós de um modo bastante ríspido. O novo gerente geral para o Pacífico Asiático disse:

> Vocês fizeram um ótimo trabalho, obrigado pelos clientes e aqueles potenciais, pelos canais e por seus funcionários. O mercado é realmente ótimo e vamos nos lançar diretamente; desculpem, mas não precisamos mais de vocês.

Depois, eles contrataram boa parte de nossos funcionários ou os ajudaram a abrir suas próprias empresas, usaram nossos canais e continuaram desenvolvendo nossos clientes e clientes potenciais. Esse foi um golpe terrível. Felizmente, isso aconteceu há alguns anos(...) E, na China, estamos ocupados demais para olhar para trás. Assim não foi nenhuma satisfação quando, recentemente, a empresa teve de refazer seu informe fiscal devido a uma questão de reconhecimento de receita na China e demitiu o gerente do Pacífico Asiático. O ponto principal que quero enfatizar é que muitos dos problemas no país não ocorrem com os parceiros chineses. Ao contrário, como muitos executivos e expatriados podem confirmar, as questões de confiança e dificuldades relacionadas ocorrem muitas vezes com a sede e com parceiros no exterior que desejam se envolver, mas não conhecem a realidade local.

Depois de todos esses anos na China, e embora eu não tenha morado lá por muito tempo, é finalmente possível reconhecer com um grau mínimo de confiança, se a pessoa com quem estou falando realmente diz o que pensa. Isto é, se o risco moral pode ou não ser uma questão. Minha sensação clara agora me diz se devo ou não perder tempo com alguém. Essas sensações não são explícitas nem fáceis de verbalizar, pois são um tipo de conhecimento tácito adquirido, como a capacidade de reconhecer e de classificar um determinado cheiro. Os empreendedores chineses eficazes são mestres no conhecimento tácito e possuem narizes muito refinados; o meu ainda está em treinamento.

Sim, as diferenças culturais são muito importantes! Em relação aos funcionários, gerenciá-los e estimulá-los em Xangai é muito diferente do que fazer isso em Beijing ou em Guangzhou. Algumas peculiaridades locais são óbvias até mesmo para os recém-chegados. Em Xangai, os patrões monitoram seus funcionários muito de perto. Eles não têm um milímetro de liberdade. Os empregados são surpreendentemente astutos e com opiniões próprias e, muitas vezes, suas ideias (e ações!) conflitam com os interesses da empresa. Talvez seja devido a sua capacidade — flexibilidade, rapidez, profissionalismo — que eles tendem a desafiar seus patrões. Em Beijing, por outro lado, os trabalhadores têm uma visão muito mais ampla e sabem trabalhar em equipe. Eles também são mais leais, mas costumam prometer mais do que podem cumprir.

Certamente, no que diz respeito a TI, Beijing está à frente de Xangai, com muitas empresas que ultrapassaram o total de 5 mil empregados. Esses trabalhadores cooperam e dividem informações. A criação de conhecimento não é o ponto crucial, a chave é a divisão de conhecimento, e Beijing está à frente das rivais nesse aspecto. Em Guangzhou, os empregados são muito independentes, como *cowboys*. Eles vão, fazem um negócio, voltam, recebem sua comissão e saem para outro negócio; não parecem se importar com nada, a não ser com quanto dinheiro irão ganhar, embora não sejam tão extremos e não tenham o estilo de "não fazer prisioneiros" das pessoas de Hong Kong.

Em geral, os cantoneses são vistos como muito pragmáticos e efetivos. Eles não querem perder seu tempo nem o dos outros, e não é preciso pressioná-los por resultados. Mas são considerados pouco hábeis para as atividades com alto valor agregado. Poderíamos continuar examinando os *insights* e os desvios locais. Um dos melhores meios de aprender sobre as práticas regionais de negócios na China é ouvir os preconceitos que os empresários chineses têm sobre as outras regiões. Nesse assunto, todos eles possuem conhecimento quase enciclopédico!

A retenção de empregados é um problema. Os concorrentes com orçamentos maiores e marcas mais conhecidas tentam constantemente "roubar" nossa equipe — quanto mais investimos em alguém, maior a probabilidade de que essa pessoa seja atraída para outra empresa. Tivemos uma assistente de marketing recém-formada de uma universidade mediana. Nós lhe oferecemos 1.500 *yuans* como salário inicial e depois a desenvolvemos e a treinamos. Ela respondeu bem e, por isso, aumentamos seu salário para 3mil *yuans* e, depois, lhe demos um novo aumento para 4.500 *yuans*— tudo isso em 18 meses. O salário era proporcional e até mesmo generoso em relação a sua produtividade e a seu histórico profissional. Mas um concorrente ofereceu-lhe irrecusáveis 15 mil *yuans* — a ideia era não só aproveitar as habilidades dela, mas também ter acesso ao conhecimento crucial sobre nossa empresa, inclusive listas de mala direta e base de clientes. Então, um dia, ela nos disse "adeus" e partiu, dizendo que precisava de férias e ia fazer uma longa viagem para o Tibete com o namorado. Cerca de dois dias depois, ela estava ligando para nossos clientes e aqueles em potencial em potencial. Os funcionários são atraídos por salários mais altos e não se pode fazer muito para lidar com as ofertas excessivas — nós aceitamos a natureza da economia de mercado. Entretanto, as pessoas continuam a ser o aspecto mais crucial de nosso negócio. Felizmente na China, e isso é especialmente verdadeiro paryuana a alta administração, é possível motivar as pessoas mais importantes por meio de considerações não financeiras. Isto é, trabalhando com o coração.

Os estrangeiros que iniciam um negócio na China devem escolher um setor com que estejam familiarizados e compensar o fato de serem estranhos, no que diz respeito à nacionalidade, com o fato de conhecerem o setor. Experiência e contatos, inclusive os contatos globais, podem ser uma alavanca. Por estarem integrados a uma rede do setor, eles conseguirão lidar com os regulamentadores, clientes, agentes governamentais relevantes, canais, parceiros, concorrentes, fornecedores, gerentes, vendedores e assim por diante.

Os relacionamentos também acontecem em função do tempo. No nosso caso, todos os empreendimentos foram do setor de TI — só agora, considerando nosso porte, podemos diversificar com muita cautela. De qualquer modo, quanto mais entendermos o setor, mais rápido cresceremos; atualmente, estamos crescendo bem rápido, talvez rápido demais. Por exemplo, o Grupo Solvento está se expandindo de 100 para 200 empregados em 12 meses. Esperamos 80% de crescimento do faturamento no próximo ano, mas podemos acabar nos expandindo apenas 30% ou talvez até 120%. Aliás, a imprevisibilidade — a incapacidade de prever com exatidão — parece ser a marca registrada dos projetos empresariais na China.

Habilidades com o idioma são essenciais em todos os lugares. Mesmo que meu chinês seja pior do que na época da universidade, ele é suficiente para que eu leia contratos e conduza negociações. A vida na China está repleta de armadilhas para empreendedores estrangeiros que não falem o idioma — a menos que eles tenham uma ideia fantástica, muito capital ou conseguido uma esposa chinesa. Bons tradutores são difíceis de encontrar e nem sempre é possível confiar neles. Geralmente os tradutores não são especialistas em nenhum campo além do idioma inglês e acabam invariavelmente por confundir números e cálculos de valores nas negociações de preços!

O governo chinês tem feito um trabalho maravilhoso, de primeira classe. Eles transformaram a China em um lugar seguro e promissor para investir e assumir riscos. A economia da China está crescendo rápido e oferece aos empreendedores um ambiente empresarial único e repleto de oportunidades.

Algo interessante é que, juntamente com a concorrência, os impostos e as normas estão se tornando mais exigentes, e alguns empresários estão começando a reclamar, embora, de modo geral, o fardo tributário ainda seja razoável. A China continuará a se modernizar econômica e socialmente enquanto mantiver o atual regime liberal que acolhe a criação de riqueza empresarial.

Se, no futuro, eu retornar a uma carreira corporativa, a rica aprendizagem derivada de abrir novas empresas será algo valioso. A vida de um empreendedor é diferente da vida de funcionários e executivos de firmas já estabelecidas. Um empreendedor é extremamente adverso a riscos, pois está brutalmente exposto a eles; joga com seu próprio dinheiro e por isso se preocupa muito com o fracasso.

Um empreendedor é extremamente cuidadoso e meticuloso na administração, nos controles financeiros e tomadas de decisão em geral. E, o tempo todo, lida com forças sobre as quais não tem pleno controle. Ele é como um artista: o instinto é o guia mais importante. Muitas vezes, não é capaz de dormir bem, pois a mente nunca esvazia e as emoções estão sempre ativas. O desafio é criar algo do nada, "valor além dos recursos tangíveis que você controla". Às vezes, esse truque mágico funciona; falando estatisticamente, a maioria das vezes não dá certo. O empreendedor está claramente ligado a um paradigma "vinculado à sorte". Independentemente do resultado, o trabalho é duro e o sacrifício é pesado; como um catalão, abençoado com a compreensão do empreendedorismo desde a época dos fenícios, sei muito bem disso. Horário de trabalho até a meia-noite e tempo pessoal limitado, ou nenhum, fazem parte do preço a pagar por esse aprendizado. Essa é a vida de muitos empreendedores: aprendizagem maravilhosa, certeza de dor e talvez recompensas tangíveis extremas.

Comentários de caso

COMENTÁRIO 1
DIGKUN GE
PROFESSOR DE ESTRATÉGIA E EMPREENDEDORISMO
CHINA EUROPE INTERNATIONAL BUSINESS SCHOOL
(CEIBS)

Graças ao contínuo crescimento de sua economia, a China está se transformando em um ponto focal do empreendedorismo, ou a "terra das oportunidades", como disse um de meus ex-alunos que veio da Coreia. Impostos e outros incentivos dos governos central e local, um suprimento quase ilimitado de talento a baixo custo, demanda doméstica crescente(...) Tudo isso torna a China um lugar ideal para abrir uma empresa. Como o estudo de caso mostra, a "terra das oportunidades" não existe apenas para os chineses, mas para qualquer pessoa vinda de onde quer que seja, desde que ela tenha um sonho empreendedor, identifique o melhor ponto de entrada e, o mais importante, siga algumas das importantes sugestões oferecidas pelos três empreendedores neste capítulo.

Três estrangeiros, de diferentes partes do mundo, vieram à China para realizar seus sonhos de empreendedores. Embora as experiências que tiveram sejam diferentes, eles oferecem conselhos e sugestões muito valiosos para os que queiram repetir sua história de sucesso na China. Vou comentar três das áreas cruciais para um empreendedor: avaliação de oportunidades, estratégia de entrada no mercado e gerenciamento de pessoas.

Para começar um novo negócio, um dos principais itens a que um empreendedor precisa dar muita atenção é a identificação e avaliação minuciosa da oportunidade correta, pois, ao perseguir a errada, no momento e no lugar errados, é o motivo mais citado para o fracasso do empreendimento. Isso é tão difícil na China como em qualquer outro lugar do mundo. Mesmo que a China seja um magnífico ambiente que pode oferecer muitas oportunidades para um empreendedor, a capacidade de identificar uma ocasião gerenciável no momento certo e no lugar certo ainda é um desafio. As experiências dos três empreendedores bem-sucedidos sugerem pelo menos dois modos de garantir que a oportunidade seja certa, e um deles é se imergir na China por algum tempo antes de abrir a empresa.

Bilodeau, Klett e Chou fizeram exatamente isso: trabalharam ou estudaram na China. Eles aprenderam "as regras pelas quais [os chineses] dirigiam" por meio das interações cotidianas com os empregados, fornecedores e parceiros chineses. Embora a aprendizagem costume incluir gastos, felizmente os empregadores arcaram com os custos iniciais de dois dos empreendedores. A moral é: se você não entender profundamente os ambientes econômico, social e normativo da China, trabalhe para outra pessoa antes de trabalhar para si mesmo. Embora não seja um substituto perfeito para "deixar que os outros paguem seus custos", a segunda possibilidade é começar com um projeto-piloto, em uma escala muito menor.

Por exemplo, Chou abriu uma pequena empresa de consultoria especializada em direitos de propriedade intelectual enquanto ela terminava sua pesquisa de doutorado na China. Embora não mencione o porte de sua empresa no caso, podemos supor que fosse uma empresa individual, com alguns associados locais, no máximo. Entrar em um mercado com um pequeno projeto piloto traz muitos benefícios para o empreendedor. Uma escala menor significa riscos muito menores. Mesmo que ela não dê certo, não irá afundá-lo. Além disso, um projeto-piloto dá ao empreendedor iniciante a oportunidade de desenvolver e aguçar suas habilidades empresariais. Ainda mais importante, um pequeno projeto piloto permite que o empreendedor teste o mercado, estabeleça conexões com os principais agentes no campo e acabe por identificar uma grande oportunidade com potencial muito maior. Além dessas duas abordagens para encontrar uma boa oportunidade, as análises sistemáticas de oportunidades em potencial também são bastante valiosas.

A avaliação sistemática das oportunidades empresariais pode consumir mais recursos e exigir habilidades diferentes das que um empreendedor iniciante costuma ter. Se você tem feito negócios já há alguns anos e acumulou os recursos e as habilidades necessários, as análises sistemáticas de uma oportunidade irão lhe poupar tempo e dinheiro no início do jogo empresarial. Muitos cursos de empreendedorismo em escolas de negócios por todo o mundo ensinam como identificar e avaliar sistematicamente as oportunidades empresariais. Se você deseja aprimorar suas habilidades, pode ser útil fazer um ou dois cursos nos fins de semana.

Quando a oportunidade foi identificada e avaliada cuidadosamente, a próxima questão de importância estratégica é como entrar no mercado, que pode impulsionar ou quebrar uma nova empresa. Diferentes estratégias de entrada no mercado estão associadas a níveis diferentes de dificuldade e risco, taxa de gasto de ativos a curto prazo, necessidade de recursos e assim por diante. Os empreendedores devem explorar cuidadosamente todas as possibilidades de ataque e decidir-se pelo que proporcionar maior chance de sucesso. Com recursos restritos, a maioria dos empreendedores descobre que, muitas vezes, a estratégia de entrada no mercado resume-se a conseguir o primeiro cliente. Quem pagar a primeira conta direciona a maioria dos novos pequenos negócios para esse segmento ou campo específico. A pesquisa empírica mostra que quase todos os empreendedores encontram seu primeiro cliente por meio da rede de contatos sociais — pessoas que conheceram na faculdade, ex-empregadores, amigos de amigos e assim por diante. Isso é especialmente verdadeiro nos países asiáticos, nos quais o *guanxi* tem um papel importante nas transações comerciais. Assim, fazer mais amigos na China é imperativo antes de abrir uma nova empresa.

A última questão a destacar é que, quando o negócio está em atividade, é preciso gerenciar as pessoas de modo efetivo. Este é um desafio universal não só para novos negócios, mas também para empresas estabelecidas e de grande porte. Como encontrar, treinar, motivar e reter os funcionários de talento é uma combinação de arte e ciência que ninguém ousa afirmar ter dominado. Isso é especialmente verdadeiro na China. Milhares de universidades produzem milhões de recém-formados todos os anos, mas só uma pequena porcentagem é capaz de arregaçar as mangas e pôr mãos à obra logo depois da formatura.

O fundador e CEO de uma empresa de semicondutores no Parque Industrial de Alta Tecnologia de Zhangjiang afirmou, de modo sucinto: "Vocês [recém-formados chineses] têm uma CPU poderosa, um grande disco rígido, mas usam um sistema operacional extremamente lento e têm aplicativos quase inúteis. Para trabalhar de modo efetivo no selvagem mundo dos negócios, "é preciso reformatar seu disco rígido, reinstalar um sistema operacional mais potente e, talvez, vocês venham a desenvolver um pacote de aplicativos mais úteis com o passar do tempo". Sendo ele mesmo um chinês que voltara à China, o empresário percebia como a mentalidade ou os paradigmas mentais das pessoas afetavam seu desempenho. Todos os três empreendedores reconheceram o desafio de gerenciar pessoas e forneceram conselhos úteis.

Por exemplo, Bilodeau forneceu várias sugestões de como encontrar as pessoas "certas" na multidão: procurava por aqueles com "confiança admirável", "domínio impressionante de inglês" e um "processo de pensamento extremamente bem organizado", "captando-as" sempre que ficavam disponíveis. Chou considerou que encontrar os "associados certos" foi o maior desafio, e é igualmente desafiador retê-los, pois muitos chineses talentosos desejam se tornar empresários. Para enfrentar o desafio, Klett sugeriu que precisamos "trabalhar o coração": importar-nos genuinamente com os funcionários, motivar as pessoas-chave com incentivos intrínsecos e desenvolver uma equipe gerencial dedicada, em vez de alguns *superstars*.

COMENTÁRIO 2
SHAUN REIN
DIRETOR ADMINISTRATIVO
CHINA MARKET RESEARCH GROUP (CMR)

Nas duas últimas décadas, multidões de empreendedores estrangeiros ficaram de escanteio, enquanto empreendedores chineses de TI, como William Ding Lei da Netease, ou gigantes do ramo imobiliário, como Hui Ming Mau da Shimao, faziam fortunas aproveitando a economia "elétrica" da China. Entretanto, como o sucessos de Robert Bilodeau, Gabrielle Chou e Tomas Klett demonstram, é possível ganhar dinheiro na China se houver entendimento das especificidades dos negócios e obtenção das estratégias comerciais sólidas. Há quatro pontos principais que os empreendedores na China podem aprender ao ler os estudos de caso apresentados neste capítulo.

Agir sozinho *versus* com sócios

Camadas de burocracia, leis que mudam rapidamente, consumidores inconstantes e o simples tamanho do mercado muitas vezes assustam os empreendedores estrangeiros que entram na China. Para superar os desafios, muitos estrangeiros acreditam que é melhor agir com um parceiro chinês a fim de se beneficiar de seu conhecimento e conseguir acesso a seus contatos. Infelizmente, muitas parcerias fracassam devido a culturas incompatíveis, escalas de pagamento, motivos para fazer negócios e, o mais importante, falta de confiança. Nos três estudos de caso, os empreendedores abriram suas empresas com a ajuda de chineses locais com quem tinham cultivado relacionamentos e conquistado confiança.

Klett diz que encontrar parceiros "dignos de confiança" é crucial para construir um bom negócio na China. Muitos empreendedores estrangeiros cometem o erro de estabelecer parcerias com pessoas que não conhecem bem, mas que dizem possuir bons contatos. Esse caminho pode levar a contratos não cumpridos, roubo de projetos ou até mesmo pior. Os empreendedores devem estabelecer parcerias com pessoas que conhecem e em quem confiam. Klett as fez com seus colegas da Universidade Fudan. Bilodeau trabalhou com "amigos chineses de confiança" em sua primeira empresa e, depois, na segunda, fez uma sociedade com um americano que já conhecia há seis anos.

Abrir uma empresa é um desafio em qualquer lugar, sendo mais difícil ainda na China. Um parceiro confiável pode evitar muitos problemas. A menos que você esteja operando em um setor específico no qual o governo o obrigue a estabelecer uma *joint venture*, é sempre melhor abrir uma empresa totalmente estrangeira e formar uma equipe de gerenciamento com pessoas em quem você confie.

Discrição/Sob o radar

Muitos empreendedores gostam de ser pioneiros e de receber elogios dos meios de comunicação por sua visão. Entretanto, muitas vezes eles ultrapassam os limites da prudência na China: tentam ser os primeiros a levar algo para lá e querem convencer as autoridades a mudarem a legislação para se ajustar a sua empresa. Muito disso vem do conceito de "vantagem dos pioneiros", ensinado nas escolas de negócios americanas como a principal arma para vencer a concorrência.

Mas na China, onde as normas tendem a ser vagas e abertas à interpretação por parte das autoridades locais, muitas vezes é melhor ser o segundo da fila. Este capítulo exemplifica a referida questão; Chou enfatiza a vantagem de ter muitos anos de experiência na China. Bilodeau não tentou abrir um novo caminho, mas fábricas, e simplesmente venceu a concorrência.

É melhor deixar que o pioneiro lute para obter apoio oficial e convencer o mercado doméstico sobre a necessidade de seus produtos e serviços. Os segundos na fila podem observar os erros cometidos pelo pioneiro e definir suas próprias estratégias com o apoio do governo. Quando já existe um precedente, a próxima empresa estrangeira que quiser investir no setor irá gastar muito menos tempo e dinheiro para obter autorizações.

Quem você conhece ou o que você sabe

Muitos chineses e estrangeiros que tentam fazer negócios na China acreditam que o *guanxi* é a pílula mágica que garante o sucesso. Eles pagam consultores supostamente com bons contatos ou parentes de funcionários públicos de alto escalão com a crença de que isso é necessário para fazer negócios na China. Empresários equivocados acreditam que fortes conexões com o governo podem apagar magicamente a necessidade de boas equipes gerenciais, produtos viáveis e práticas comerciais de nível internacional. Embora os relacionamentos sejam importantes no país — como em qualquer parte do mundo —, os empresários não devem superestimar a importância do *guanxi* para uma empresa atuante na China de hoje.

Todos os três empresários nos estudos de caso compreendem a importância de cultivar boas relações com clientes e empresas parceiras. Chou afirma que, "basicamente, é preciso criar redes de trabalho e ser reconhecido por sua especialidade". A ChinaLOOP teve sucesso porque ajudou os clientes a comercializar efetivamente aos mercados-alvo melhor do que as outras empresas, e não por meio de *guanxi* de alto nível. Uma reputação de honestidade e capacidade vai mais além do que contatos comprados.

Recrutamento e retenção da equipe certa

Um problema confrontado por todas as empresas na China é encontrar e reter os funcionários talentosos. O país pode ser o pesadelo dos RH, embora o banco de talentos seja enorme. Como disse Chou: "Encontrar associados é um de nossos maiores desafios".

Ao construir um negócio na China, a primeira consideração que uma empresa deve ter é se os empregados têm experiência prática por lá. Muitas empresas cometeram o erro de contratar gerentes de Hong Kong ou de Taiwan que falam o idioma, mas que não compreendem as práticas comerciais do continente. Outro erro potencial é contratar chineses que estejam voltando ao seu país de origem depois de cursarem MBA no exterior, pois também não costumam ter experiência real nos mercados chineses e, quando retornam, vivenciam um choque cultural ainda maior do que o dos expatriados.

É muito melhor contratar pessoas que tenham experiência prática em navegar no mundo comercial do continente, independentemente de qual seja sua nacionalidade. Depois de encontrar as pessoas certas, é importante retê-las. Bilodeau tem sua gerente geral há mais de dez anos. Seu relacionamento mutuamente benéfico transformou-se em uma situação de ganho mútuo.

Uma das principais questões para o departamento de RH na China é como reter os talentos. Assim que uma empresa encontra um executivo chinês que se ajuste à cultura da empresa, é preciso mostrar a essa pessoa que lá não há telhado de vidro. Klett afirma que o dinheiro não é o único caminho para a retenção de funcionários, e ele está certo. Chou recomenda que as empresas respeitem seus funcionários e que "dediquem bastante tempo para treinar sua equipe e cuidar dela".

Se os funcionários forem tratados com respeito e receberem boas oportunidades de treinamento e crescimento dentro da empresa, mostrarão ser ativos valiosos no longo prazo. Muitas empresas estrangeiras não permitem que os executivos chineses atinjam os níveis mais elevados na organização. É especialmente importante que os empresários que estejam construindo seu negócio ao redor de um núcleo de talentos garantam que os funcionários chineses saibam que podem crescer junto com a empresa. Por que um executivo chinês ambicioso iria querer ficar em uma organização na qual não há perspectivas de progresso na carreira?

> A China é um lugar empolgante para os empreendedores. Muitos estrangeiros gostam de chamá-la de "Velho Leste", pois novas empresas parecem brotar do chão e fortunas são feitas rapidamente. Embora a cultura empresarial esteja de fato se transformando depressa, apenas o empreendedor consciente, com uma sólida estratégia de negócios, é quem, consegue ganhar dinheiro.

NOTAS

1. Richard McGregor, "Fingers Caught in the Presses", *Financial Times*, 3 de maio de, 2005.

2. Cameron Wilson, "The China Factor", *EuroBiz*, October 2005, disponível em <http://www.sinomedia.net/.> eurobiz/v200510/legal0510.html.

3. Os casos foram divulgados em 2006. Publicado com permissão.

INFORMAÇÕES SOBRE NOSSAS PUBLICAÇÕES
E ÚLTIMOS LANÇAMENTOS

Cadastre-se no site:

www.novoseculo.com.br

e receba mensalmente nosso boletim eletrônico.

novo século®